"十四五"职业教育国家规划教材

山东省"十四五"职业教育规划教材

新编21世纪高等职业教育精品教材

市场营销系列

渠道管理

第二版

主　编/周　冰

副主编/李　璐　李树坤　唐立波

中国人民大学出版社

·北京·

前　言

党的二十大报告提出："从现在起，中国共产党的中心任务就是团结带领全国各族人民全面建成社会主义现代化强国、实现第二个百年奋斗目标，以中国式现代化全面推进中华民族伟大复兴。"世界一流企业是国家经济发展水平、科技创新实力和国际竞争力的重要体现，是引领全球经济发展、产业升级和技术变革的关键力量。企业强则国家强，企业兴则国家兴，加快建设世界一流企业是全面建设社会主义现代化国家的重要任务。

随着数字技术的不断发展创新，新一轮的科技革命和产业变革正在进行，数字经济时代已经来临，大数据、人工智能、移动互联网、云计算等新技术正在深刻改变人们的思维方式和行为方式。数字时代的到来使企业管理人员必须思考传统渠道管理模式的转型问题，深挖企业价值创造的新突破点。

为落实立德树人根本任务，服务于数字经济时代的人才培养需求，本教材适时进行了修订。新版教材保留了原本的知识结构体系，在体例上进行了系统性的补充和完善，在突出科学性、时代性和应用性的前提下，形成以下鲜明特色：

1. 贯彻素质教育理念，将价值观引领与知识传授、技能提升融为一体，科学构建教学内容体系

本教材按照《职业院校教材管理办法》《高等学校课程思政建设指导纲要》等文件精神，深挖民族企业渠道管理创新成果，设置了"数字赋能与渠道创新""企业效益与社会责任""文化传承与时代精神""管理实践与引思明理"等栏目，力求扎根中国大地、立足中国实践、总结中国经验、彰显中国特色，系统推动党的二十大精神进教材、进课堂、进头脑；引领学生深刻理解并自觉践行社会主义核心价值观，以专业知识的深度和温度，培育学生诚信服务、德法兼修的职业素养。

2. 产教融合，校企双元合作开发，突出职业教育类型特色

为了适应职业教育改革与发展的需要，推进产教融合，本教材特别邀请烟台张裕葡萄酿酒股份有限公司专家合作完成，编写团队与企业人员深度合作，提炼典型工作任务和优秀案例，完善小组化的实训项目设计，企业导师负责实践项目的选取及任务实施说明，学校教师协同企业导师收集工作案例，对工作岗位展开系统化分析。校企双方基于理论总结和实践探索，"双师"联手，共同推出本教材。

3. "迭代"更新前沿内容，完善数智经济背景下的中国渠道管理理论与实践

本教材既注重以成熟的渠道管理理论与理念为中心，又注重专业内容的迭代升级，将数字经济时代渠道管理创新作为贯穿整个营销过程的主线，补充渠道领域的新理论、新知识、新案例、新方法，重点突出本土化、数字化、场景化、融合化，以适应新的企业竞争环境，引导学生积极拥抱时代、创造未来。

4.“育训结合”进行理实一体化的数字课程建设，实现在线开放课程和新形态一体化教材的“互联网＋”互动

本教材在体例上实现重大突破，创新性地按照“知识学习—课堂实训—课后提升”三维递进结构进行编写。编者希望打造“一书一课一平台”的立体化学习生态。教材中嵌入大量二维码资源，智慧职教 AI 优课上也有本教材的在线资源。创新的教学体系设计，既有利于学生更好地理解学习内容，又便于教师进行总结和对学生进行过程化考核。

本教材各项目具体分工如下：提纲由周冰（烟台职业学院）拟定；前言、项目 1、项目 3、项目 9 由周冰执笔；项目 2、项目 4 由李璐（烟台职业学院）执笔；项目 5、项目 6 由李树坤（烟台职业学院）执笔；项目 7、项目 8 由唐立波（烟台南山学院）执笔；课堂实训由烟台张裕葡萄酿酒股份有限公司专家提供案例并统筹。

本教材在编写过程中借鉴了魏庆老师和梅明平老师在讲座中分享的经验，参阅了大量国内外专家、学者的论著与文献资料，在此向各位专家、学者表示诚挚感谢。

由于编者水平有限，书中难免存在不足之处，敬请各位读者批评指正。

周冰

目　录

二维码目录

微课二维码索引

微课名称	二维码	微课名称	二维码	微课名称	二维码
品牌与渠道哪个更重要		线上渠道的发展趋势		批发商	
你不知道的胖东来		社区新零售		消费者分析：建立用户画像	
科技引领渠道变革		O2O时代的渠道设计		消费品的渠道模式设计与选择	
抖音营销		经销商选择标准——营销意识		超市选择示例	
经销商的日常拜访流程		捆绑销售政策激励		渠道管理的误区	

续表

微课名称	二维码	微课名称	二维码	微课名称	二维码
多维度看厂商关系		五大实操手段，有效掌控渠道		十种常见的渠道促销方式	
线上线下渠道冲突管理策略		不同类型窜货的管理方法		预防窜货的技巧	
差异化窜货管理——不同市场不同力度		经销商调整策略		渠道创新思维	
全渠道零售		行业观察：新媒体营销职业素养			

项目1　渠道管理认知

知识目标

1. 掌握渠道的概念，准确理解其内涵；

2. 熟知渠道的功能、功能流及经济意义，能从经济角度分析渠道的价值；

3. 了解渠道长度、宽度、广度的结构特征，能阐述不同结构的特点和影响；

4. 了解渠道管理的内涵、必要性、内容、任务以及新动向，掌握渠道职业岗位所需的知识。

技能目标

1. 能够运用渠道的概念和理论，对实际营销渠道进行分析和解读；

2. 能够分析渠道的功能，并根据功能需求设计合理的渠道结构；

3. 能够熟练运用渠道管理的方法与技巧，精准制定渠道策略，并灵活应对新趋势与变化；

4. 能够根据自身知识和能力，匹配合适的渠道职业岗位。

素养目标

1. 具备敏锐的市场洞察力，能够及时捕捉渠道变化趋势和市场需求；

2. 具备良好的沟通协调能力，能够有效管理渠道合作伙伴关系；

3. 具备创新思维能力，能够不断探索新的渠道模式和管理方法；

4. 具备高度的职业责任感和敬业精神，能够遵守职业道德规范，积极进取。

知识图谱

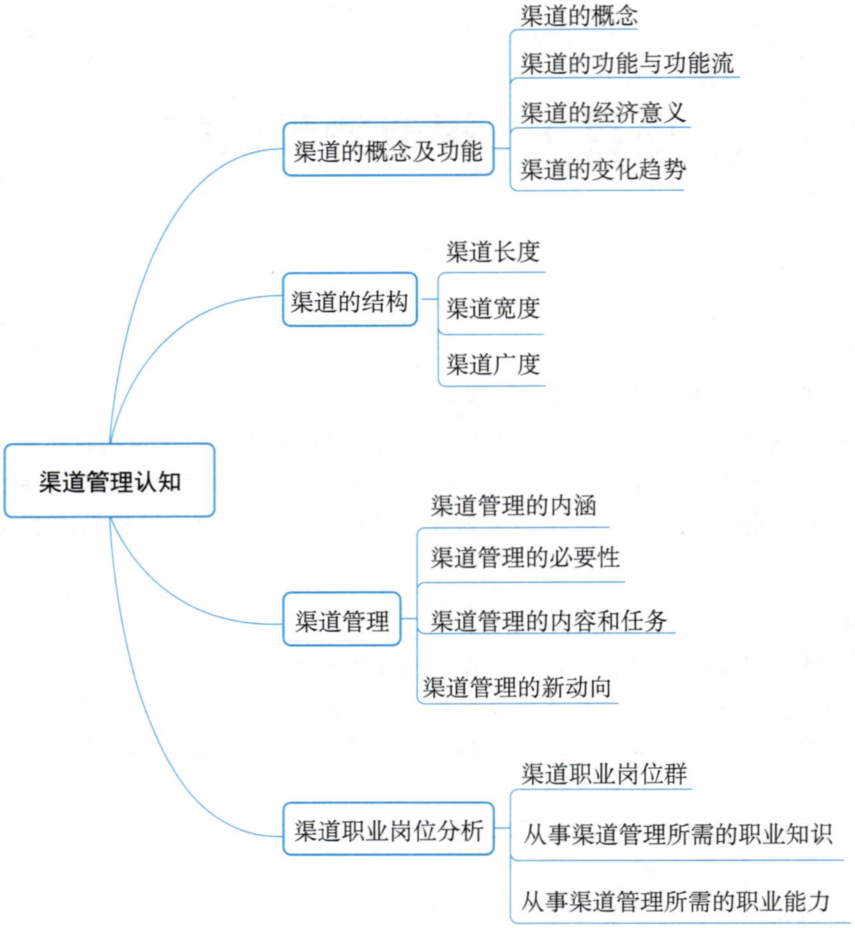

导入案例

加多宝的渠道绝活——生动化的终端互动

生动化的终端互动能够帮助产品在终端实现“自我销售”。终端互动生动化对饮料销量的贡献是较直接的。得渠道者得天下，在快速消费品行业，谁先占领了渠道，谁就抢占了先机。在行业内，加多宝的终端拦截可谓做到了极致。加多宝目前的销售网络遍及中国多个省、自治区、直辖市、特别行政区，并销往东南亚、欧美等地，全面覆盖商场、超市、餐饮和路边小店等终端，成为当今能与可口可乐并肩的中国饮料品牌。那么，加多宝是如何进行渠道营销，让渠道爆发巨大能量的呢？

加多宝在每个大区设立一名总的经销商，然后发展具有特定能力的经销商和分销商，这个特定能力就是专业配送能力（故这些经销商和分销商又被称为邮差商），邮差商能自行覆盖小店、餐饮、特通等终端店，且能压 300～500 箱货。同时，加多宝各区办事处会派遣业务员和邮差商一起“打江山”，在终端数量上，寸土必争，每个业务员每天要拜访数十个终端点，每人每天要开发新客户，并且每日提交工作汇报表格，让管理者对市场情况一目了然。

在餐饮终端，加多宝全面做好“海陆空”生动化工作。“海”指的是餐桌上有印有加多宝标志的桌布、餐巾纸、牙签桶等；“陆”指的是门口有展示架，墙上有广告牌，包房有围裙等；“空”指的是空中有吊旗、电子显示屏、红灯笼等。

春节，是中国人最热闹、氛围最火热的节日之一，置办年货、吃年夜饭、走亲访友是多年不变的习俗。对于快消企业来讲，春节也是营销发力的最佳时机。加多宝扎根下沉市场，积极发力“最后一公里”；通过不同礼品包装，有针对性地满足消费者不同的送礼需求；以大包装为新战略，全面促进家庭、餐饮和宴席消费；抢占消费市场先机，积极探索新增长点，为春节营销助力。

对于加多宝的整体战略布局而言，千箱万堆只是春节策略的基础，渠道才是核心所在，才是影响销量的关键因素。整个春节，加多宝从营销到渠道，从铺货到陈列，针对不同区域、不同消费人群和不同消费场景进行了精细化布局，织就庞大精密的销售网络，积极为产品提升销量、快速占领市场做有效铺垫。

思考：如何看待加多宝渠道终端生动化这一策略？

品牌与渠道哪个更重要

在市场竞争日益激烈的今天，每个企业都面临许多挑战，其中渠道已成为企业取得竞争优势、提高谈判能力的重要砝码。

现如今，从产品策略角度来看，由于技术能够迅速地从一家公司移植到另一家公司，产品同质化倾向日益严重，任何一家公司期望通过产品差异化来获取持续的竞争优势都是相当困难的；从价格策略角度来看，经济全球化、战略联盟的形成，使得更多的企业有能力运营全世界的生产设施，以低成本生产产品，价格竞争的空间越来越小；从促销角度来看，消费者每日都能接触到各种形式的促销信息，这些碰撞形成密集的噪声，使得精心策划的促销活动的生命力变得极其短暂。但是从渠道策略来看，企业通过努力建立差异化的渠道是有可能的，而且可以通过渠道建立优势。

1.1 渠道的概念及功能

1.1.1 渠道的概念

美国学者菲利普·科特勒曾对渠道给出定义：渠道是指某种货物或劳务从制造商向消费者转移时，取得这种货物或劳务的所有权或者帮助转移其所有权的所有企业和个人的集合。

从这个定义来看，制造商品的生产企业是渠道的起点，消费者是渠道的终点。这个路径并非简单的两点一线，而是由多个单位和多种组织共同构成的复杂的商业生态系统，如图1-1所示。

代理商、经销商、零售商等角色都可能是渠道环节的一部分。分销商是专门负责将商品从生产商推广和销售到零售商或最终用户的企业，通常拥有一定区域内的销售权和市场推广责任；中间商是涵盖从生产到消费各环节所有中间交易主体的宽泛概念。渠道是

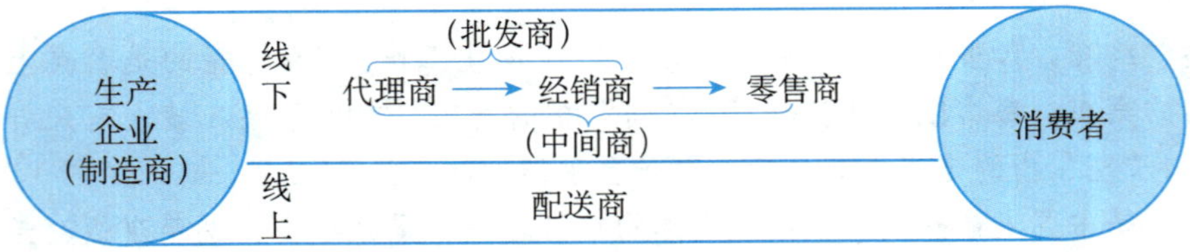

图 1-1　渠道生态系统

实现商品价值的必备途径，它控制了商品的流通，因而也被赋予了一种非凡的"魔力"。不过这种"魔力"对于不同的主体产生的作用和影响却是截然不同的。不同的渠道会有不同的成本，渠道管理首先要做的就是挖掘商品的价值点，挖掘客户的需求，商品只是一个载体，整个过程要从线上到线下，从专业渠道到跨渠道进行资源整合，用销售的利润来驱动生产企业与中间商的合作。

1.1.2　渠道的功能与功能流

1. 渠道的功能

渠道的基本功能在于保证商品从制造商转移到消费者的过程顺利、高效、畅通，最大限度地缩小商品供应和需求之间存在的差异，通过一系列的时间、空间、所有权的变化，最终实现商品的交易。在实现基本功能的过程中，渠道还具有其他一些具体功能，主要包括：调研、寻求、分类、促销、洽谈、物流、融资和风险承担。

（1）调研。

虽然制造商可以利用自身拥有的市场调研系统进行市场调研，但由于受自身资源和机会的限制，调研所获得的消费者信息往往是不充分的。渠道终端成员直接与消费者打交道，能够直接了解和掌握消费者的需求、市场行情、销售环境以及竞争对手的信息。渠道成员可以对这些信息进行收集，然后将其传送给其他成员共享和交流。

（2）寻求。

解决企业和消费者"双寻"过程的矛盾，寻找潜在消费者，为不同的细分市场消费者提供便利的营销服务。

（3）分类。

这是从中间商与制造商和消费者关系的角度来分析渠道所具有的功能。在销售渠道中，中间商会根据不同商品类别与消费者需求以及产业特点，再根据渠道分工的不同，对商品进行重新分类、装配、包装甚至制造。从行为角度来看，此功能也可以称作商品配组。

（4）促销。

促销是企业为了刺激消费而实施的一系列企划宣传活动。促销其实就是企业与消费者主动沟通的一种形式，这种沟通的效果取决于企业能否以富有创意的方式，使消费者乐于接受企业所传达的商品和服务信息。

（5）洽谈。

分销渠道的成员之间为了转移商品的所有权，而就其价格及其他有关条件，通过洽谈达成最后协议。

（6）物流。

物流主要指的是商品的存储和运输。从消费者的整体购物体验来看，物流的速度成为评价购物体验的一个重要指标。

进阶提示

电子商务快递和物流市场变化趋势

1. 智能化与数字化转型加速

大数据、人工智能和物联网技术深度融合，推动物流企业在仓储管理、运输调度和配送路径规划等方面的智能化升级。通过大数据分析，企业能够更精准地预测需求，优化库存布局，减少库存积压和缺货风险。

2. 服务质量和个性化需求提升

消费者对物流服务质量的要求日益提高，物流企业纷纷通过提升配送速度、增加增值服务、优化客户体验等措施，来满足消费者的多样化需求。同时，个性化、定制化服务成为重要趋势，差异化产品（如当日达、冷链专线）占比逐渐提升。

3. 绿色物流发展成为必然

在环保意识日益增强的背景下，绿色物流成为行业发展的新趋势。例如，菜鸟网络已经在其配送网络中大规模推广使用可降解包装材料和电动车辆。

4. 跨境电商物流持续增长

随着全球化进程的加速和跨境电商的兴起，跨境物流行业逐渐迈向国际市场。中国电商企业纷纷拓展海外市场，带动跨境电商蓬勃发展，跨境电商物流成为新增长极，RCEP 和“一带一路”倡议为跨境物流创造了新的机遇。例如，通过建设跨境物流枢纽和开通中欧班列等方式，我国加强了与欧洲、中亚等地区的物流联系。

5. 行业竞争格局变化

价格竞争逐步让位于服务竞争，限时达、隐私面单等差异化商品和增值服务成为竞争焦点。阿里、拼多多、抖音等平台成为 80%以上电商件来源，通过“平台＋物流”一体化强化供应链控制。同时，头部企业通过技术创新和模式创新巩固市场地位，如顺丰、京东通过技术投入和资本整合进一步巩固竞争优势，中通快递通过产能爬坡和网络优化提升市占率，圆通速递通过数字化转型降低成本。

6. 低空经济带来新机遇

低空经济作为新兴领域，正为物流行业开拓新的发展维度。无人机在物流领域的应用场景不断拓展，市场规模持续增长。例如，顺丰和京东物流已经在部分地区试点无人机配送，主要用于偏远地区或交通不便区域的快递服务。

（7）融资。

无论是制造商品还是销售商品，都需要投入大量的资金，以完成商品所有权的转移和实体商品的流转。因此，制造商和中间商为了完成商品销售，都可能需要资金的融通。在商品购销过程中，渠道成员既可以通过预付定金、支付货款等方式投入资金，向自己的供应商提供融资服务，也可以通过赊销的形式向自己的经销商提供融资服务。实际上，在渠道运作过程中，如果没有渠道成员提供足够的资金，整个渠道就很难有效地运转。

（8）风险承担。

在商品流通的过程中，随着商品所有权的转移，市场风险的载体也在各渠道成员之间不断地转换。

2. 渠道的功能流

商品从制造商向消费者转移的过程中，渠道成员之间会发生各种各样的活动联系，如商品实体转移、所有权转移、促销、谈判、资金流动、风险转换、订货和付款等，这些活动联系构成了“渠道流程”。正是这些渠道流程，将不同的渠道成员有机地联系在一起，如图 1－2 所示。渠道流程主要包括实物流、所有权流、促销流、谈判流、融资流、风险流、订货流、付款流及信息流等。

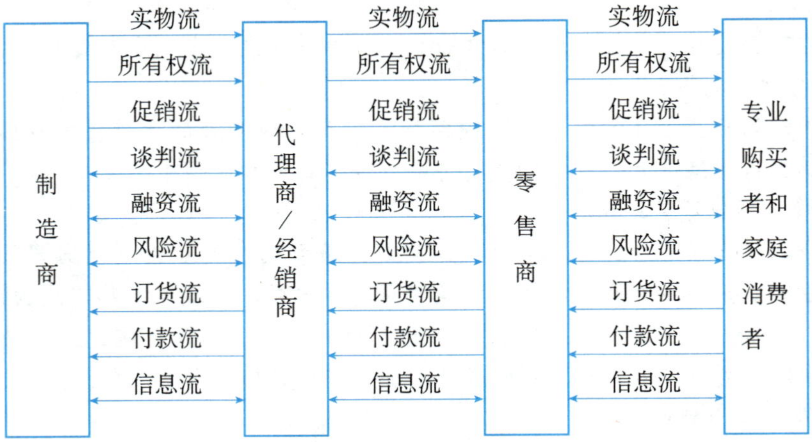

图 1－2　渠道的功能流

（1）实物流。

实物流是指实体商品或服务从制造商转移到最终消费者的活动与过程。制造商按计划或订单将商品生产出来后，把商品交给代理商或经销商，再由它们交给零售商，然后由零售商卖给消费者。对于大笔的订单，也可以由制造商直接向最终消费者供货。

（2）所有权流。

所有权流是指商品的所有权从一个渠道成员手中转移到另一个渠道成员手中的活动与过程。在经销的情形下，商品所有权直接由制造商转移到经销商。而在代理的情形下，商品所有权在代理商的协助下由制造商转移到零售商。

（3）促销流。

促销流是指某一渠道成员通过广告、人员推销、宣传报道和营业推广等活动对另一个渠道成员或消费者施加影响的过程。促销既可以由制造商传递至中间商（如向经销商提供陈列补贴、开展渠道培训），也可以由制造商直接触达最终消费者（如线上直播带货、线下路演活动），从而推动商品销售与品牌传播。

（4）谈判流。

谈判流是指在分销渠道中，当商品实体或所有权在渠道成员之间转移时，渠道成员需要对价格和交易条件进行谈判的活动和过程。谈判流贯穿于整个渠道。商品实体和所有权在渠道成员之间每转移一次，通常就需要进行一次谈判，以达成相关商品和其他条件的最终协议。

（5）融资流。

融资流是指伴随商品所有权的转移所形成的各渠道成员之间的资金融通活动与过程。例如，制造商可能同意零售商在商品售出之后结款，这就等于制造商为零售商提供了流动资金；相反，如果零售商向制造商预付一定的货款，这又等于零售商为制造商提供了融资机会。

（6）风险流。

风险流是指各种风险在渠道成员之间转移或由不同渠道成员承担的过程。渠道风险不仅包括商品破损、丢失、过时、报废、认同率下降、返修率过高等引发的风险，也包括经济不景气、竞争加剧、需求萎缩、自然灾害等因素造成的风险。

（7）订货流。

订货流是指渠道成员定期或不定期地向供货商发出订单的活动和过程。订货流是一种后向流程，是由消费者流向零售商，再由零售商流向代理商/经销商，最后由代理商/经销商流向制造商。

（8）付款流。

付款流是指商品货款在渠道成员之间流动的过程。这种流程是一种后向流程，货款在渠道中由消费者向制造商流动。

（9）信息流。

信息流是指渠道成员之间相互传递市场信息的过程。在分销渠道中，相邻的渠道成员之间会进行双向的信息交流，即使是互不相邻的渠道成员之间也会有各种信息的交流。

1.1.3　渠道的经济意义

1. 减少交易次数

中间商的出现，大大减少了交易的次数。假设有3家生产厂家分别直接向3位客户供货，则需要9次交易（见图1-3）；如果通过一家中间商向客户供货，则只需要6次交易（见图1-4）。由此可见，通过中间商的集中交换确实能够减少交易次数，从而提高交易效率，减少交易费用。

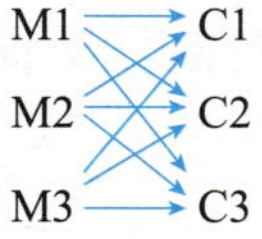

图1-3　没有中间商的商品交易

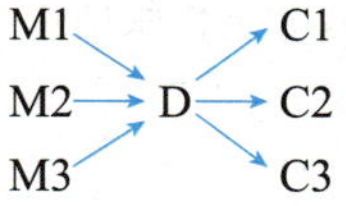

图1-4　有中间商的商品交易

2. 便利搜寻

由于制造商和消费者各自存在不确定性——制造商不知道怎样接触最终消费者，消费者则不知道在哪里找到自己所需要的商品，中间机构的存在就为两者搭起了一座桥梁，降低消费者的搜寻成本，实际上就提高了消费者的让渡价值。

数字赋能与渠道创新

智能客服

数字经济时代，自然语言处理技术和文本情感分析技术逐步成熟，智能客服越来越多地替代了人工客服的工作，其服务范围覆盖了消费者购买的全过程，响应速度极快，提供24小时在线的实时服务。

在购买前，智能客服洞察消费者行为，如商品浏览情况和接入渠道等，提供智能导购和推荐客服等服务；在购买过程中，智能客服会预设如何回答消费者可能提出的问题，通过机器学习向消费者提供千人千面的智能服务；在购买后，智能客服主动将服务前置，促进消费者的再次购买行为。此外，智能客服还能为消费者提供订单状态查询、物流信息查询、退换货引导和智能判决等服务，并根据消费者行为标签建模，实现整个购买流程的自动化。

资料来源：王永贵，项典典．数字营销：新时代市场营销学．北京：高等教育出版社，2023.

3. 提高交易效率

中间商的出现是销售渠道专业化分工的结果。有关专业化分工原理是由亚当·斯密在《国富论》中提出的。

这个原理已经广泛地应用于生产领域，其实该原理同样可以应用到分销领域：通过将一个复杂的任务分解成若干个比较简单的活动，再把它们分配给处理这些问题的专家，以获取更高的效率。所以，正如生产经理按照专业化分工来分配生产任务一样，渠道经理也应该将渠道任务分配给最能够有效地完成这些任务的企业，并且各企业之间通过共享资源、协同管理提高交易的成功率，使渠道流通环节不断创造价值，如图 1-5 所示。

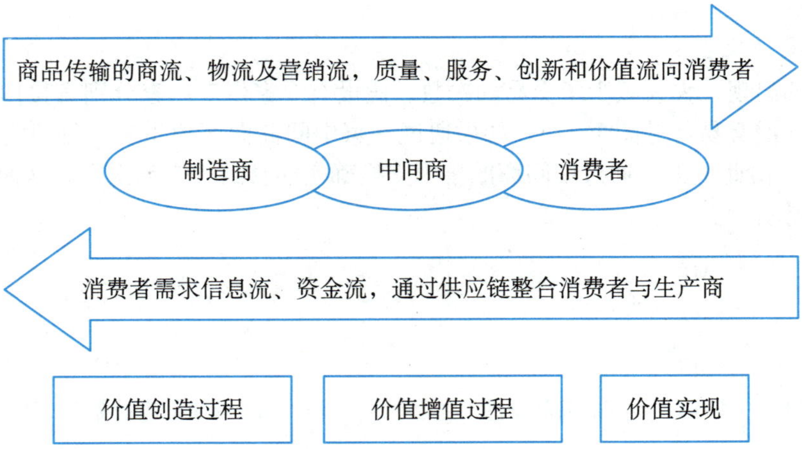

图 1-5　渠道流通环节价值创造

1.1.4 渠道的变化趋势

近年来，随着渠道环境的不断发展变化，企业的渠道也在不断地发生变化，主要表现为以下几个方面。

1. 渠道模式由“垂直化”转向“扁平化”

传统的渠道模式是：制造商→总经销商（一级批发商）→二级批发商→三级批发商→零售商→消费者。这种金字塔式渠道体系存在以下缺陷：一是制造商难以有效控制销售渠道，制造商的销售政策不能得到有效落实；二是多层结构不利于提高效率，商品销售的中间环节加价多，不利于竞争；三是单向式、多层次的流通使信息不能准确、及时地反馈；四是渠道层次多，增加了渠道风险。

渠道体系扁平化是指制造商依据自身的条件，利用现代化的管理方法和高科技手段，最大限度地直接把商品出售（传递）给最终消费者，以减少销售渠道的层级。具体来说，就是由多层的批发变为一层批发，即渠道结构变成制造商→经销商→零售商的模式。例如，一些制造商在大城市设立配送中心，直接面向经销商和零售商提供服务。渠道体系扁平化发展有利于改进传统渠道体系的诸多问题，能够增加网点、降低成本、提高制造商对渠道的控制力。

2. 渠道建设中心由“中间商”转向“终端市场”

销售要解决两个问题：一是如何把商品铺到消费者的面前，让消费者看得到；二是如何把商品铺到消费者心中，让消费者乐意买。在以中间商为渠道建设中心的情况下，商品销售往往面临以下问题：

（1）制造商把商品交给中间商，中间商逐级分销下去。由于存在网络不健全、通路不畅、终端市场覆盖率不高等问题，因此中间商可能无法将商品分销到制造商所希望的目标市场上。结果制造商的广告在电视上天天见，但消费者在零售店却见不到商品。

（2）商品进入零售店摆放在什么位置、如何展示陈列、POP广告如何张贴、补货是否及时等，这些终端工作中间商往往做得不到位，影响终端销售力。

（3）制造商的销售政策无法得到经销商的全面执行，其结果是：制造商促销力度大，而促销效果差。

（4）制造商、中间商利益存在矛盾，使制造商无法确保市场稳定，中间商无序经营、窜货、降价、倾销现象严重。

针对这些问题，制造商开始以终端建设为中心来运作市场，在终端市场进行各种各样的促销活动，激发消费者的购买欲望，使消费者乐意买；同时，通过对中间商各环节的服务与监督，使商品及时到达终端，提高商品的铺货率，使消费者买得到。

3. 渠道成员关系由“交易关系”转向“伙伴关系”

在交易关系中，每个渠道成员都是独立的经营实体，渠道成员为了追求个体利益最大化，有时会不惜牺牲渠道和整体利益。而在伙伴式渠道关系中，制造商和中间商一体化经营，通过建立渠道“伙伴关系”实现双赢或多赢。

进阶提示

渠道成员关系转型：从零和博弈到生态共赢

在传统渠道模式中，制造商与经销商之间往往保持着单纯的交易关系，双方以短期利益为导向，在博弈中常常陷入“你赢我输”的困局。这种关系模式存在明显的局限性：渠道成员各自为政，为追求个体利益最大化不惜牺牲整体利益；合作缺乏稳定性，市场波动时容易中断；资源重复配置，信息壁垒导致运营效率低下。

随着市场竞争的加剧和商业环境的演变，企业正在推动渠道关系向伙伴式合作转型。这种新型关系模式具有三大核心特征：首先，通过利益共享机制将各方目标深度绑定，如采用联合营销、利润分成等方式实现互利共赢；其次，建立风险共担机制，共同应对市场不确定性；最后，实现运营协同，通过数据共享和联合决策提高整体效率。

构建伙伴关系需要系统性的策略设计：在制度层面，通过长期契约明确合作框架，同时保持适度弹性；在能力建设方面，制造商应赋能经销商，而经销商则需积极反馈市场信息；在文化融合上，可通过股权合作等方式增强认同感。需要注意的是，这一转型过程面临信任建立、权力平衡等多重挑战，因此需要循序渐进地推进。

4. 渠道销售重心由“大城市”转向“乡镇市场”

很多企业习惯以大城市为重心开发目标市场，在省会城市设销售机构，因此竞争十分激烈。大城市的消费群体也变得越来越难以获取，许多新商品的宣传工作难以开展。我国也有部分人群集中在中小城市以及农村，这类市场有很多空白点，因此一些企业将自己的销售重心转移到这些地区，设置销售中心，加强宣传；企业的经销政策也随之发生变化，从重点扶持大客户转向重点扶持二、三级经销商。

同步案例

消费分级背后的商业机会

一、二线城市，商品消费向服务消费升级；三、四、五线城市，渠道能力强的大众消费品崛起。在线上交易方面，一、二线城市服务消费企业脱颖而出，如教育、医疗、养老、人力资源等行业；三、四、五线城市中具有低线城市渠道能力的企业将得到进一步发展，如化妆品、金银珠宝、母婴等行业。

拼多多的用户分布中，三线城市的用户占比中等，四线及以下城市的用户占比较大，一线城市用户占比较小。拼多多提供的是消费分级服务，其快速崛起反映了市场下沉成为移动互联网的新机会。高收入人群是消费升级的目标受众，他们愿意为提升生活品质付费，拼多多的“海淘”“定制”等高端消费类服务瞄准的是这一群体；低收入人群更在意价格，多被拼多多极有诱惑力的低价所吸引。

从“物以类聚”的淘宝到“人以群分”的拼多多，消费分级和做利基市场是拼多多的重要商业逻辑。借助消费分级与市场下沉，拼多多实现了颠覆式创新。在拼多多悄然崛起的2016—2017年，淘宝与京东正专注于消费升级背景下新零售的竞争。由此，拼多多在三、四、五线城市和广大乡镇实现了迅猛发展，微信的流量红利被其充分运用。拼多多的崛起，让淘宝、京东感受到了压力，于是纷纷出手对拼多多进行阻击。

淘宝推出“淘宝特价版”（后改名“淘特”），主打低价拼团，提供的服务与拼多多相似。京东推出“京东拼购”（后改名“京喜自营”），其核心是超低价拼团和品牌清仓特卖，并以低价佣金吸引大量商家入驻。

资料来源；李永平，董彦峰，黄海平，数字营销．北京：清华大学出版社，2021.

5. 渠道方式由“实体化”转向“电子化”和“虚拟化”

线上渠道的发展趋势

互联网的出现既改变了人类的生活方式、工作方式，也改变了企业商业活动的渠道模式，同时，电商模式的出现也导致消费者购买行为发生变化。现阶段我国传统分销模式正在受到来自互联网、移动互联网、物联网等新型渠道的冲击，网络平台交易已经成为当今商品交易的重要渠道，我国电商正逐步走向成熟，淘宝、京东、苏宁易购、1号店、唯品会、美团、携程等电商平台迅速发展起来。随着信息科技的发展，渠道呈现电子化、虚拟化特征并与媒介加速融合。互联网，特别是移动互联网已经成为商品交易的主要载体和平台，如QQ、微信等社交平台正在逐渐拓展其销售功能，演变成为人们乐于使用的交易和销售渠道，不过，现代网络渠道的迅猛发展也为我国渠道管理带来了全新的挑战。

数字赋能与渠道创新

什么是中国式现代化?

中国式现代化是中国共产党领导的社会主义现代化，既有各国现代化的共同特征，更有基于自己国情的中国特色。中国式现代化是人口规模巨大的现代化、是全体人民共同富裕的现代化、是物质文明和精神文明相协调的现代化、是人与自然和谐共生的现代化、是走和平发展道路的现代化。

持续推动电商助农

《国务院办公厅关于促进农村电子商务加快发展的指导意见》明确指出，农村电子商务是转变农业发展方式的重要手段。

为此，我国商务部引导电商企业开通了滞销农产品的线上销售绿色通道，提供账号、流量等支持，动员社交电商、社区团购等新型电商平台通过专区专栏、直播带货、专题活动等形式销售特色农产品。鼓励农民专业合作社开办网上商店，鼓励电商平台与种植、养殖大户建立直采直供关系，培训偏远地区商户，减免流量费用，提供远程协助运营、店铺诊断、广告投放等服务，实现消费者、农户、平台三方共赢。

小试牛刀

手机企业的渠道应如何变革才能跟得上行业的发展趋势？完成表 1－1。

表 1－1　手机企业的渠道发展趋势及变革手段

渠道发展趋势	变革手段
渠道模式：扁平化	
渠道建设中心：终端市场	
渠道成员关系：伙伴关系	
渠道销售重心：乡镇市场	
渠道方式：电子化、虚拟化	

1.2　渠道的结构

1.2.1　渠道长度

渠道长度，即渠道层级，它指的是渠道中包含了多少层中间商。按照层级的数量，渠道可以分为零级渠道、一级渠道、二级渠道、三级渠道以及多级渠道，如表 1－2 所示。

表 1－2　渠道长度分析

类别	特点
零级渠道	从制造商直接到消费者，不经过任何代理商和经销商
一级渠道	从制造商到终端，再由终端连接到消费者，不经过代理商和经销商
二级渠道	从制造商经过一层批发商再到终端，再由终端连接到消费者
三级渠道	从制造商经过两层批发商再到终端，再由终端连接到消费者
多级渠道	从制造商经过三层或三层以上批发商再到终端，最后连接到消费者

零级渠道并不是没有渠道，而是省略了任何形式的中间商。零级渠道也叫作直接渠道，是一种特殊情况，制造商直接控制流通领域，与消费者实现了无缝对接。在零级渠道中，商品或服务直接由制造商提供给消费者，互联网时代为零级渠道的发展提供了更大的空间。

一级渠道与零级渠道的区别，在于一级渠道中产品或服务直接由制造商提供给其直属的或是建立合作关系的商品销售终端，如超市、商场、药店、医院等，由这些终端直接销售给消费者。由于渠道中不包含任何代理商和经销商，因此此种结构的销售方式也被称为终端直销模式。

二级渠道比一级渠道多了一个批发商（代理商或经销商）层级。这是传统的、普遍的商品销售渠道，企业商品先转移到批发商，批发商再将商品转移到零售商，在销售渠道内部完成商品针对市场的分配，再由零售商出售给消费者。

三级渠道区别于二级渠道的地方，在于生产者商品转移的过程由代理商完成，代理商通过取得商品的转移权代替制造商完成销售行为。

中间商超过三个层级的时候，就称为多级渠道。

渠道层级越多，利润也就被分得越稀薄。所以，在可能的情况下，制造商通常会设法缩短渠道长度，减少销售渠道层级。但有时候，制造商为了占据省、市、县以及乡镇各级市场，不得不在每个层级都找到一两家批发商，以分担自己的销售压力。

进阶提示

直销与传销

对于直销与传销，消费者常常雾里看花，分不清楚。随着《直销管理条例》和《禁止传销条例》的颁布实施，可以从法律层面区分直销与传销。

《直销管理条例》所称的直销，是指直销企业招募直销员，由直销员在固定营业场所之外直接向最终消费者推销产品的经销方式。直销产品的范围由国务院商务主管部门会同国务院市场监督管理部门根据直销业的发展状况和消费者的需求确定、公布。

《禁止传销条例》所称的传销，是指组织者或者经营者发展人员，通过对被发展人员以其直接或者间接发展的人员数量或者销售业绩为依据计算和给付报酬，或者要求被发展人员以交纳一定费用为条件取得加入资格等方式牟取非法利益，扰乱经济秩序，影响社会稳定的行为。

1.2.2 渠道宽度

企业渠道层级多并不代表合作的批发商多，因为每个层级可能只有一家合作伙伴。真正能反映合作者数量的指标是渠道宽度，也就是同一层级中与企业合作的批发商的多少。

比如，A 公司只有一级渠道但合作的批发商有十个，B 公司有二级渠道但每一层级只有一个批发商。A 公司的渠道长度不如 B 公司，但渠道宽度远远超过 B 公司。

很多因素都会对渠道宽度产生影响，比如产品特征、经营方式、市场动态、公司策略。根据同一层级合作批发商数量的多少，企业渠道可以分为集中型渠道、选择型渠道、密集型渠道三大类型，如表 1-3 所示。

表 1-3 渠道宽度分析

类别	特点	需要考虑的问题
集中型渠道	1. 独家代理或独家经销，规定不得经营竞争品 2. 企业对其控制力强，反之亦然 3. 市场覆盖有限	1. 缺乏竞争 2. 企业对批发商的依赖性较强
选择型渠道	1. 企业对其控制力较强 2. 竞争程度较高 3. 市场覆盖范围较广	经销区域重叠的程度
密集型渠道	1. 企业对其控制力较弱 2. 竞争激烈 3. 市场覆盖范围广 4. 分销渠道越密，销售的潜力越大	1. 企业为其提供服务的能力有限 2. 批发商间过度竞争

集中型渠道，即每个层级只与单个批发商合作。这个批发商往往是企业在某个区域市场的总代理或总经销，只此一家，别无分店。集中型渠道的优点是业务简明、考核方便，企业可以花更多精力与批发商进行沟通合作，提高协作默契度。但集中型渠道过于依赖唯一的批发商，一家独大的格局很容易让批发商变得缺乏积极性，反过来束缚企业的发展。这种渠道主要出现在企业刚进入某个市场的阶段。

选择型渠道，即在每个层级选择几个不同的批发商来做渠道分销。由于合作对象增加，选择型渠道对市场的覆盖范围会更广，但同时对批发商的控制力比集中型渠道要弱一些。总体而言，选择型渠道需要在两者之间保持平衡。同时，各批发商的销售区域还有可能出现重叠，形成竞争关系。这需要企业注意随时协调各合作方的利益。

密集型渠道，即每个层级会找多个批发商合作分销，有时候甚至只要中间商符合厂家最低要求就可以参与分销。密集型渠道的控制难度系数最高，但市场覆盖范围也最广。由于每一级都是由多个批发商进行密集营销，因此会引发它们之间的激烈竞争，甚至产生恶性竞争。

1.2.3 渠道广度

一个企业的渠道有多个层级，并且每个层级有多个批发商时，其渠道依然不一定有广度。因为渠道广度与各层级批发商的数量无关，只与批发商的类型挂钩。企业渠道选择的批发商类型越多，渠道也就越广，由此可以划分出一元化和多元化两种类型的渠道，如表1-4所示。

表1-4 渠道广度分析

类别	特点	需要考虑的问题
一元化渠道	1. 只选用一种类型的渠道 2. 便于统一管理和调整	1. 新产品上市进度 2. 产品特性是否适合目标市场
多元化渠道	1. 同一产品采用不同类型且互相竞争的分销渠道 2. 两种以上产品采用不同类型并具有竞争性的分销渠道	1. 进攻各细分市场，实现全面渗透 2. 避免恶性竞争

一元化渠道，即只有单一类型的批发商或分销渠道。一元化渠道的优点是便于统一管理和协调，缺点是局限性比较大。企业使用一元化渠道时应该注意结合自己产品与目标市场的特色，否则很容易造成分销受阻的局面。

多元化渠道，即拥有多个不同类型的批发商或分销渠道。多元化渠道又分为“同一产品＋不同批发商”与“不同产品＋不同批发商”两种情况。多元化渠道最大的优点是利于企业攻占各类细分市场，最大限度地提高市场覆盖率。但渠道中的各类批发商之间往往存在相互竞争关系，企业若不能妥善协调，容易引发各类批发商之间的恶性竞争，导致分销效率降低。

从根本上说，渠道长度、渠道宽度、渠道广度这三种变量共同支撑渠道的整体结构。企业在构建自己的渠道体系时，一定要注意这三种变量之间的平衡，让渠道结构更加符合自身的发展需求。

同步案例

京东生鲜“超级省”计划：多渠道协同赋能农产品上行

京东生鲜以山东省为试点，依托“超级省”计划，构建了一套集原产地直采、全渠道营销、智能供应链于一体的农产品上行体系，通过多维度资源整合与精细化运营，探索出农产品高效流通的创新模式。

在供应链上游，京东生鲜采用原产地直采模式，深度布局山东农产品产业带。京东生鲜通过与当地政府、合作社建立战略合作，直接对接寿光蔬菜、烟台苹果、黄河口大闸蟹等特色农产品产区，减少中间流通环节，既保障了生鲜产品的新鲜度与品质，又将传统渠道中被层层分割的利润空间直接让利给农户，实现农产品从田间到餐桌的高效流转。同时，京东利用大数据分析消费趋势，反向指导产地种植与养殖计划，推动农产品标准化生产，提升产业附加值。

在销售端，京东生鲜实施全渠道营销战略，打破线上线下壁垒。以黄河口大闸蟹为例，一方面，通过京东生鲜电商平台、京东 App 首页流量资源位等线上渠道，结合直播带货、预售卡券等营销玩法，触达全国海量消费者；另一方面，依托京东七鲜超市、京东之家等线下门店，实现生鲜产品的场景化展示与即时消费体验。此外，京东还创新性地拓展多元销售触点，联合京东便利店等第三方零售终端，布局大闸蟹自动售卖机，并针对企业客户推出定制化采购方案，构建起覆盖线上购物、线下体验、即时零售、企业采购的全场景消费网络，有效提升产品曝光度与销售转化效率。

在物流配送环节，京东生鲜依托智能化供应链体系，强化全国网络布局。通过在山东及全国重点区域建设产地仓，实现农产品的产地预冷、分级分拣与标准化包装，结合京东物流遍布全国的冷链中心、配送站点，构建起“产地直发＋区域分拨＋末端配送”的三级冷链物流网络，确保农产品以最短路径、最快速度送达全国百余个城市的消费者手中。

1.3　渠道管理

1.3.1　渠道管理的内涵

基于生产者管理的视角，我们将渠道管理定义为：在企业经营活动中，根据企业的销售策略和整体战略，通过计划、组织、控制、协调等活动，有效地利用企业的人力、财力、物力等资源，促进销售渠道的整体运作效率和效益的提高，从而实现以最低的销售成本为顾客创造最大的价值的管理活动。

根据上述定义，渠道管理的内涵可以从以下几个方面来理解：

（1）管理的目的，是通过渠道成员的职能分工与合作，实现渠道的高效运作，并在此基础上对市场需求的变化及时、有效地进行响应，为消费者创造价值。

（2）管理的对象，是分销渠道中的所有参与者，既包括企业内部的员工或销售机构，也包括企业外部的其他组织或个人，如中间商、消费者、经纪人等。

（3）管理的内容，是对分销渠道的功能流所进行的所有管理活动，以及为了适应外部经营环境所进行的渠道结构规划设计和优化调整，以实现渠道管理的目标。

（4）管理的核心职能，涵盖计划、组织、协调、激励与控制。渠道管理人员通过履行这些职能，对分销渠道内所有参与者的流动进行协调和整合，从而确保分销目标顺利实现。

1.3.2 渠道管理的必要性

需要进行销售渠道管理的原因是多方面的，既有渠道本身性质方面的原因，也有企业需求方面的原因。

1. 销售渠道的跨组织性

销售渠道如今已经不再单独属于某一特定企业，同一渠道网络中会涉及很多企业，虽然相同产业或同类企业在分销上有诸多相同或相似之处，但是企业各自的独立目标可能存在差异甚至背道而驰。这些差异性可能导致冲突进而影响渠道运作效率，所以需要进行渠道管理来避免这些差异造成负面影响。

2. 渠道战略实施的复杂性

在企业竞争优势的积累过程中，渠道战略越发受到关注，但是渠道战略的实施是一个长期的过程，这个长期过程要求企业对渠道有完全的了解和掌控。另外，渠道成员并不一定会按照企业制订的分销计划要求来履行分销任务，这就要求企业对其进行监督管理。

3. 降低分销成本的压力

国内的统计资料显示，渠道成本占总成本的比重不断提高。对制造商来说，通过独资来获得对渠道的控制力并获得可观的市场份额几乎是不可能的。由于大部分制造商并不是将商品直接销售给最终消费者或用户，而是借助于一系列中间商的转卖活动进行销售，这样，在制造商与中间商之间就逐渐形成了战略联盟，企业可以通过内部的组织重构和流程再造，合理地选择和利用渠道，将生产出来的产品以最高的效率和最低的成本销售给消费者，节省流通费用。因此，企业比以往任何时候都更加专注于对分销渠道的建设与管理。

4. 均衡利益的需求

对销售渠道中的各个成员来说，履行其义务的根本原因在于有利可图。利益是驱动各个中间商积极参与分销活动的根本动力，一旦有一方无利可图，整个销售渠道就会瓦解。保证渠道的持续存在和高效运作，就要求利益分配公平，通过必要的管理来平衡各渠道成员的利益。

1.3.3 渠道管理的内容和任务

渠道管理有广义和狭义之分。广义的渠道管理的内容和任务包括渠道的设计和开发、渠道的运作管理。狭义的渠道管理就是指渠道的运作管理。

1. 渠道的设计和开发

渠道的设计和开发又可以分为：渠道设计和渠道开发。

渠道设计的第一步是企业在内外部环境分析以及确认营销整体目标的基础上，制定分销渠道战略；第二步是根据渠道战略确定分销目标和任务；第三步是在分析评价影响渠道结构因素的基础上，选择“最佳”渠道结构。

渠道开发实际上就是对渠道设计方案的实施。企业要根据渠道设计方案，建立起能实现渠道目标的组织结构。首先，确定选择渠道成员的原则；其次，确定潜在渠道成员的名单，评价和选择渠道成员；最后，吸引和获得渠道成员，建立起所需要的渠道。

2. 渠道的运作管理

渠道的运作管理要保证所构建的渠道能够高效率地运作，并实现企业的分销目标。渠道的运作管理包括以下三个方面：

（1）对渠道中的权力的管理。对渠道成员进行有效的激励和控制。

（2）对渠道中的合作与冲突的管理。既要协调和解决好渠道中可能存在的各类冲突，也要对渠道成员间的合作和渠道战略联盟进行有效的管理。

（3）评价渠道绩效。除了在销售渠道设计和建立阶段，制造商要对渠道成员进行评估，在渠道建立后的运作中，也要持续进行评估，从而掌握销售渠道和渠道成员的经营情况。

1.3.4　渠道管理的新动向

目前，渠道管理问题正受到社会的普遍关注。对企业渠道中的物流、信息流进行高效协调是渠道管理成功的关键。现代管理面临的以下几个重要转变将会对企业进行分销渠道管理的实践活动起到重要的指导作用。

1. 从功能管理向过程管理转变

传统的管理将分销渠道中的制造、仓储、销售、配送等功能活动分割开来，让它们独立运作，而这些功能都具有各自独立的目标和计划，这些目标和计划经常产生冲突。现代管理则是将渠道中的各种功能活动有效集成，以提高消费者服务水平以及消费者价值最大化为目标的面向过程的管理。不仅在企业内部要向过程管理过渡，在企业外部，管理渠道中的各个合作伙伴的业务活动，也需要从功能管理向过程管理过渡。

2. 从利润管理向营利性管理转变

传统的管理将利润作为企业管理的重点，现代管理则认为利润管理很粗放，因为利润只是一个绝对指标，并不具有可比性，应该用相对指标来衡量企业的经营业绩，而营利性就是一个相对指标。这种营利性是建立在“双赢”基础上的，只有渠道中的各方均具有较好的营利性，企业自身的营利性才有可能得到保障。

3. 从产品管理向消费者管理转变

在买方市场上，是消费者（而不是产品）主导企业的生产、销售活动，因此，消费者是核心，是主要的市场驱动力。而分销渠道上非常关键的一环就是消费者。在买方市场上，渠道管理的重心是由生产者向消费者倾斜的，因而消费者管理就成为渠道管理的重要内容。

4. 从交易管理向关系管理转变

传统的渠道成员之间的关系是交易关系，所考虑的主要是眼前的既得利益，因此，不可避免地出现渠道成员为了自身利益而损害他人利益的情况。现代管理理论认为，可以找到一种途径，能同时增加渠道各方的利益。这种途径就是要协调渠道成员之间的关系，并以此为基础进行交易，以使渠道整体的交易成本最小化、收益最大化。特别是当企业之间的竞争转变为供应链之间的竞争时，只有倡导竞合精神，企业才能求得最佳的生存与发展空间，获得最大的市场份额或利益。这种“双赢模式”，要求从传统的销售关系中“非赢即输”的单纯交易关系转变为更具合作性的共同为谋求更大利益而努力的关系。

5. 从库存管理向信息管理转变

企业对待库存的心理一直都十分矛盾，在渠道成员之间，一会儿排斥库存，一会儿囤积库存，造成巨大的浪费。其实，可以换一个角度去考虑问题：用信息代替库存。企业持有的是“虚拟库存”而不是实物库存，直到渠道的最后一个环节才交付实物库存，这样可以大大降低企业持有库存的风险。因此，用及时、准确的信息代替实物库存就成为现代渠道管理理论的一个重要观点。

以上这些转变发生在一个企业内部，却作用于所有的相关企业，现代管理转变产生的效应将影响整个分销渠道。因此，发生这样的转变后，企业如果跟不上时代变革的步伐，最终将会被市场淘汰。

1.4 渠道职业岗位分析

1.4.1 渠道职业岗位群[①]

渠道职业岗位比较多，在不同的企业有不同的叫法，我国大部分公司主管营销的总裁、总监、大区部长、产品经理、分公司经理等都会或多或少地涉足分销渠道管理工作。根据在营销组织中所处的位置不同，可以将上述从事渠道职业岗位的人员分为高层管理者、中层管理者、基层管理者和作业人员。渠道职业岗位金字塔如图 1－6 所示。

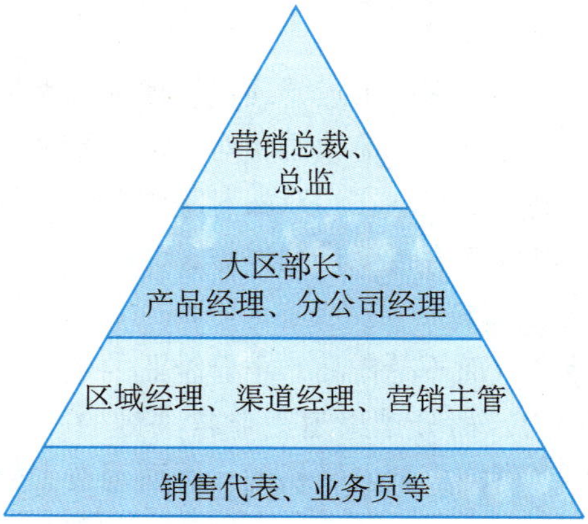

图 1－6　渠道职业岗位金字塔

① 王水清．营销渠道开发与管理．2 版．北京：北京大学出版社，2017.

高层管理者处于组织的最高层，如营销总裁、总监，对整个营销组织的活动负有全面的责任，主要职责是制定营销总目标、总战略，掌握组织的大政方针并评价整个组织的绩效，渠道管理在其整个营销工作中所占比重较小。

中层管理者处于高层管理者和基层管理者之间的一个或若干个中间层次，如大区部长、产品经理、分公司经理等，其主要职责是贯彻执行高层管理者所制定的重大决策，监督和协调基层管理者的工作。与高层管理者相比，中层管理者更注重日常的营销管理事务，渠道管理在其整个营销工作中所占比重比高层管理者大。

基层管理者处于营销组织管理者中的最底层，如区域经理、渠道经理、营销主管等，他们所管辖的是作业人员，主要职责是给下属作业人员分派具体的工作任务，直接指挥和监督现场作业活动，以保证高效率地完成各项任务。分销渠道管理在其整个营销工作中所占比重比中层管理者更大。

作业人员是现场的工作人员，他们是没有下属的，更需要自己管理自己，其工作职责主要是负责分销渠道的设计、开发与维护。

一般来说，处在最基层的营销人员，其渠道管理工作在整个营销工作中的比重比较大，如销售代表、业务员等。越往上层，渠道管理工作的比重越小。

1.4.2　从事渠道管理所需的职业知识

基于职业能力培养的渠道管理人员所需具备的知识应包括以下几个方面。

1. 专业知识

渠道管理是营销管理的一部分，从渠道管理的工作过程来看，从事渠道管理的人员应掌握一定的市场营销基础知识，如市场调查与预测、推销技巧、商务谈判、销售管理等方面的知识。

2. 行业及企业知识

任何一个企业都有其“归属”，即属于某个行业。因此，从事渠道管理的人员首先要了解自己所从事的行业知识，因为行业知识反映了整个行业的共性。

3. 相关产品技术知识

相关产品技术知识，即对本公司推广的产品及技术知识的了解程度。产品的性能、优缺点、价位、特色、市场定位、同类竞争产品等情况，决定了渠道的长度、宽度、广度应该怎样设置。渠道管理人员必须对企业产品线有全面的了解。

4. 其他相关方面的知识

（1）供应链管理知识。

产品的生产需要原材料，原材料的变化导致产品的差异，如钢材涨价就会导致空调、冰箱等产品的价格上升。从事渠道管理的人员所需具备的供应链知识主要有供应链的构建、供应链合作伙伴的选择、订单处理、运输与配送、采购与仓储管理、库存控制等。

（2）法律知识。

市场经济也是法治经济，从事任何经济活动都离不开法律，从事渠道管理工作需要掌握的法律知识主要有直销法、经济法、税法等。

（3）客户关系管理知识。

客户是企业的一项重要资产。企业需要与所选客户建立长期和有效的业务关系，在与客户的每一个“接触点”上都更加接近客户、了解客户，增强客户价值管理，从而全面提升企业的营利能力。

（4）财务会计知识。

在销售活动中，计算货款应准确、结算货款应及时、清理欠款应有力度，这是对销售管理人员的基本要求。作为渠道管理人员，在开展分销工作的过程中必然会遇到支付、结算、预算等与财务会计相关的问题，良好的财务会计知识背景有助于渠道管理人员顺利开展各项工作。

1.4.3 从事渠道管理所需的职业能力

1. 专业能力

从事渠道管理职业所需的专业能力主要有以下几个方面：

（1）市场调研能力。

市场调研能力，即考察当前市场行情与潜在商机的能力。渠道管理人员应当充分了解目标市场的容量、现有格局、消费水平、竞争对手状况、政府政策等方面的信息，为推销产品和建设渠道提供准确的依据。

（2）渠道规划能力。

渠道规划能力，即规划渠道布局组合与设计渠道政策的能力。渠道经理是渠道的设计者与主要建设者，必须熟悉现代企业的渠道运营模式，弄清企商各方对渠道的性能要求。同时还要学会根据商品类型、发展阶段、区域市场环境的差异来选择最适宜的渠道结构与渠道政策。

（3）项目管理能力。

项目管理能力，即渠道管理人员完成相关任务的能力。在渠道合作中，各成员通常围绕具体产品或工程项目展开合作，而渠道运营的核心工作在于调动各类资源，推进项目落地。

（4）渠道激励能力。

渠道激励能力，即用各种激励措施提高渠道成员工作积极性的能力。在渠道运营过程中，产品销售和市场开拓受阻是常见现象，这无疑会打击企业销售团队与经销商的士气。为了突破事业瓶颈，渠道管理人员必须采取一些激励措施来帮助渠道成员努力完成目标。

（5）渠道维护能力。

渠道维护能力，即维持渠道正常运营秩序和化解渠道冲突的能力。渠道成员在运营中肯定会因为利益差异而产生摩擦，这就需要渠道管理人员像润滑剂一样把这些不和谐因素妥善解决掉，从而保持渠道秩序的良好运转。

（6）营销策划能力。

营销策划能力，即利用各种营销手段来提高渠道销售业绩的能力。建设渠道的最终目的是销售产品，通过策划各种营销活动来帮助渠道成员扩大市场影响力、提升销售业绩，以赢得市场中的渠道竞争，这也是渠道管理人员义不容辞的使命。

2. 社会能力

从事渠道管理职业所需的社会能力主要有：与人交流的能力，阅读与书面表达的能力，与人合作的能力，与人谈判的能力，执行任务的能力，检查效果的能力，解决问题的能力，革新与创新的能力等。

3. 逻辑思维能力

逻辑思维能力包括逻辑分析能力、观察能力、联想能力、解读能力等。渠道管理中的诸多现象都有其成因，需要渠道管理人员开动脑筋去寻找各种现象之间的联系，从而对当前的渠道运营状况有准确的认识。管理工作本质上就是发现问题和解决问题。如果没有出色的思维理解能力，就不能从纷繁散乱的信息数据中看出问题的关键，也就无法找到解决问题的钥匙。

企业效益与社会责任

推动新时代慈善事业高质量发展

党的二十大报告指出：“引导、支持有意愿有能力的企业、社会组织和个人积极参与公益慈善事业。”

鸿星尔克热心公益事业

2022 年，中央宣传部、国家发展改革委授予鸿星尔克 2021 年“诚信之星”称号，这是对企业热心社会公益事业、生产高品质产品、提供贴心服务的高度肯定。

1. 积极响应国家“富民兴疆”和西部大开发政策

为贯彻落实新时代党的治疆方略，鸿星尔克—新疆鸿荣轻工有限公司正式成立并投入生产，它是集生产、仓储、运营为一体的服装生产基地。该生产基地将实现百余条生产线全面投产，落实千余个就业岗位，标志着鸿星尔克“富民兴疆”计划迈出坚实的一步。未来鸿星尔克将在增加就业、做强产业、改善民生等方面发挥自身优势，为助力新疆高质量发展、创造美好新未来贡献绵薄之力。

2. 坚持用中国好棉花，造中国好产品

新疆作为全国最大的长绒棉生产基地之一，为全球各地供应洁白光泽、纤维柔长、弹性优良的高品质棉花。自成立以来，鸿星尔克就大量采购新疆棉，以高品质产品和服务回馈客户，以实际行动助力新疆同胞增收。在国外某些品牌公然宣称拒绝使用新疆棉花后，鸿星尔克率先在官微发声。在线下，“支持中国造力挺新疆棉”的标语体现在鸿星尔克门店显眼处，在国内多个机场内投放，并迅速强势登陆北京、上海、杭州等城市的地标电梯，让世界看到中国造。

3. 践行兴企为民，全力支持残疾人事业发展

在助残捐赠方面，鸿星尔克不遗余力。鸿星尔克曾与福建省残疾人福利基金会携手，全面开展助残行动，先后捐赠了数千万元的爱心物资。助残范围涵盖新疆、西藏、内蒙古、青海等省份。后来，鸿星尔克再次举办助残捐赠活动，两年内向福建省残疾人福利基金会捐赠千万元爱心物资。

4. 大爱无疆，与受灾同胞风雨同舟，共渡难关

2021 年，鸿星尔克通过郑州慈善总会、壹基金紧急捐赠共计 5 000 万元物资驰援河南

灾区，用于水灾救治。2023 年，甘肃临夏州积石山县发生地震，鸿星尔克立即向甘肃受灾地区捐赠 2 000 万元物资。近年来，鸿星尔克还在各级党委、政府的指导帮助下，先后参与了几十项慈善公益活动，累计捐助爱心物资和现金超亿元，形成了良好的示范带动效应。

企业的成功发展离不开伟大的时代，国货品牌的崛起更是得益于国家的大力扶持和消费者的喜爱。作为一个极具社会责任感的民族品牌，鸿星尔克始终把“兴企为民、回报社会”作为己任，弘扬“传递阳光、传递正能量”的主流文化，以实际行动履行企业经营者神圣的社会使命，把温暖带给更多需要帮助的人，合力实现共同富裕。

课堂实训

认知渠道岗位

● 实训目标

通过本次实训，学生深入了解渠道管理岗位的职责、工作流程和关键技能；培养渠道规划、开发与管理能力；增强对市场渠道动态的敏感度和分析能力；通过实践操作，提升团队协作和沟通能力。

● 背景资料

假定你是某所职业院校市场营销专业的学生，毕业后在国内某大型企业的销售部任职，主要从事营销渠道开发与管理工作。近期，该公司为了提高渠道管理的工作效率，计划在公司内部实行岗位责任制。公司首先结合行业特点和公司现状对渠道经理岗位工作职责进行了规范，要求你结合自己对企业渠道管理岗位的理解，拟定一份企业渠道经理工作职责表，以便今后在工作中明确自身的责、权、利。

● 实训步骤

1. 选择需要进行分析的公司和商品

结合自己的就业目标及兴趣爱好确定所要分析的企业和商品。要考虑自己较熟悉的商品和容易获取相关信息的公司。推荐行业/企业如下：

洗化行业：上海家化、珀莱雅、百雀羚等。

饮料食品行业：康师傅、娃哈哈、蒙牛、伊利、汇源等。

坚果行业：三只松鼠、良品铺子等。

餐饮行业：海底捞、西贝等。

服装行业：李宁、安踏、鸿星尔克、特步等。

家电行业：海尔、美的、格力、海信等。

2. 分析商品的渠道

各小组针对所选择行业、领域与教师和企业专家进行深入沟通，学生在充分调研的基础上，分析该公司渠道的特点、优劣势、问题和解决对策。

3. 梳理渠道经理的工作流程

在调研的基础上，运用渠道的相关知识，梳理渠道经理的主要工作流程。

4. 提炼渠道经理的工作内容并填写渠道经理岗位说明书

5. 小组课堂展示汇报

6. 小组互相点评打分，教师总评

续表

● 撰写渠道经理岗位说明书

企业名称					
职位名称		职位代码		所属部门	
职系		职级		直属上级	
薪金标准		填写日期		核准人	
职位概要					
管理权限					
主要岗位职责					
任职资格					
直接下级			间接下级		
晋升方向			轮岗转换		

● 实训成果展示

续表

● 任务执行评价

任务执行评价标准

评价指标	评价标准	分值	小组自评	小组互评	教师评价
信息检索	能否利用查询网络、借阅图书、走访等多种途径查找有效信息；能否利用自己的语言有条理地开展市场调研；能否将检索出的有效信息运用到项目实训中	20			
参与状态	小组成员间能否合理分工，成员间是否相互尊重、理解；成员间能否进行较好的互动和交流，并进行小组探究式学习；小组成员能否处理好合作学习和独立思考的关系，做到有效学习	30			
学习过程	是否按照教师的要求进行项目操作；能否主动发现问题并提出有价值的意见；能否进行较好的倾听、分享；能否在规定的时间内完成任务并按时上交	30			
思维状态	能否积极思考问题、发现问题、提出问题、分析问题、解决问题，并能条理清晰地阐述观点	20			
总分		100			

指导教师：

年　　月　　日

● 实训总结

● 指导意见

课后提升

娃哈哈、农夫山泉的渠道之争

渠道是企业和消费者之间的桥梁和纽带，渠道能力是企业实现商品价值的核心能力。尤其对于消费品企业，有“渠道为王”之说。在软饮料行业流通渠道中，主流分销模式以娃哈哈摸索创建的联销体和农夫山泉采用的经销专属制较为典型。两种模式各具特色，主要区别在于厂商和经销商不同的管理范围和相对关系。

1. 娃哈哈的联销体模式

娃哈哈，即杭州娃哈哈集团有限公司，自创立以来，一路成长为行业巨擘，2024 年销售额突破 700 亿元大关，展现出强劲的发展韧性。回顾其发展历程，渠道策略的成功对早期崛起起到了决定性作用。

创业初期，娃哈哈主要借助国营糖酒公司批发系统，同时与个体工商户、农贸市场携手，以传统批发零售方式打开市场局面。但随着市场竞争加剧，这种模式的弊端逐渐显现。20 世纪 90 年代，娃哈哈创新性地推出联销体模式，并配套保证金制度，开启了渠道变革之路。在这一模式下，构建起“总部—省（区）分公司—特约一级批发商—特约二级批发商—二级批发商—三级批发商—零售终端”的多层级体系。一级联销体下特约二级批发商的设置，有效化解了网点扩张与人力短缺的矛盾，助力产品迅速渗透至各级终端。

娃哈哈渠道分工特点鲜明：其一，在各省（区）设立分公司，派驻专业销售人员协助经销商开展铺货、理货及广告促销等一线业务，增强市场一线支持；其二，特约一级批发商需缴纳占预计销售额 15%～30%的保证金，且每月结清货款，从资金流上保障企业运营稳健；其三，严格限定批发商供货区域，严禁低于公司规定最低价出货，维护市场价格秩序稳定；其四，对特约一级经销商下达明确销货指标，完成者可获丰厚年终返利，反之则遭淘汰，充分激发经销商积极性；其五，特约二级经销商参照特约一级经销商保证金政策，向特约一级批发商支付预付款，享受优惠进货政策，形成层次分明、利益捆绑的渠道架构。

联销体模式优势显著，资金回笼极为及时，大大降低企业资金风险，同时精简了销售人员团队。即便厂家不直接触达终端，也凭借低销售费用实现产品广泛且深入地铺货。以 2024 年数据为例，娃哈哈在全国拥有几千家经销商，终端销售点几百万个，尤其在下沉市场，其商品覆盖率极高。然而，该模式也存在固有短板：终端控制力较弱，面对精耕细作的大品牌时竞争力不足；新品推广面临困境，多层级经销依赖大单品让利维持渠道利益，致使新品上市时经销商常挑肥拣瘦；在现代渠道拓展上，超市的赊销模式与联销体保证金制度冲突，加重经销商资金压力，阻碍商超渠道开拓进程。

面对市场新挑战，2024 年娃哈哈积极求变。投放几万台联网冰柜，通过物联网技术实时监控销售数据，精准把握市场动态。同时重启大区制，构建“区域经理—经销商—业务员”三级体系，进一步强化终端覆盖，在三四线城市铺货率提升，瓶装水业务增加，成为业绩增长的核心驱动力。

2. 农夫山泉经销专属制

农夫山泉股份有限公司，前身为新安江养生堂饮用水有限公司，自1996年成立后发展迅猛。其渠道模式历经多次迭代，最终形成独具特色的“经销专属制”。

成立之初，农夫山泉借鉴娃哈哈联销体模式，借助经销商力量快速开拓市场。但由于当时产品矩阵不够丰富，经销商管理体系不够成熟，价格体系紊乱，市场秩序受到影响。2008—2016年，农夫山泉开启渠道改革之路，公司业务员直接对接终端，经销商转变为单纯的配货角色，公司对终端的掌控力大幅增强。但随着销售规模持续扩张，城区网点渗透率趋于饱和，全面掌控乡镇村县等终端的难度和成本急剧上升。

自2016年起，农夫山泉推行经销商专属化改革，实施抓大放小策略以提升运营效率。销售主体从企业转变为经销商，大幅精简小型经销商，赋予它们充分的渠道自主权，并将业务推广费等打包下放给经销商，以充分调动它们的积极性。同时，构建NCP系统（农夫合作伙伴系统），所有合作经销商都依托该系统开展业务。通过NCP系统，农夫山泉实现对经销商的精准分销指导与费用核销，实时管控一线销售人员，从而对终端市场动态了如指掌，渠道掌控力跃升至新高度。

在渠道架构上，农夫山泉将全国市场划分为多个大区，每个大区仅保留一名地级经销商，撤销县级经销商，市场运营统一由地级经销商负责；并依据渠道类型，精细划分出传统经销商、KA经销商、餐饮经销商、家庭渠道经销商等。此外，农夫山泉将一线业务员融入经销商团队，为经销商提供薪资补贴和业务支持，极大提升了经销商的积极性与忠诚度，实现企业与经销商深度协同发展。

这一模式管理简便、费用节省且效率较高，在渠道拓展时能广泛动员各方资源。到2024年，农夫山泉终端网点有几百万家。不过，随着经销商做大，可能出现“诸侯割据”局面，对深挖渠道和区域市场潜力的意愿降低，导致渠道下沉后续动力不足。

问题讨论：

1. 结合所学知识，尝试画出娃哈哈、农夫山泉的渠道结构示意图。

2. 娃哈哈、农夫山泉的渠道布局，哪个更能适应现在的市场竞争？结合实际，谈谈你的认识。

____

____

____

同步测试

一、单选题

1.（　　）是指渠道中包含了几个层级的中间商。

A. 直接渠道　　B. 渠道宽度　　C. 渠道长度　　D. 间接渠道

2. 某制造商在与渠道经销商的合作中为了更好地把握市场需求和竞争对手情况，委托经销商帮助收集、分析消费者市场和竞争对手信息，这种做法体现了渠道的(　　)。

A. 物流功能　　B. 风险承担功能　　C. 谈判功能　　D. 调研功能

3. 某经销商在与制造商的合作过程中，向其购买了一批商品，在商品交付之前先向制造商预付了50%的定金，使得制造商可以有足够的资金进行生产，这种做法体现了渠道的(　　)。

A. 融资功能　　B. 促销功能　　C. 支付功能　　D. 谈判功能

4. 某县一个饮品经销商从可口可乐公司购进饮料，然后供给当地的超市和便利店来销售，这说明可口可乐饮料的渠道类型属于(　　)。

A. 制造商→消费者　　B. 制造商→零售商→消费者

C. 制造商→代理商→专卖店→消费者　　D. 制造商→经销商→零售商→消费者

5. 在渠道职业岗位金字塔中，(　　)负责制定分销渠道战略。

A. 高层管理者　　B. 中层管理者　　C. 基层管理者　　D. 作业人员

二、多选题

1. 渠道的结构有(　　)。

A. 长度结构　　B. 宽度结构　　C. 广度结构　　D. 复合结构

2. 以下属于渠道功能的是(　　)。

A. 促销　　B. 洽谈　　C. 融资　　D. 承担风险

3. 以下属于渠道新变化的有(　　)。

A. 模式由“扁平化”转向“垂直化”

B. 渠道建设中心由“经销商”转向“终端市场”

C. 销售重心由“大城市”转向“乡镇市场”

D. 成员关系由“交易关系”转向“伙伴关系”

4. 根据同一层级合作的经销商数量的多少，企业的渠道可以分为(　　)。

A. 集中型渠道　　B. 多元化渠道　　C. 选择型渠道　　D. 密集型渠道

三、判断题

1. 渠道管理的关键是跨组织管理。(　　)

2. 渠道中的信息流呈单向流动。(　　)

3. 渠道系统的扁平化就是宽度结构发生变化，而长度结构并没有发生变化。(　　)

4. 渠道是针对企业而言的，因此，对营销人员个人而言，渠道没有什么重要性可言。(　　)

5. 根据中间环节数量的多少，可将渠道的长度结构分为零级渠道、一级渠道、二级渠道和三级渠道。(　　)

项目2　渠道成员认知

知识目标

1. 理解制造商在营销渠道中的地位，了解制造商的分类标准与具体类别；

2. 掌握制造商管理渠道的工作内容及重要性；

3. 理解批发商的含义，熟悉批发商的不同分类方式和特点；

4. 认识零售商的含义，熟知零售商的分类情况，掌握新零售的定义和特点；

5. 了解消费者数据采集的方法和意义，明晰用户画像的构建原理和应用，知晓辅助商在渠道中的角色。

技能目标

1. 能够运用制造商的相关知识，对制造商在渠道中的策略制定和管理工作进行分析和评估；

2. 能够根据批发商的分类，对不同类型批发商的运营模式和业务特点进行剖析；

3. 能够依据零售商的分类和新零售的特点，为零售业务的开展和创新提供可行的方案；

4. 能够运用数据分析工具构建准确的用户画像，为营销决策提供支持；

5. 能够识别辅助商在渠道中的价值，合理利用辅助商资源优化营销渠道的运作。

素养目标

1. 具备全局观，能协调制造商、批发商、零售商等多方利益；

2. 增强创新意识，主动适应新零售等渠道变革趋势；

3. 树立合作共赢理念，促进渠道参与者高效协同。

知识图谱

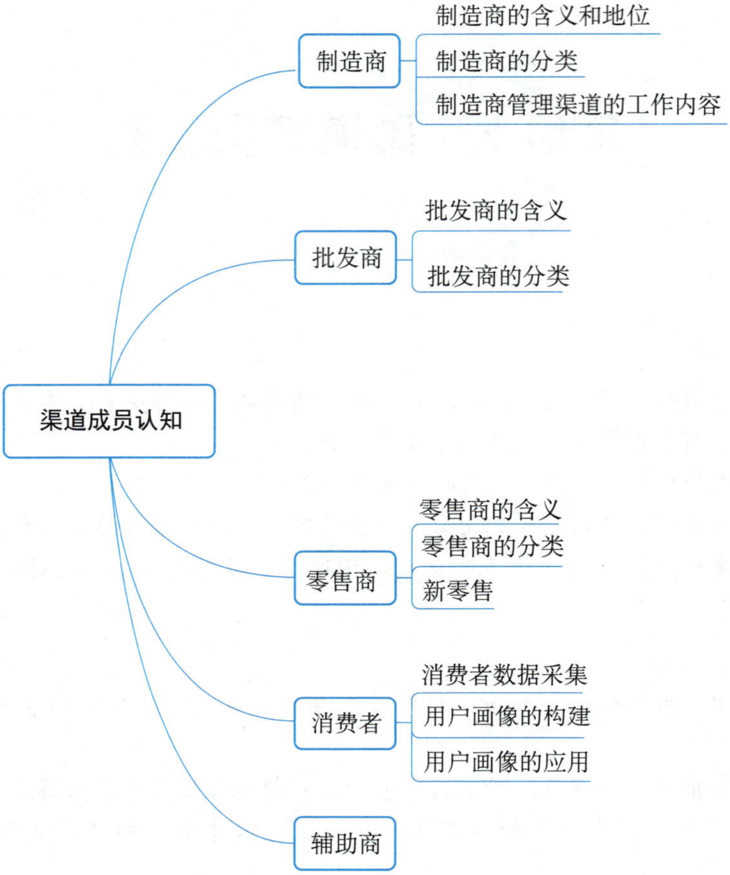

导入案例

被误解的中间商

一则曾在全国投放量很大的广告是这样说的：没有中间商赚差价，卖家多卖钱，买家少花钱。

这则广告让很多消费者误以为，如果没有中间商，交易会更快、更便宜。互联网的出现，让买卖双方能够直接打交道、做生意，似乎使这个目标得以实现了。但事实上，那个号称没有中间商赚差价的网站，它自己恰恰就是中间商，像亚马逊等互联网平台其实也都是中间商。

中间商在交易过程中一直发挥着重要作用，它们在制造商与消费者无法直接取得联系的时候，尽力把货物卖到各个地方，使货物得以流动。中间商为买方提供更加全面的信息，向生产企业提供市场的反馈，促成交易实现。这一系列过程都会创造价值，也会产生额外的费用，即使是号称“没有中间商赚差价”的互联网平台，也扮演着中间商的角色，也会产生交易成本。只不过这个成本更加隐蔽而已，比如它会向商家收取费用，而商家的费用则会向消费者收取。所以中间商不可或缺，费用也不可避免。

当交通运输不便的时候，中间商的价值在于降低物流的成本，过去的马帮、丝绸之路上的商人，它们的核心价值在于降低了商品运输的成本。

当资金短缺的时候，买家想买某个商品但没钱，卖家想卖某个商品但没钱生产，这时中间商又可以变成资金短缺问题的解决者，间接承担银行的功能，用自己的钱打通交易双方的链接，赚取合理的利润是理所当然的。

人的需求往往是模糊不清的，比如天气热时你想买个降温的东西，这时可以买空调、电风扇、扇子，但不同的商品、品牌、型号有不同的性能和特点，你不可能为了买一个东西去研究所有的商品，这时候中间商就可以利用自己的专业知识，为你推荐适合的商品，这时的中间商又成了咨询公司。

过去物流困难、信息不对称、资金短缺，中间商能有很大的利润、生存空间，但当高速公路越修越多、移动互联网越来越便捷、社会融资渠道越来越多的时候，中间商又该如何生存呢？

思考：在市场经济高度发达的情况下，中间商能够继续生存的原因是什么？

渠道成员可以分为两类：一类为成员型参与者，一般包括生产企业、中间商和最终用户。另一类为非成员型参与者，即辅助代理机构，一般包括运输机构、市场调研机构、银行、保险机构等。从渠道的建设和发展来看，这些组织和机构是必不可少的，有时甚至会直接影响渠道的效率，但是一般来讲，渠道管理主要考虑的是对成员型参与者的管理。

2.1 制造商

2.1.1 制造商的含义和地位

制造商是指那些生产或制造商品的企业，包括各种从事采掘、提取、加工和组装商品的公司。其作用是创造能够满足人们需求的财富或资源。市场交换之所以会出现，渠道中之所以会有那么多的中间商，其根源就是制造商生产或制造出的用于交换的商品。

制造商处于整个分销流程的源头，从新商品开发到商品生产，再到分销策略的制定，制造商在渠道的管控方面占据主导地位，是渠道的核心。没有制造商的品牌与商品，任何渠道中间商都会失去存在的意义。如果渠道中的各级经销商出了问题，制造商还可以寻找其他合作对象来填补渠道环节中的空缺，但如果制造商自己倒闭了，整个渠道就会彻底瓦解。

2.1.2 制造商的分类

同样是进行制造活动，但是根据行业、商品性质的不同，制造商也可以分为多个种类。对制造商生产活动影响最大的两个因素就是科学技术和存货风险。

1. 连续生产和间断生产

根据科学技术的不同，可以把生产过程分为连续生产和间断生产（见表 2-1）。

表 2-1　连续生产和间断生产

	生产批量	单位成本	库存风险	占用资金
连续生产	大	低	高	多
间断生产	小	高	低	少

连续生产要求企业注重生产的合理性，而且要有十分稳定的供应商网络来保证分销畅通。连续生产的制造商通过纵向一体化或与供应商合作，形成战略联盟并取得控制权。连续生产的特点是生产批量大、单位成本低、库存风险高、占用资金多。

间断生产的企业总是从一种商品的生产转移到另一种商品的生产，供应商必须能够及时地提供所需的原材料，制造商要给供应商较高的酬金并在生产不同商品的过程中支付额外的转换成本，导致单位商品生产成本升高。其特点是生产批量小、单位成本高、存货风险低、占用资金少。

2. 按存货生产和按订单生产

根据存货风险的不同，可以把生产过程分为按存货生产和按订单生产。

按存货生产适用于存货风险低的产业，通过保有一定的存货来保证供货充足。

若存货风险高，制造商往往不保有存货，而是根据客户需求，按照订单生产。

数字赋能与渠道创新

犀牛智造：探索未来“智造”之路

随着科技进步，人工智能、云计算、大数据等数字技术日新月异，“数字+制造”“数字+服务”成为经济发展新动能。服装行业是传统产业面临困境和挑战的一个缩影。当下，服装行业面临的基本矛盾是海量个性化需求与刚性供给能力之间的矛盾，本质还是供给能力不足的问题。面对这些问题和挑战，在数字化转型的浪潮中，犀牛智造以其独特的生产模式和前瞻性的战略眼光，成为服装行业数字化转型的佼佼者。

犀牛智造是阿里巴巴的新制造平台，是一座面向未来而建设的数字化实验工厂。犀牛智造致力于服务中小商家数字化转型，通过产业全链路数字化改造和云化升级，构建需求实时响应、极小化库存，以及“100 件起订、7 天交付”的小单快返新模式，实现供需精准匹配和更高水平的动态平衡，促进传统制造产业高质量发展。

一座工厂的智能化，可分为三个层级，第一层是信息化，第二层是数字化，第三层是数智化，基于所采集的数据，通过 AI 来做判断、做决策，再将 AI 所形成的决策下达到边缘端，通过边缘端执行。对于犀牛智造而言，要做好两件事情：一件是面向淘宝商家，以销定产，做到小单快反，解决服务和成本难题；另一件则是赋能服装工厂，做到“合理安排产能”。通过犀牛工厂样板间，未来将数字化生产模式“移植”给成百上千家工厂，让工厂生产流程数据化和透明化。很明显，这本质上是解决供需两侧的信息不对称问题，让信息流通更为高效。

目前，犀牛智造已经可以为包括针织、梭织、羽绒、牛仔在内的超过70%的服装类目提供一站式柔性快速反应供给，实现批量“小”、交付“快”、质量“稳”、库存“零”。犀牛智造服务了几百家品牌企业，通过“小快稳零”的新模式，直接降低了中小品牌的创业门槛。犀牛智造的产业全链路数字化模式让品牌能更好适应快速变化的市场需求，为制造工厂提效降本，同时推动企业的数字化改造。

2.1.3 制造商管理渠道的工作内容

（1）加强对中间商的供货管理，保证供货及时，在此基础上帮助中间商建立并理顺销售网络，分散销售及库存压力，加快商品的流通速度。

（2）加强对中间商广告、促销的支持，减少商品流通阻力，提高商品销售能力。

（3）为中间商提供商品服务支持，妥善处理销售过程中出现的商品损坏变质、顾客投诉、顾客退货等问题。

（4）加强对中间商的订货管理，减少因订货处理环节中出现失误而引起的发货不畅的问题。

（5）协调中间商与中间商之间的关系，尤其是当发生一些突发事件，如出现价格涨落、商品竞争、商品滞销及周边市场冲击或低价倾销等扰乱市场的问题时，要处理好中间商之间的矛盾和摩擦。

（6）加强对中间商的培训，增强中间商对企业理念、价值观的认同及对商品的认识。

文化传承与时代精神

促进中医药传承创新发展

中医药是我国重要的卫生、经济、科技、文化和生态资源，传承创新发展中医药是新时代中国特色社会主义事业的重要内容，是中华民族伟大复兴的大事。

中药传统工艺传承与时代创新驱动

中国北京同仁堂（集团）有限责任公司（简称同仁堂）是中药行业著名的老字号，创建于清朝康熙八年（1669年），在300多年的风雨历程中，历代同仁堂人始终恪守“炮制虽繁必不敢省人工，品味虽贵必不敢减物力”的古训，坚守传统中药制作技艺和制药精神，同仁堂中医药文化被列入首批国家级非物质文化遗产代表性项目名录。“配方独特、选料上乘、工艺精湛、疗效显著”是同仁堂的制药特色，也是历代同仁堂人对药品质量的郑重承诺和不懈追求。

配方独特：同仁堂的处方大多来源于企业独家秘方、宫廷秘方、古方和民间验方，经过不断收集、整理、优化，形成了同仁堂特色的配方。同仁堂为此专门成立企业科学技术委员会，搭建同仁堂研究院、同仁堂博士后科研工作站和中药复方新药开发国家工程研究中心等科研平台，持续围绕名优品种培育、经典名方开发、质量控制体系建设、产学研合作等进行科研攻关，取得了一系列科研成果。

选料上乘：同仁堂遵循古训制药标准，制定了高于行业质量标准的企业标准，采用“采其地、用其时”和“上等、纯洁、地道”的药材，确保选料、投料一流。近年来，同仁堂相继制定方案和办法等，组建供应链公司，专门负责中药材种植养殖与采购管理工作，加强与华润三九医药股份有限公司、山西振东制药股份有限公司等企业种植基地合作，获取高品质中药材。

工艺精湛：同仁堂遵照古训，依法炮制，将处理环节的工序、加工方法沿用至今，并与现代制药技术相结合，确保了同仁堂制药工艺精深精良。同仁堂努力搭建“零缺陷”质量管理体系，2022 年 9 月，北京同仁堂质量追溯数据中心正式揭牌。该中心是同仁堂“零缺陷”质量管理体系的重要组成部分，借助现代溯源技术，围绕药材种植基地建设、中药饮片炮制加工和中成药生产等环节开展智能化监管。消费者扫码即可查看同仁堂中药材“从田间到车间”的全流程信息。

疗效显著：强调同仁堂历来注重药品疗效，不仅悉心钻研处方、精选用料、精益制造，更是把药品疗效作为同仁堂质量观的核心要求，用有疗效的药品实现“济世养生”的价值观。在传承中药制药文化的同时，同仁堂强化科技创新赋能传统工艺提升。同仁堂不断提升中药饮片智能生产关键技术与装备现代化水平，建立感知评价模型，并初步完成部分饮片炮制工艺研究，利用电子感官评价技术，将传统炮制工艺客观量化，保证样品质量优质稳定均一可控，以现代技术传承发展同仁堂炮制技艺。

同仁堂组建北京同仁堂医养投资股份有限公司，推出“粹和康养”健康养老品牌，正式布局养老产业，发力功能性餐饮市场。至此，在渠道战略布局上，同仁堂形成以工业制药为中心，以商业零售、健康养生、医疗养老、国际药业为支撑的“制药＋”大健康产业格局，构建集种植养殖、制造、销售、康养、研发于一体的“制药＋”大健康产业链条，致力于为群众提供个性化、精准化、高端化、全程化的全生命周期健康服务。

2023 年 8 月，同仁堂知嘛健康正大中心店暨首家生活方式体验店在北京 CBD 开业。该店融合汽车文化与健康生活场景，将超级跑车发动机和座椅、脚下透明可视的超级赛道与中医馆、草本饮品、养生膳食进行跨界组合，形成多元化社交生活场景，成为年轻人的热门打卡地。汽车元素成为继咖啡元素之后同仁堂知嘛健康又一个吸引年轻人的亮点。

2.2 批发商

2.2.1 批发商的含义

批发商是指从生产企业购进商品，然后转销给其他批发商、零售商、生产用户或各种非营利性的组织，一般不直接向个人消费者销售的商业机构。批发商是商品流通的大动脉，是连接生产企业和商业零售企业的枢纽，对企业经营管理及提高经济效益、满足市场需求、稳定市场具有重要的作用。

2.2.2　批发商的分类

批发商

小试牛刀

作为渠道中最重要的成员，经销商和企业之间到底是一种什么样的关系？

1. 经销批发商

经销批发商，简称经销商，是指一批独立的、专门从事批发业务的，并且在进行商品交易时拥有商品所有权的批发商。它们一般会大批量购进商品并进行存储，再把这些商品进行拆分，转售给零售商或其他渠道成员。经销商是批发商中最主要的类型之一。从定义上来说，经销商是以买卖的关系与上游合作，即以资金从上游购货，然后进行商品的转售，它们获取的是商品进销的差价，因此经销商对利差的关注往往高于对商品实际价格的关注。经销商有以下分类方法。

（1）按经营商品的范围划分。

1）综合批发商，是指经营范围广、商品种类多的经销商。它们的销售对象主要是各类零售商店，如百货店、杂货店、五金店、药店和电器商店等。另外，向制造商提供品种齐全、规格繁多的工业用品的批发商也属于综合批发商。

2）专类商品批发商，是指经营范围仅限于某一类商品的经销商。这类批发商虽然仅经营单一品类，但花色、品种、规格和品牌等很齐全，还经营一些与这类商品密切相关的配套商品。例如，药品批发商除经营药品外，还会经营一些保健品和洗涤用品等。

3）专业批发商，是指专门经营一条产品线中的一部分专业商品的批发商。它们的主要销售对象是专业商店，如海鲜批发商。

（2）按所提供服务的范围划分。

1）完全功能批发商。它们执行批发业务的全部功能，为制造商和其他的购买者提供包括保持存货、雇佣固定销售人员、信贷、送货等全面的功能服务。

2）有限功能批发商。它们只执行批发业务的一部分功能，提供部分功能的服务，目的是降低成本和批发价格。这类批发商又可分为以下几类：

①现购自运批发商。它们不提供赊账和物流服务，要求客户当场付清货款，并自己解决运输问题，多用于小规模、低价值商品的交易。

②承销批发商。它们向包括其他批发商、零售商等在内的客户争取订单，在得到订单后就向制造商进货，并通知制造商将货物直接运送给客户。

③卡车批发商。此类批发商主要提供运输服务，主要经营一些易腐和半易腐的商品。它们一接到客户的要货通知，就从制造商那里把商品装上卡车，立即运送给客户。

④托售批发商。此类批发商将商品以寄存托管的方式置于零售商手中，在商品销售完毕后，零售商才进行结算。虽然存储功能被省略而降低了存储成本，但是经营费用较高，需要批发商有一定的资本。

⑤邮购批发商。此类批发商借助邮购方式完成物流配送，主要针对较偏远地区的零售商，批发的商品不会在短期内过期，如五金等。

2. 代理批发商

代理批发商是指专门从事采购、销售或二者兼有的商品买卖接洽工作，但不获取商品所有权的批发商，其获利方式是通过促成商品交易或促成供需双方的衔接而获取佣金报酬。代理批发商，简称代理商，一般只帮助买卖双方进行业务沟通，但本身并不拥有商品的所有权。它们参与关于商品交易的谈判，目的是帮助其委托人与购买方达成交易，而不是为自己购买商品。代理商可以细分为以下类型。

（1）制造商代理商。

制造商代理商是指与某个或某几个制造商签订代理合同，负责代理销售制造商的某种商品或部分品种的商品的代理商。双方既需要通过合同明确代理标的、代理权限、代理区域、价格条件、订货程序、服务等内容，也需要就佣金的提取方式和比例进行约定。通常，企业可以同时选择几个制造商代理商，制造商代理商也可以同时为若干生产相关商品而非竞争商品的生产企业提供服务。

（2）销售代理商。

销售代理商也是通过签订代理合同建立代理关系，并通过提取佣金获利的。其与制造商代理商的区别在于销售代理商通常拥有独家代理权，即在代理合同规定期限内，生产企业只能使用一个销售代理商。另外，销售代理商在代理的商品范围、代理权限、代理区域、价格条件等方面拥有较大的权限，并可以代理多个制造商的商品。

（3）采购代理商。

采购代理商是指专门帮助买主执行寻找货源、收货、验货、储运及交货等采购职能的代理商。这类代理商的特点是“代购”，而非“代销”。

（4）佣金商。

佣金商也称代办行，是指专门负责为委托人运输、保管、代销商品并在代销商品的获利中直接扣除相关费用和佣金的代理商。佣金商通常可以承接多个委托人的代理，代理期限较为灵活，并且通常对委托的商品有较大的经营权，可以不经过委托人同意以自己的名义销售商品。

（5）拍卖行。

拍卖行是指为买卖双方提供拍卖交易场所和相关服务的代理商类型。拍卖行通常适用于较为贵重的古玩、字画、珠宝、艺术品等商品的销售，也可用于一些大宗商品，如鲜花、粮食、茶叶等农产品的销售。

（6）进出口代理商。

进出口代理商是指专门为委托人代办进出口贸易的代理商。进出口代理商通常在进出口贸易方面具有丰富的经验，一般将代理地点设在商贸口岸，为委托人在国外市场寻求货源或为委托人向国外出口销售商品。

（7）经纪人。

经纪人也称中介，民间也有“对缝”的说法，意指经纪人专门负责为买卖双方牵线搭桥，协助其接洽与谈判。通常经纪人不保有存货，也不参与融资或承担风险。经纪人的佣金既可以从卖方处获取，也可以从买方处获取，或者“通吃”。房产中介就是典型的从买卖双方处获取佣金的。

进阶提示

企业采用经销制还是代理制，需要按照企业的实际情况来决定。经销制和代理制本身没有优劣之分，它们有着不同的运作机制和不同的适用范围。一般来说，成熟品牌的商品因市场走势稳定、推广工作较简单、销量容易预估，比较适合以经销制的方式合作。而新成立的厂商所开发的新商品因市场复杂、投入较大、前景未卜，需精耕细作，适合采取代理制的方式，以降低代理商的风险和减轻负担。经销商与代理商的区别，通过图2-1所示的业务流程可以一目了然。

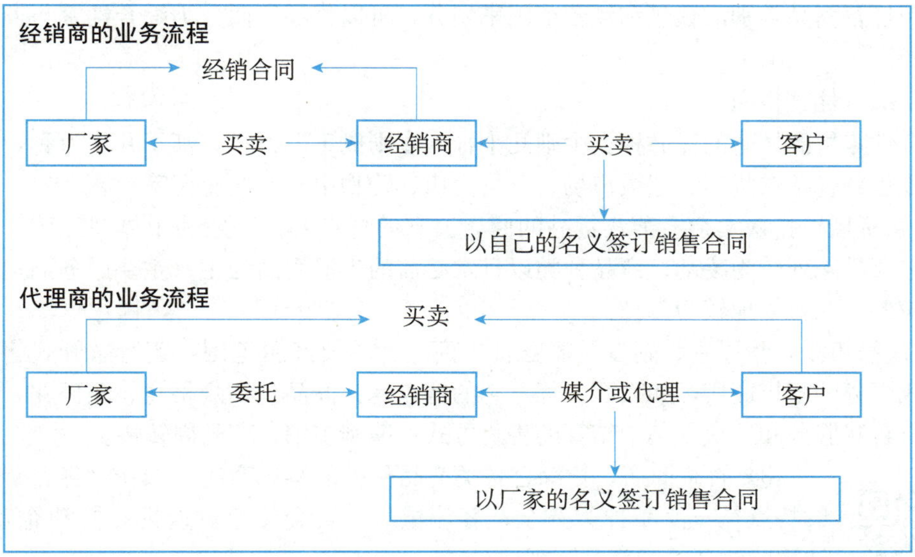

图2-1　经销商与代理商的区别

3. 制造商的批发机构

制造商的批发机构，是指由制造商自己创办的，但是独立于制造商生产机构的一些组织，如制造商营销公司或办事处等。它们的主要任务是销售本企业生产的商品，通常按经销商的模式开展业务。

2.3　零售商

2.3.1　零售商的含义

零售商是指将商品直接销售给最终消费者的中间商，是相对于制造商和批发商而言的，处于商品流通的最终阶段。零售的概念具有以下要点：

（1）零售活动是将商品提供给消费者用于直接消费，而不是用于生产消费或者转售。

（2）最终消费者主要是个人或者家庭。

（3）零售活动不只涉及有形商品的销售，也包括服务性劳动的销售。

（4）零售活动不局限于在固定的营业场所进行的销售活动，很多无店铺的销售活动也是零售活动，如自动售货机、网络商店的销售。

2.3.2 零售商的分类

消费需求的多样性、消费结构的多层次性和消费行为的多变性，决定了零售商经营形态的多样性、动态性和互补性。

1. 综合性零售商和专业性零售商

按照经营商品类别的数量和经营范围来划分，可以将零售商分为综合性零售商和专业性零售商。

（1）综合性零售商。

综合性零售商经营的商品种类少则几十种，多则成千上万种，甚至几十万种，典型的综合性零售商包括杂货店、超级市场、百货商店、购物中心、商业街等。

1）杂货店，指贩卖杂七杂八货品的商店。它的特点是：一般为个体户经营；面积通常较小；商品陈列较为凌乱；商品种类以日常必需的生活用品为主；主要服务周边社区居民；在城郊、农村等地较为常见。

2）超级市场，指以主、副食及家庭日用商品为主要经营范围，实行敞开式售货，消费者自我服务的零售商店，如大润发等。它的特点是：商品包装规格化、条码化、明码标价；实行自我服务和一次性集中结算的售货方式；薄利多销，商品周转快。

3）百货商店，指综合各类商品品种的零售商店，如新世界百货等。它的特点是：商品种类齐全；客流量大；资金雄厚；重视商誉和企业形象；注重购物环境和商品陈列。

你不知道的胖东来

4）购物中心，指由零售商店及其相应设施组成的商店群体，作为一个整体进行开发和管理，通常包括一个或多个大的核心商店，并有许多小的商店环绕其中，有庞大的停车场设施，消费者购物来去方便。它的特点是：占地面积大，一般在几万平方米到十几万平方米；功能齐全，可容纳各种类型的服饰、餐饮、美容、娱乐、健身、休闲等商店。

5）商业街，指由经营同类或异类商品的多家独立零售商店集合在一个地区形成的零售商店集中区，如服装一条街、美食一条街等。它的特点是：商品种类集中；同类商家集中。

（2）专业性零售商。

专业性零售商重点经营某一类、某一种专业商品或集中经营某一品牌商品，如苹果手机专卖店。典型的专业性零售商包括品牌店、专业店、专业超市等。它的特点是：品种齐全；经营富有特色、个性；专业性强。

2. 线下零售和线上零售

按照是否有实体门店划分，可以将零售分为线下零售和线上零售。

（1）线下零售。

线下零售包括购物中心、超级市场等形式。

（2）线上零售。

线上零售包括邮购目录、电话/电视销售、直销、自动售货机、网上购物、新媒体营销等形式。

1）邮购目录，指通过向消费者递送包含商品信息的宣传单页、册子，激发消费者的购买兴趣，促成订购，并通过快递形式实现商品交付的零售形式。电商、新媒体快速发展导致邮购目录形式的销售已经大幅度减少。

2）电话/电视销售，指以电话、电视作为沟通工具，向消费者传递商品信息，消费者通过电话直接订货，卖方送货上门的零售形式。

3）直销，指销售人员直接向终端消费者推荐商品进而实现销售的形式。随着移动互联网的迅猛发展，基于社交关系的直销形式越来越普遍。

4）自动售货机，指利用自动售货机销售商品的形式。如今自动售货机已被大量运用于多种商品的销售，如饮料、图书等。

5）网上购物，指基于互联网开设的在线商店，既可以是独立的商店，如唯品会等，也可以是基于淘宝、天猫、京东等第三方平台开设的商店，进行销售的形式。

6）新媒体营销，指利用当代最新通信媒体，如互联网、互动电视、手机移动终端等，将商品信息传送给消费者，再由消费者利用通信媒体，以单向或双向的信息传递完成订购、销售、支付、物流等流程的网络营销方式。

3. 折扣商店、仓储商店和廉价店

价格既是影响消费者选购商品的关键因素之一，也是影响竞争力最敏感、最灵活的要素之一。按照零售商对销售商品的定价策略划分，可以将零售商分为折扣商店、仓储商店和廉价店等。

（1）折扣商店。

折扣商店是指以低价、薄利多销的方式销售商品的商店。它的特点是：设在租金便宜但交通繁忙的地段；经营商品品种齐全，多为知名度较高的品牌商品；设施投入少，尽量降低费用；实行自助式售货，提供服务较少。

（2）仓储商店。

仓储商店，又称量贩商店，是一种大型的商店，如山姆会员商店等。它的特点是：通常位于郊区或低租金地区；建筑物装修简单，货仓面积很大；以零售的方式运作批发；通常采取会员制销售来锁定消费者。

（3）廉价店。

廉价店是指出售廉价商品的商店，如 1 元店、5 元店等，主要利用消费者的求廉心理和求实心理，目标消费者通常是家庭主妇、收入不高的中老年消费者。

2.3.3　新零售

1. 新零售的定义

新零售作为一个新的概念，首先由产业界提出并进行实践，目前呈现出百花齐放的格局。有人认为，新零售是以消费者体验为中心的数据驱动的泛零售业态。阿里巴巴试图通过供应链的重构、销售全通路的重构、品牌营销与消费者连接的重构以及线上线下商业生态的打通和重构来定义新零售。

社区新零售

随着互联网整体商业生态的发展，共享经济、社群经济、大数据经济等新型商业形态不断涌现，不仅颠覆了以往的商业模式，也造成了传统商业价值链的解体，取而代之的，是一个以消费者体验为中心，拥有全新商业价值、商业逻辑和商业模式的互联网商业时代。在这一背景下，传统实体零售也开始主动或被动“触网”，借助大数据、云计算等移动互联网新技术，打通线上线下，实现全渠道的无缝对接与融合，从而逐渐走向新实体零售。

2. 新零售产生的驱动力

（1）消费升级是新零售产生的牵引力。

如今，居民购买力日益攀升，消费主体个性化需求特征愈加明显，消费者主权时代的到来对商品与消费的适配度提出了更高的要求，同时对零售升级产生了巨大的牵引力。目前，18～35岁的新生代和中产及富裕阶层构成了我国的消费主体。他们更加注重商品和服务的品质、品牌，以及生活质量。消费的档次被拉开，消费的“羊群效应”逐渐消失，排浪式消费基本宣告终结。与之相对应，个性化、多样化消费需求大规模兴起，渐成主流。

（2）技术升级是新零售产生的推动力。

零售业的发展一直以技术的进步为依托。信息技术的发展改变了零售商和消费者之间的交互方式，不管是叫新零售、未来零售还是无界零售，作为划时代的革新，归根到底还是以消费者体验价值作为主要的标志。在新零售时代，消费者的体验将会融合线上和线下购物的优点，消费者既能体会到线下购物的立体感和真实感，又能感受到线上购物的丰富性和便利性，还能享受到更加个性化和智能化的服务。

在新零售时代，商家对于消费者识别的精确度上升到前所未有的水平，使得商家更懂消费者，甚至比消费者更懂自己。从这个角度来看，新零售首先革新的是消费者行为数据采集系统，这是源头，因为没有足够全面和精细的消费者行为数据，再好的算法、再强大的大数据运算能力也无法做到真正的精确和个性化。

（3）商业效率提升是新零售产生的内驱力。

商业的本质是效益，零售商需要不断地提升效率以获得更强的竞争优势。过去5～10年，电商快速打破了传统零售渠道中的信息不对称和区域市场分割，以消费者为中心，在商品选择、商品价格、服务体验等方面进行了变革和升级，对线下零售产生了较大的冲击。但线上零售商业经历多年的粗放式规模扩张后，面临着流量红利消退、盈利变现压力加大等现状，电商也需要回归理性，与线下零售从对立走向统一，共同探讨打造可持续发展的商业模式。

3. 新零售的本质

（1）围绕消费者需求，重构人货场。

新零售从以生产为导向转变为消费驱动生产。通过数字化技术的多元创造力，精准捕捉消费者内心需求，最终实现“以消费者体验为核心”的商业重构。

（2）基于数字技术，实现价值链重塑。

任何零售主体、任何消费者、任何商品都既是物理的，也是数字化的。新零售基于数字技术，将消费者与商品转化为数据并对大数据进行分析，使企业内部与企业间流通损耗达到无限接近于“零”的理想状态，最终实现价值链重塑。

（3）多元的泛零售形态。

借助数字技术，批发零售业、物流业、大文化娱乐业、餐饮业等多元业态均延伸出零售形态，更多零售物种即将孵化产生，甚至可能出现“人人零售”。

数字赋能与渠道创新

以满腔热忱对待一切新生事物

党的二十大报告指出："紧跟时代步伐，顺应实践发展，以满腔热忱对待一切新生事物，不断拓展认识的广度和深度，敢于说前人没有说过的新话，敢于干前人没有干过的事情，以新的理论指导新的实践。"

白象直播间的精细化运营

随着新媒体营销的兴起，在食品速食领域，涌现出一批又一批优秀品牌，而如何"有效拉新"与"降本增效"，是各个品牌绕不开的话题。

作为拥有"良心国货""爱心企业""国民味道"等标签的白象品牌，面对市场激烈的竞争，选择了"精细化人货场运营，精准提升品效转化"的新媒体营销策略。

1. 人——需求刺激

基于品牌形象与消费者画像判断，聚焦速食品类人群，针对熬夜加班、打游戏、大学生活等场景重点突破，刺激消费者需求，选定亲切感较强，贴合年轻 Z 世代的具有学生感、年轻感和互动性强的主播。此外，主播在直播过程中格外注重消费者互动与积极性的营造，通过增加热梗、提前搭建规范的脚本框架，让主播借势平台热门话题，搭配有趣的话术内容等方式带动消费者联想使用场景，提升商品销售转化。

2. 货——推陈出新

根据消费者市场调研和行业痛点分析，白象围绕新时代下品牌商品与消费者之间的供需关系，将人与货精细化匹配。通过引入"爆款产品打造大规格货组＋买赠电煮锅机制"的营销模式，整合白象爆款且翻牌率高的汤面和拌面，组合成六袋装的爆款大货组进行主推，从而缩短首购消费者决策链路，契合复购消费者囤货场景，多维度提升销售效果，使月销售额实现了翻倍增长。

3. 场——场景代入

方便速食的应用场景已经发生较为明显的变化，出现了一人食、家人共食、户外、宿舍共享等新消费场景。基于此，白象在直播间结合生活场景打造特色直播内容场景，同时为了更好契合每个节日、大促节点，迎合 Z 世代、都市蓝领、小镇青年这类消费群体注重创意的偏好，对白象的直播间场景进行了升级和铺排，契合主题氛围。白象直播间在运营期间还策划了户外、动态等多元化、丰富的直播场景，实现促进消费者互动、提高自然流量的转化率、刺激消费者购买的目标。

2.4　消费者

消费者也是渠道成员之一。消费者虽然不参与生产经营活动，但他们是商品和服务的最终购买者。制造商和中间商执行各种渠道功能都是为了满足消费者的需要，实现商品的销售，因此，消费者是它们关注的焦点，是最具影响力的渠道成员之一。在买方市场上，消费者占据主导地位，消费者对商品和服务有更多的选择。由于市场竞争的压力，实施消费者满意策略越来越成为企业竞争获胜的法宝，谁能最大限度地接近消费者，谁就能最先获得令人羡慕的丰厚回报。

消费者既是渠道服务的最终受益者，也是渠道建设的推动者和渠道管理效果的权威评判者。因此，要以消费者为中心，以满足消费者需求为目标，来构建渠道和进行渠道管理。

同步案例

星巴克：以人性化服务驱动客户体验革新

在竞争白热化的咖啡零售市场，星巴克始终以行业领军者的姿态引领风潮，其成功不仅源于优质的咖啡，更在于对人性化客户服务的执着深耕与持续创新，为消费者营造出独一无二的消费体验，稳固树立起全球咖啡文化标杆形象。

一、多维度构建积分体系，强化消费者忠诚度

星巴克构建的积分制，堪称提升消费者黏性的“秘密武器”。通过消费累计积分，消费者能够兑换饮品、食品或周边商品，这种切实可见的回馈机制极大激发了消费者的复购欲望。以星巴克发布的数据为证，加入其会员积分计划的消费者消费频次较普通消费者高，平均消费金额也有所提升。

与此同时，星巴克借助大数据分析，深入洞察消费者消费偏好与行为模式，精准推送契合每位消费者需求的推广信息。比如，对于偏爱拿铁的消费者，星巴克推送拿铁口味新品或拿铁相关优惠活动；针对早餐时段光顾的消费者，给予早餐套餐专属折扣。这一精准推送策略成效显著，消费者对推送内容的点击率高、转化率也十分可观，有力推动了商品销售与品牌传播。在社交平台方面，星巴克积极引导消费者分享消费体验，设置专属话题标签，举办线上互动活动，如“星巴克最美咖啡拉花评选”等，吸引大量消费者参与讨论与分享，使品牌信息得以呈指数级扩散，品牌影响力与美誉度大幅提升。

二、紧跟需求变化，优化营销互动

星巴克始终将消费者需求置于首位，密切关注市场动态与消费者偏好变迁，据此灵活调整营销模式。依据市场调研机构数据，近年来消费者越发注重健康与个性化。星巴克敏锐捕捉到这一趋势，迅速推出“真味无糖”创新体系，把原有的风味糖浆拆分为0糖的风味饮料浓浆与独立的原味糖浆，满足不同消费者对糖分的需求。该系列商品一经推出，市场反响热烈，部分门店新品销售额在短时间内就占饮品总销售额的20%。

在沟通互动层面，星巴克搭建起多渠道沟通桥梁。在线下门店中，咖啡师与消费者亲切交流，收集反馈；线上通过社交媒体、官方App等平台，及时回复消费者咨询与建议，定期举办线上直播，邀请咖啡专家讲解咖啡知识、新品亮点，实时与消费者互动。

三、拓展多元平台，深化会员服务

在平台选择上，星巴克打破局限，与支付宝、淘宝、高德等热门App展开合作，消费者在常用平台即可关联星巴克会员身份，实现积分、查询订单与享受优惠，极大提升会员服务便捷性与覆盖范围。以支付宝为例，消费者通过支付宝搜索星巴克小程序，一键登录会员，支付时自动累计积分，简化操作流程，吸引更多潜在消费者加入会员体系。实施以上策略后，通过第三方平台加入会员数量有所增长，拓展了客源，增强了品牌市场渗透力。

小试牛刀

1. 将学生分为男生、女生两组。
2. 男生组、女生组分别思考各自的重点消费品。
3. 男生组、女生组分别描述商家针对某类消费品经常使用的渠道策略。
4. 男生组针对女生组的某类重点消费品提出相应的渠道策略；女生组针对男生组的某类重点消费品提出相应的渠道策略。

2.4.1　消费者数据采集

在大数据时代，企业要根据不同的需求进行不同环境下的数据采集，解读消费者，构建用户画像，进行个性化推荐，实现精准营销。数据采集是大数据精准营销的基础，数据类型的多样性及数据来源的差异化是影响数据质量的重要因素。从数据的时效性来看，可将数据分为以下三种类型。

1. 静态数据

静态数据包括人口属性、商业属性等，主要用于消费者的基本属性分析和智能标签分类。企业通过对性别、年龄、职业等数据的关联分析，可以知道“消费者是什么特征的人”。

2. 近期数据

近期数据主要为消费者一段时间内的网络行为数据，企业通过对消费者近期活跃应用、内容访问、通信行为、常住区域等具有一定时效性数据的分析，获取消费者的兴趣偏好和消费习惯等，了解消费者对什么感兴趣。

3. 实时数据

实时数据主要为消费者实时变化的网络行为数据，包括搜索信息、购物信息、实时地理位置等。企业通过地理位置信息实时获取消费者的潜在消费场景，抓住营销机会，实时触达目标消费者，了解“消费者在哪里、在干什么”。

2.4.2　用户画像的构建

用户画像是在系统地调研分析与数据统计基础上得出的科学结论。用户画像具有多元性与动态性特征。多元性体现在其通常涵盖多个细分类型，以刻画不同群体的差异行为；动态性则要求用户画像需随用户行为、市场环境、变化实时更新。

第一步：采集基础数据。数据是构建用户画像的核心依据。大数据时代，数据可来自线上线下的多种场景和多个平台。基础数据分为内部数据、外部数据。

第二步：分析建模。收集用户画像所需的资料和基础数据后，企业要对资料数据进行分析加工，提炼关键要素，构建可视化模型，预测消费者行为和偏好。

第三步：画像呈现。画像呈现就是从显性画像、隐性画像、场景和需求等方面给消费者打标签。要先将收集到的信息进行整理、分析与归类，创建出角色框架，然后根据商品侧重点提取需要的信息，进行评估分级，再结合消费者规模、消费者价值和使用频率进行划分，最后确定主要消费者、次要消费者和潜在消费者。

进阶提示

四新人群（新中产、新生代、新老人、新小镇青年）

我国消费主体的变化及消费需求的多元化，给新消费市场提供了巨大的增长空间。受国力提升、国民收入水平提升、民族文化自信增强、消费升级等方面因素影响，我国消费主体及其消费行为也发生了巨大变化，消费需求圈层化趋势明显。新中产、新生代、新老人、新小镇青年以更加鲜明的消费理念和消费偏好逐渐成为市场和新消费品牌的新焦点。其中，新中产经济增势持续走高；新生代以更加鲜明的消费理念不断“造风”；新老人逐渐成为品牌商关注的新焦点；新小镇青年逐渐成为消费主力军。这“四新人群”的用户画像和消费特征如表 2-2 所示。

表 2-2 “四新人群”的用户画像和消费特征

人群	用户画像	消费特征
新中产	精致的品质追求者，平均年龄 35 岁，高学历，高家庭年收入，已婚已育，多为科技、媒体、通信、金融从业者，成熟理性	房产、汽车、出行方面消费活跃度高，注重文化消费、健康消费、智能消费
新生代	幸福的一代，1995—2009 年出生，移动互联网原住民，受过高等教育，独生子女，多为城市居民，住房压力小，晚婚晚育，经济状况好	悦己、个性化、乐于尝鲜、热衷国货、重颜值与品质，注重参与和体验
新老人	与时俱进的一代，60 岁以上，时间自由，有较强消费能力，爱网购，候鸟型老人，兴趣化生活	追求品质，爱旅游，健康消费、文化类消费特征显著
新小镇青年	精神青年，25～35 岁，生活在三四线及以下城市，慢生活，压力小，喜爱新事物，收入有限但消费力强，爱手机，爱网络，易被种草	品质消费、体验消费、国货经济、信贷消费、看重性价比

资料来源：微播易，MMA，魔镜市场情报．2022 年中国新消费品牌发展趋势报告［EB/OL］，2022.

2.4.3 用户画像的应用

消费者分析：建立用户画像

在大数据时代背景下，消费者在网络中会留下各种痕迹，用户画像将消费者的每个具体信息抽象成标签，利用这些标签将消费者形象具体化，从而为消费者提供有针对性的服务，有助于企业识别商品或服务的目标群体。用户画像能够比较完美地抽象出一个消费者的信息全貌，为进一步精准、快速地预测消费者行为、消费意愿等重要信息提供全面的数据基础，是实现大数据精准营销的基石。

1. 售前的精准营销

简单来说，通过构建用户画像，零售企业可以全面、准确地了解消费者的各种消费需求和痛点，制定更有针对性的营销策略，即在最佳的时间、通过最佳的渠道、以最佳的方式将营销信息推送给需要的消费者，实现精准营销。

比如，某红酒广告主根据原有数据判断爱喝红酒的消费者多为时尚类人士，因此将广告投放到了时尚网站，但效果并不理想；构建用户画像后，该广告主发现这些用户其实更喜欢浏览军事类新闻，把广告投放到军事网站后，用户转化率有所提高。

2. 售中的个性化推荐

把消费者吸引过来之后，通过个性化推荐的方式能够更好地提升转化的效果。例如，某线上商城为一个新消费者进行推荐时，因为对他的消费历史并不了解，所以只能推荐一些热门商品。但如果了解该消费者在其他网站上的行为特征，譬如他对食品很感兴趣，即可推荐相关的食品。

3. 售后的增值服务

企业把商品销售给消费者并不是营销活动的结束，而仅仅是跟消费者接触的开始，之后可能还要处理消费者后续的商品咨询、售后增值服务甚至是投诉等问题。企业可以通过数据接口实时反馈消费者相关信息，如历史维修、历史咨询等，进行知识推荐，提高服务效率和消费者满意度；同时收集消费者的服务满意度数据，补充和完善用户画像信息。

管理实践与引思明理

健全网络综合治理体系

党的二十大报告指出：“健全网络综合治理体系，推动形成良好网络生态”。习近平在2016年召开的网络安全和信息化工作座谈会上的重要讲话指出：“网络空间是亿万民众共同的精神家园。网络空间天朗气清、生态良好，符合人民利益。网络空间乌烟瘴气、生态恶化，不符合人民利益。”

大数据营销的利与弊

在数字经济时代，大数据营销已应用于各行各业，主要存在于平台型企业，各平台通过各自的算法和数据进行消费者兴趣的分析，为消费者构建用户画像，再分别推送信息，让每个人都能看到自己想看到的内容。这种个性化服务虽然改善了消费者的网络体验，提高了营销的精准度，但也使消费者接收到的信息更加趋同和狭窄，可以说精准营销和大数据“杀熟”更像是一个硬币的两面，利弊并存。

所谓大数据“杀熟”，就是消费者在不知情的情况下“被溢价”，究其本质，是一种差异化定价策略，即对于同样的商品和服务，通过大数据分析和预测的手段，企业根据不同消费者的特征构建“精准画像”，并为其“量身定做”不同的价格。例如，同样是订一张飞机票，长期在平台上订票的“熟客”，基于其对平台更高的黏性和忠诚度，平台会“智能”地根据搜索频率等分析其对飞机票需求的迫切程度，进行动态浮动加价。同样的商品或服务，新客更便宜，熟客价更高，这显然是对一些消费者的知情权、公平交易权的侵犯，既违背诚信，也显失公平。更重要的是，无论从法律层面还是从道德层面来看，消费者个人的消费习惯、偏好、搜索关键词等数据信息，本质上都属于个人隐私数据，即便平台可以在获得消费者授权后进行使用，但用来“杀熟”就已然涉嫌违规使用隐私数据，侵犯消费者权益了。

智能时代的大数据营销，应取之于民用之于民，只有在正确的道德标准引导下，才能获得持久的市场竞争力。技术本身虽没有好坏，但会产生较强的影响力。科技并不必然带来美好生活，带来美好生活的，是善用科技的人。任何技术的价值观，说到底还是人的价值观，只有平台真正意识到自己的社会责任，用有良心的商品培育企业形象，才能最大化地遏制大数据“杀熟”，才是企业的长久发展之路。

2.5 辅助商

辅助商是指那些在商品从制造商向消费者转移的过程中，对商品实体或所有权的转移起到辅助的推进和促进作用的组织或机构。渠道中辅助商的存在是必要而且重要的。这是因为，要想将商品顺利地送达消费者手中，除中间商之外还需要方方面面的配合与协作，辅助商以不同的角色参与商品分销的过程，加速了商品从生产领域向消费领域的转移。在渠道中，主要的辅助商类型包括：市场调研公司、广告公司、媒体公司、保险公司、银行、物流公司等。

辅助商所承担的渠道功能包括市场调研、促销、风险承担、融资及物流等。例如，市场调研公司帮助企业进行市场调研和市场信息的收集，承担了市场调研的功能；广告公司和媒体公司起到了促销的作用；保险公司则为制造商或中间商或消费者分担了风险；银行起到了融资的作用，加速和促进了商品生产和消费；物流公司则在商品的仓储、运输和配送中起到了重要的作用。

在工业革命阶段，企业之间的关系以竞争为主，企业之间界限分明。而到了现代，全球经济的一体化使得企业之间的合作成为其发展的前提，打破了企业各自为政的局面，让企业之间的关系更加密切。

著名的供应链专家马丁·克里斯托弗说，市场上只有供应链而没有企业。现代企业之间的竞争已渐渐转为供应链之间的竞争，企业掌握了供应链即掌握了所在行业的制高点。因此，构建一条优化的供应链被众多企业看作增强自身核心竞争力的砝码。“过去”与“现在及未来”供应链的区别如图 2-2 所示。

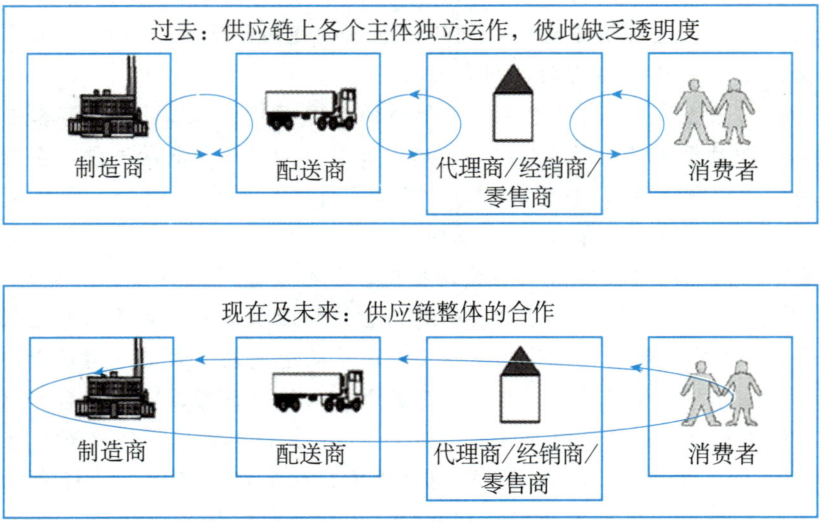

图 2-2 “过去”与“现在及未来”供应链的区别

供应链是一个系统，制造商、配送商、代理商或经销商或零售商、消费者，每一个环节都是供应链系统中重要的组成部分，都是相互依存、密不可分的。在信息社会，企业之间的关系错综复杂，只有讲求合作共赢，才能取得最大的发展利益。

课堂实训

认知营销渠道成员

- 实训目标

中间商在渠道中具有举足轻重的地位，但是不同的中间商在渠道中所起到的作用是不同的。通过本次实训，巩固对营销渠道成员的理解，认识渠道成员的类型、功能、特点，以便在实际工作中更好地物色中间商，为设计和开发渠道成员做好准备。

- 背景资料

假定你在国内某家电公司的营销部任职，主要从事家电产品的渠道开发与管理工作。公司要求你以××市场为目标市场，调查参与家电流通的渠道成员及其承担的功能，并初步确定可能选用的渠道成员。

- 实训步骤

1. 选择自己熟悉的家电企业。
2. 搜索企业的网站，调研所在市场的渠道成员，并记录搜索内容。
3. 将搜索到的信息进行归纳整理，完成表格填写。
4. 标注各渠道成员的名称、类型、特点、功能。
5. 结合所学知识，初步框定可能选用的渠道成员。

- 实训表格填写

××家电公司代理商登记表

序号	代理商名称	代理商经营品牌	代理商的特点	代理商的类型	代理商的功能

××家电公司经销商登记表

序号	经销商名称	经销商经营品牌	经销商的特点	经销商的类型	经销商的功能

续表

××家电公司零售商登记表

序号	零售商名称	零售商经营品牌	零售商的特点	零售商的类型	零售商的功能

××家电公司辅助渠道成员登记表

项目	合作对象	合作内容	备注
市场调研公司			
广告公司			
媒体公司			
保险公司			
银行			
物流公司			

● 实训成果展示

● 任务执行评价

任务执行评价标准

评价维度	评价指标	分值	得分
资料的收集与分析	调研资料的质量	20	
	调研资料的数量	10	
	信息收集的时效性	20	
	收集信息的分析	20	
职业素养	工作态度和质量	10	
	纪律与出勤	10	
	报告的严谨性和有效性	10	
总分		100	
指导教师： 年　月　日			

● 实训总结

● 指导意见

课后提升

拼多多牵手格兰仕 双方达成全面战略合作

家电是中国最具国际竞争力的行业之一，而格兰仕在家电行业中扮演了重要角色。创始人梁庆德曾一手将微波炉系列产品从高不可攀的售价拉至国民平均消费线，并在一定程度上推动了家电产品的市场价格集体回归使用价值。格兰仕出现前，一台微波炉的售价是 3 000 元，格兰仕通过持续改进升级产品，将市场价格拉至最低约 300 元的区间，使其成为人人买得起的国民产品。

由于打破了行业高利润的传统，格兰仕遭遇了一些外国企业的多轮围剿和公开挑衅，但这个“行业公敌”赢得了亿万消费者的欢迎和支持。格兰仕的业务遍布多个国家和地区，市场占有率曾位列全球第一。从微波炉到空调再到小家电全系列产品，格兰仕始终秉持“微利做大”的核心理念，通过规模化经营推动降本和研发投入，持续创造辉煌的同时，也推动了中国家电产业的“平民化”进程。

作为中国顶尖家电品牌中唯一没有涉足资本市场的企业，格兰仕是“去品牌溢价”的坚定推动者。在发展过程中，格兰仕从未大规模投资于品牌营销，始终强调产品至上，通过最好的消费者体验创造价值。高度一致的企业价值观，为格兰仕和拼多多的全面合作奠定了扎实的根基。

梁昭贤曾提出“国民家电”的战略方向，指出格兰仕的产品不仅要进一步普及到千家万户，还要让消费者“买得开心，用得开心”。梁昭贤表示，要实现商业模式的创新，就要“从工厂到消费者，再从消费者到工厂”，在实现“互联网＋制造业”融合的同时，满足消费者的个性化需要，从而为企业注入动力，为消费者带来新鲜的体验。

拼多多是电商 C2M 战略的领导者，平台推出“新品牌计划”，通过大数据指导优质工厂培育新产品和新品牌，该战略在互联网和制造业内引发强烈反响。拼多多和格兰仕团队深入探讨了定制化产品的可行性方案。格兰仕生活电器营销部总监表示：“格兰仕将拿出最好的产品，给予拼多多平台最大的支持。双方将联合推出定制化的产品，满足不同地区消费者的差异化需求。”

目前，格兰仕在全球设立的十几个研发中心，将为双方联合开创新品类、新产品提供鼎力支持。“拼多多和格兰仕的深度合作，不只围绕商品、营销和消费者，也不止于当下。”双方将着眼于未来 3 至 5 年的发展，在产品创新层面持续投入。拼多多会持续倾斜资源予以支持，不会局限于短期利益。

这种开拓性的经营理念，不仅引领了电商行业的变革，也给了品牌方很多启发。格兰仕首席信息官表示：团队调研结果显示，很多拼多多用户分享“砍价”“拼单”“种树”，不仅是为了实惠，也是为了朋友之间的互动和乐趣，这一点在年轻用户身上体现得尤为明显。

对此，拼多多家电业务负责人表示：拼多多不仅单纯销售商品，还有很多消费者互动和娱乐游戏，希望搭建一个超级乐园，让消费者在购物中扩大社交、找到乐趣，借此释放电商行业增量市场的潜力。

“拼多多创造了最好的消费沟通方式，甚至可以说为中国社会和年轻人创造了一种新的交互方式。”格兰仕首席信息官分析表示：“格兰仕所致力的智能家电方向，同样倡导消费者的活跃和乐趣。我们在意的不是多卖出多少台产品，而是怎样进一步取悦消费者，让他们在使用家电的过程中获得更多乐趣，让消费者和消费者之间能够共享这些乐趣。针对刚步入社会的年轻合租群体，拼多多和格兰仕可以携手开发安全但是低价的厨电产品，为年轻人创造分享早餐的美好一小时。在“多多果园”等用户大体量、高黏性的创新应用内，可以推出“种树结微波炉”等有趣的互动游戏，给平台用户创造更多惊喜。结合拼多多的产品特性和用户特点，双方团队在战略上提出了一系列开放性的提议。

问题讨论：

1. 结合所学知识，思考格兰仕为何牵手拼多多。

____

____

____

2. 格兰仕的这项战略布局能成功吗？结合实际，谈谈你的认识。

____

____

____

同步测试

一、单选题

1. A公司是日化用品生产商，因为商品的存货风险较低，且需求量较大，为了保证对市场的供货，当库存降至一定水平时，公司便进行生产，制造商的这种生产方式属于(　　)。

A. 连续生产　　B. 间断生产　　C. 按存货生产　　D. 按订单生产

2. 某渠道成员向制造商购买大批量商品，取得商品的所有权，并进行存储、分销，最终转售给其他渠道成员，这类渠道成员属于(　　)。

A. 经销商　　B. 代理商
C. 制造商的批发机构　　D. 独家授权经营机构

3. 某批发商不提供存储甚至是物流服务，而是直接索取订单，并根据订单向供应商进货，供应商直接将货物配送给客户，这类批发商被称为(　　)。

A. 托售批发商　　B. 邮购批发商　　C. 承销批发商　　D. 卡车批发商

4. 连续生产的特点是(　　)。

A. 库存风险高、占用资金多　　B. 库存风险低、占用资金少
C. 库存风险低、占用资金多　　D. 库存风险高、占用资金少

5. 在各类批发商中，最主要的批发商类型是(　　)。

A. 经销商　　B. 代理商
C. 制造商的批发机构　　D. 独家授权经营机构

6. 直接面向渠道终端消费者，而不向其他中间商转售的渠道成员是(　　)。

A. 代理商　　B. 零售商

C. 经销商　　D. 制造商的批发机构

7. 从功能流的角度分析，产生实物流的源头、带动整个销售渠道运作的是(　　)。

A. 制造商　　B. 批发商　　C. 消费者　　D. 零售商

8. 有的批发商并不取得商品的所有权，而是拥有商品的转移权和谈判权，这类批发商是(　　)。

A. 经销商　　B. 制造商的批发机构

C. 专业批发商　　D. 代理商

二、多选题

1. 销售渠道的成员包括(　　)。

A. 消费者　　B. 制造商　　C. 物流公司　　D. 中间商

2. 有限功能批发商包括(　　)。

A. 现购自运批发商　　B. 承销批发商

C. 托售批发商　　D. 邮购批发商

3. 代理商的作用是(　　)。

A. 为买卖双方提供市场信息　　B. 作为销售的纽带联系买卖双方

C. 提供服务支持和买卖建议等　　D. 获得商品的所有权

4. 下面关于零售概念的说法正确的是(　　)。

A. 零售活动是将商品转售

B. 最终消费者主要是个人或者家庭

C. 零售活动不局限于在固定的营业场所进行的销售活动

D. 无店铺的销售活动不是零售活动，如网络商店

三、判断题

1. 非成员型参与者是辅助性质的组织和机构，不会直接影响渠道的效率。(　　)

2. 一般来讲，生产企业既是渠道的建设者，也是渠道的维护者和使用者。(　　)

3. 专业批发商是指只经营某一类商品的批发商。(　　)

4. 经销商与代理商的区别主要在于是否拥有商品的所有权。(　　)

5. 广告公司不是渠道成员。(　　)

项目 3　渠道分析与战略制定

知识目标

1. 掌握渠道战略环境分析的七大要素及其影响；
2. 理解渠道战略的概念、特征及规划的原则，明确其在企业战略中的重要性；
3. 熟悉渠道系统结构的基本类型及渠道战略设计的基本流程；
4. 了解渠道战略评价指标体系的核心指标及应用场景。

技能目标

1. 能够运用所学知识对渠道战略环境进行系统的分析，并识别其中的关键因素；
2. 能够根据渠道战略规划原则，设计出符合企业实际需求的渠道战略；
3. 能够运用渠道战略评价指标体系对渠道战略进行有效的评估和优化；
4. 能够结合实际案例，分析渠道系统结构，提出合理的渠道战略设计建议。

素养目标

1. 培养全局观和战略思维，从多维度综合分析渠道问题；
2. 强化数据驱动决策意识，注重渠道分析的科学性与客观性；
3. 提升团队协作能力，在渠道战略制定中进行有效沟通与资源整合；
4. 强化创新思维，探索技术驱动与可持续发展的渠道设计方案。

知识图谱

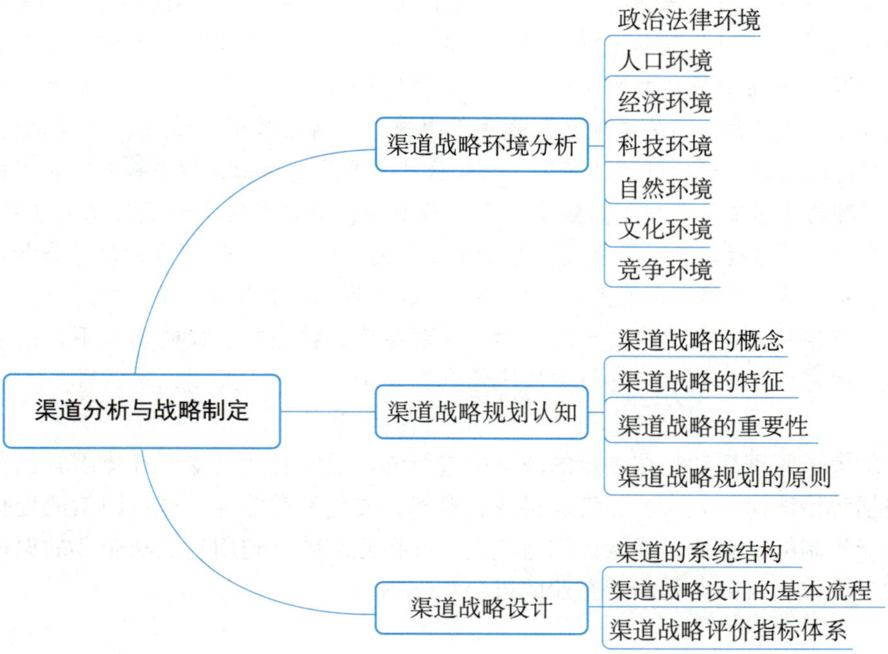

导入案例

安踏全渠道战略驱动品牌崛起之路

1. 精准洞察环境，锚定发展战略

1991 年，安踏在福建晋江创立。当时，中国高端运动市场被耐克、阿迪达斯等国际品牌占据，国内品牌因技术、资金和品牌建设能力不足，大多只能在中低端市场靠低价竞争求生。创业初期，安踏专注于运动鞋生产，凭借“高性价比”战略脱颖而出。在研发方面，安踏深入研究中国人的脚型和运动需求，优化产品设计；在生产环节，通过规模化和精细化管理降低成本，以亲民价格进入市场，迅速在地方市场站稳脚跟。然而，随着市场竞争的加剧，安踏意识到如果要走向更广阔的市场，必须加快战略转型。

2000 年左右，中国零售市场发生深刻变革。传统批发模式因环节多、反应慢、加价高，逐渐失去竞争力；而新兴的购物中心和电商平台虽潜力巨大，却面临竞争激烈与流量成本高的双重挑战。与此同时，消费者对产品品质、设计和购物体验提出了更高要求。

2. 多维品牌建设，塑造专业形象

经深度调研，安踏确立了“品牌驱动＋ 渠道升级”战略。品牌建设上，体育营销成为关键。2000 年，安踏赞助中国国家乒乓球队，借乒乓球极高的国民关注度，通过赛事展示品牌标识、推出同款装备，快速提升知名度。此后，又陆续赞助体操队、滑冰队等。与体操队合作时，安踏研发专业装备，融入传统文化元素，将品牌与“专业运动”深度绑定，塑造专业形象。

3. 创新渠道布局，实现全链协同

2001 年，安踏推出“专卖店”模式，选址城市核心商圈等优质地段，统一店铺视觉形象，强化经销商培训与服务标准管理。电商兴起后，安踏迅速入驻天猫。线上通过高清图文、视频展示产品细节，并利用大数据精准推送产品，吸引大量线上消费者。

线上成绩突出的同时，安踏依然重视线下渠道。安踏根据区域消费特点优化门店布局，打造简洁明亮的购物环境，设置试穿区、互动区，并开展运动知识讲座等活动，增强消费者参与感。安踏的全渠道战略核心是线上线下无缝衔接：消费者线上注册信息可在线下查询，线上购物支持线下自提与售后，店员还能在线查看线下库存。凭借精准的战略布局，安踏从地方品牌成长为国际知名运动品牌，为中国本土运动品牌的发展提供了宝贵经验。

思考：安踏从地方品牌成长为国际知名运动品牌，在全渠道战略驱动下，它主要通过哪些关键举措应对复杂的市场环境并实现崛起？

企业的渠道管理活动是在一定的环境中进行的，因此必然会受到环境因素的影响。环境因素包括政治法律、人口、经济、科技、自然、文化和竞争等。这些因素的变化是一般企业所不能控制的，企业只能认识和适应它，并在此基础上利用它。对企业的渠道环境进行分析的一个重要目的，是确定企业的机会和限制。

3.1 渠道战略环境分析

3.1.1 政治法律环境

一个国家的政治环境是影响该国企业或其他国家的企业在该国进行营销活动和渠道管理活动的重要因素。一个国家如果政局稳定、人民安居乐业，那么企业就会树立投资信心，积极从事投资、生产和营销活动。相反，如果政局不稳，社会矛盾尖锐，秩序混乱，就会影响经济发展和市场繁荣，使企业失去信心，撤离资本，减少生产和营销活动。特别是在对外贸易或跨国营销活动中，企业必须考虑东道国政局变动对企业可能造成的不利影响。

在国际市场中，企业还需要关注不同国家干预外国企业在本国开展营销活动的政策，如进口限制、税收政策、价格管制、外汇管制等。当前影响全球经济复苏和全球化发展的重要因素是贸易保护主义，它使贸易自由化受到严峻挑战。在此背景下，中国提出构建新型国际关系，有助于维护自由贸易秩序，发展全球化和打造人类命运共同体。从中国视角构建新型国际关系、维护贸易自由化原则，需要积极发展新型大国关系，促进新型南南合作，扎实推进“一带一路”建设，体现中国的国际担当与责任。

进阶提示

了解“一带一路”

“一带一路”是“丝绸之路经济带”和“21 世纪海上丝绸之路”的简称，这项合作依靠中国与有关国家既有的双多边机制，借助既有的、行之有效的区域合作平台，旨在借用古代丝绸之路的历史符号，高举和平发展的旗帜，积极发展与合作伙伴的经济合作关系，共同打造政治互信、经济融合、文化包容的利益共同体、命运共同体和责任共同体。

汉朝的张骞从长安出发，打通东方通往西方的经贸文化交流之路；明朝的郑和先后七次远洋航海，到访西太平洋和印度洋多个国家和地区，促进了海上丝绸之路商贸往来。千百年来，古丝绸之路打开了各国友好交往的窗口，成为推动东西方文明交流互鉴的重要纽带。

2017 年 5 月，在“一带一路”国际合作高峰论坛开幕式上，习近平指出：“古丝绸之路绵亘万里，延续千年，积淀了以和平合作、开放包容、互学互鉴、互利共赢为核心的丝路精神。这是人类文明的宝贵遗产。”今天，在丝路精神指引下，“一带一路”共建国家秉承共商共建共享原则，汇集起人类共同发展的最大公约数。10 多年来，共建“一带一路”拉动近万亿美元投资。形成 3 000 多个合作项目，为共建国家创造 42 万个工作岗位，让近 4 000 万人摆脱贫困。中国和共建国家对接发展战略，分享发展路径，共绘发展新图景，携手走向现代化之路。

法律法规为企业在一个国家进行生产与营销活动提供了行为准则。企业只有依法进行各种生产与营销活动，才能受到该国法律的保护。比如，我国颁布了《中华人民共和国产品质量法》《中华人民共和国合伙企业法》《中华人民共和国商标法》《中华人民共和国专利法》《中华人民共和国广告法》《中华人民共和国食品安全法》《中华人民共和国环境保护法》《中华人民共和国反不正当竞争法》《中华人民共和国消费者权益保护法》《中华人民共和国进出口商品检验法》等。在中国进行生产与营销活动的企业，必须熟知与自己有关的法律条文。只有这样，才能保证企业经营的合法性，才能运用法律法规保护自己和消费者的合法权益。从事国际营销活动的企业，不仅要遵守本国的法律法规，还要遵守东道国的法律法规，以及一些国际组织制定的法规、惯例和准则。

随着“互联网+”模式带来的新兴业态和传统行业升级，为了进一步规范市场发展环境，近年来，我国又颁布了《中华人民共和国电子商务法》《中华人民共和国数据安全法》《互联网信息服务算法推荐管理规定》等法律法规。大数据时代，企业在数据收集和使用过程中需要严格遵守法律法规。2021 年 11 月 1 日，《中华人民共和国个人信息保护法》正式实施，“告知—同意”是该法律确立的个人信息保护的核心规则，并对信息推送、商业营销等环节广泛存在的“自动化决策”等作出了具体要求，禁止大数据杀熟，规范个性化推荐。

3.1.2 人口环境

人口是构成市场的第一要素。市场是由有购买欲望和支付能力的人构成的，人口的多少直接影响市场的潜在容量。人口特征是影响企业市场营销环境的一个重要因素，它包括人口总量、人口密度、人口年龄结构、人口的地理分布及流动等。

1. 人口总量

一个国家或者地区的人口总量有多少，是衡量市场潜在容量的重要标志。在收入水平和购买力大体相同的条件下，人口数量的多少直接决定了市场规模和市场发展的空间。人口数量与市场规模成正比。中国人口多使中国市场成为世界上最有潜力的市场之一。

2. 人口密度

人口密度是指单位面积土地上居住的人口数量，它是表示世界各地人口的密集程度的指标，通常以每平方千米内的常住人口数量为计算单位。人口密度与企业的市场营销活动有着密不可分的关系，人群密集代表市场密度大，市场上的各种机会也相对更多。个别企业的选址是严格根据人口密度分布进行的。以中国为例，一项调查研究显示，经济越发达的地区，人口密度越大，人口密度的不同会使各地区的渠道费用（如覆盖每千人的广告费用、运输费用）存在差异。

3. 人口年龄结构

年龄结构，又称人口年龄构成，是指一定时点、一定地区各年龄组人口在全体人口中的比重。人口年龄结构是企业市场环境分析的主要内容之一。不同年龄层次的消费者生理和心理特征、经历、收入水平等状况不同，因而有着不同的消费需要、兴趣爱好及消费模式。企业如果了解不同年龄结构消费者需求所具有的特点，就可以合理地设计销售渠道。

4. 人口的地理分布及流动

市场消费需求与人口的地理分布密切相关。一方面，人口地区分布的异同会影响消费需求的异同。居住于不同地区的人群，由于地理环境、风俗习惯、气候条件、自然资源的不同，在消费需求、购买习惯和购买行为等方面存在差异。另一方面，不同城市之间流动人口的数量不等，反映在吃、住、行等方面的市场需求量就会有很大差别。

进阶提示

中国人口老龄化

人口老龄化是社会发展的重要趋势，也是今后较长一段时期我国的基本国情。少子化和长寿趋势使得老龄化持续加深，详见图 3－1。

因此，为老年人提供专业化服务、产品和环境的相关产业将大有可为，如养老地产（如养老院、老年公寓等）、养老金融（涵盖养老金金融、养老服务金融和养老产业金融等）、养老服务（医疗服务、护理服务、家政服务等）以及老年用品（保健食品、老年服饰、康复训练辅具等）。

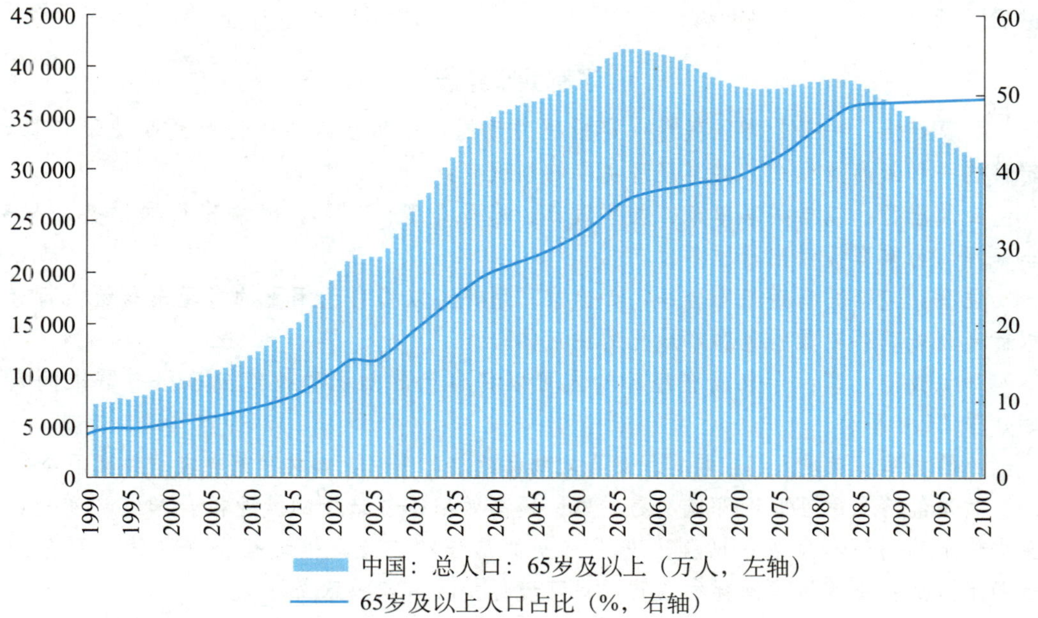

图3－1　中国人口老龄化趋势

3.1.3　经济环境

经济环境是对渠道成员影响最明显、最普遍的环境因素之一。经济环境的各个方面几乎都会对渠道产生深刻的影响。

1. 经济发展水平的影响

一个地区的渠道结构通常与当地的经济发展水平密切相关。在经济发展水平较低时，市场规模较小，专业化分工不成熟，企业往往同时具有生产、批发、零售和融资等功能。随着市场规模的扩大，企业的渠道功能开始从其他营销功能中独立出来，市场上出现了越来越多的专业化中间商。此后，这些中间商进一步按其所承担的渠道职能进行专业化分工，并不断出现新型渠道参与者。

可见，随着经济发展水平的提高和专业化分工的发展，新型渠道参与者将会不断涌现，渠道的结构也会因为经济发展阶段的不同而呈现不同的特点。

数字经济是指通过大数据（即数字化的知识与信息）的识别、选择、过滤、存储和使用，使资源实现快速优化配置与再生，从而推动经济高质量发展的经济形态。如今，数字经济已成为推动我国经济发展的重要力量。数字经济的覆盖范围较为宽泛，涵盖所有直接或间接利用数据引导资源发挥作用和促进生产力发展的经济形态。在技术层面，数字经济包括大数据、云计算、物联网、区块链、人工智能、5G通信等新兴技术；在应用层面，新零售、新制造等模式是数字经济的典型代表。发展数字经济不仅是促进经济转型升级的必由之路，也是实现网络强国建设的重要内容。

进阶提示

了解共享经济

共享经济，一般是指以获得一定报酬为目的，在陌生人之间进行商品使用权暂时转移的一种新商业模式。共享经济主要的领域有：

交通出行：包括共享单车、共享汽车、顺风车等。例如，滴滴出行通过整合私家车资源，为乘客提供出行服务。

住宿：包括民宿短租平台等，如途家。用户可以将自己闲置的房屋出租给旅行者，旅行者则能获得更具特色和本地化的住宿体验。

知识技能共享：专家或有经验的人可以将自己的知识和技能分享给有需求的人，如知乎 Live 平台。

物品共享：满足人们在特定场景下对物品的临时需求，如共享充电宝、共享雨伞等。

共享经济利用互联网降低交易成本、提高效率；创造新的就业机会和经济增长点，促进经济的创新和发展；增强人与人之间的信任和交流，推动社会资源的公平分配；有助于减少资源的过度消耗和浪费，对环境保护具有积极意义。

2. 通货膨胀和通货紧缩时期的影响

通货膨胀时，商品价格持续或显著上涨。对制造商而言，采购原材料的价格较低，售出价格较高，市场需求较大。对消费者而言，如果消费者预计物价会持续上涨，便会抢购甚至哄抬物价。对中间商而言，虽然购买价格比通货膨胀前高，但是消费者的需求让其能够以更高的价格出售，将成本的升高转嫁给消费者；当物价持续上涨时，中间商可能会选择囤货，造成物价涨得越快，越买不到货的情况；如果各级经销商都增加库存，从市场整体来看，就会产生对商品的虚假需求。

通货紧缩时，由于渠道成员间的利益矛盾加剧，因此渠道管理的难度会升高。制造商在通货紧缩初期不得不按照合同规定以高价采购生产资料，然而却无法以较高价格卖出。中间商则不愿选择采购商品和保持库存，而倾向于将现有商品销售完毕。市场上总体来说，就是供大于求。

3.1.4 科技环境

科学技术是人类在长期的研究发明、创造和生产等社会实践活动中所积累的经验知识和技能的总和。科学技术的发展，影响人类社会的历史进程、生产方式和生活方式。新技术的发明和推广常常会给企业带来新的市场机会，也可能给企业造成威胁，一些行业甚至会因此而被淘汰。

无论是企业、城市还是国家的竞争，最终取决于科技实力、市场活力和创新动力的比拼。新兴技术创造了新的数字时代，以“大智移云”为代表的先进信息技术已经成为经济发展和变革的主要动力，为企业孕育新的经营业态、商业模式提供了大量机会。科学技术发展对渠道的影响主要体现在以下五个方面。

1. 改变消费者的购物方式

例如，随着信息技术的发展，出现了新的购物方式。人们可以在家中通过电脑或手机订购火车票、飞机票、电影票和球票。企业也可以在社交媒体平台如微信、抖音上发布产品信息、开展促销活动，直接与消费者互动，促进销售。这些新渠道的出现，给购物带来了很大的便利，也增大了消费者对于购物渠道的选择权。

科技引领
渠道变革

2. 丰富消费者与企业的交易方式

例如，消费者可以在手机智能终端通过支付宝、微信钱包、QQ 钱包、京东支付等方式完成支付。安全、便捷的移动支付方式增强了消费者在线购物的信心，推动了线上渠道的发展。

3. 改进物流与供应链技术

例如，京东、阿里巴巴推出的无人仓，实现了货物从入库、存储、包装、分拣的全流程、全系统的智能化和无人化。实时跟踪技术也让消费者能够随时了解包裹的运输状态，增强了购物的透明度和信任感。

4. 构建智能化消费体验

例如，消费者可以通过虚拟现实技术沉浸式地体验商品，如虚拟试衣、虚拟家居布置等，增加购买的可能性。增强现实技术的运用，为消费者提供更丰富的商品信息和互动体验，比如通过手机扫描商品，展示更多的细节和使用说明。

5. 完善人工智能与客户服务

例如，在线客服机器人可以 24 小时不间断地为消费者提供服务。借助人工智能技术，商家能够快速回答常见问题，提高服务效率和响应速度；并且可以利用人工智能进行售后数据分析，预测和解决可能出现的问题，提高售后服务质量。

进阶提示

了解虚拟数字人

数据显示，截至 2024 年 9 月，我国与数字人相关的企业 114.4 万家。其中，2024 年 1—5 月，新增注册数字人相关企业为 17.4 万余家。

目前 AI+数字人应用场景出现井喷现象，短视频平台里真假难辨的数字人主播；在 B 站爆火的“冷门 AI 歌手”；在舞台上吸引万千粉丝的虚拟偶像……数字人开始以各种形象、不同方式出现在大众身边。

真人主播即使精力充沛，也不可能每天 24 小时直播，剩下漫长的时间都被白白浪费掉。国内各大电商平台直播间上线多个“数字人”主播，不仅复刻真人表情动作，还能 24 小时直播带货、流利解答消费者疑问、推荐多种省钱团购。在商业化探索中，数字人带货成为一个备受关注的热点。

“闲时直播”正是京东云言犀数字人提出的场景。其中，比较知名的是以刘强东为原始形象制作的 AI 数字人“采销东哥”。“采销东哥”AI 数字人的特点包括：

形象和声音高度还原：京东云言犀技术团队通过对大模型的多次调整和优化，使“采销东哥”的声音十分接近刘强东本人的声音，包括对刘强东音色、重音、语调等的模仿，甚至加入了口头禅等细节；在形象训练时，大模型能捕捉并呈现刘强东的习惯性表情和动作。

直播表现灵活、关注度高，带货能力强：“采销东哥”在直播中能够进行产品讲解等。

在2024年京东618期间，京东云言犀AI数字人直播累计时长超40万小时、互动频次超500万次、累计观看1亿人次，还有上千名AI数字人主播上线京东直播间，超18位总裁AI数字人现身“京东618总裁福利趴”，为消费者带来低价与福利，覆盖3C数码、家电家居、大商超、汽车、美妆护肤等品类。总裁AI数字人直播引领了企业使用AI数字人的潮流，进一步验证了AI数字人从技术探索到应用落地的成功之路。京东云言犀AI数字人具有以下优势：

（1）成本低：AI数字人主播的成本相对较低，且可以长时间直播，提升闲时转化率。例如，AI数字人直播成本约为真人直播的10%，上播时长每日可达6～24小时，远高于真人主播的直播时间，提升了闲时转化率。

（2）自我迭代：AI数字人能够根据商品详情页面和预设脚本智能生成问答内容，并在直播结束后自动补充未涉及的知识点，以高效、即时的响应方式处理大量咨询问题。

（3）表现力丰富：可以智能匹配不同直播风格，赋予细腻的情感变化，且具有姿态和肢体表现力。

（4）运营高效：AI数字人直播可面向有多直播需求的商家或代运营，实现多直播间云端一键开播，进一步降低开播成本，做到AI数字人主播和真人主播的无缝切换，24小时无人值守。

小试牛刀

近些年，“互联网+”越来越受到企业的重视，试举例说明你周围的哪些领域和行业的经营因此发生了较大的变化。

3.1.5 自然环境

自然环境由自然资源、气候和土地面积三个基本要素组成。当前自然资源日益短缺，能源成本越来越高，环境污染日益严重，政府对自然资源的管理和干预不断加强。渠道管理人员应当注意自然环境面临的难题和趋势，在渠道策略中努力实现生态营销、绿色营销等目标，这是维护全社会长期利益的必然要求。

对我国而言，生态文明建设是关系中华民族永续发展的根本大计。习近平总书记2018年在全国生态环境保护大会上的讲话指出：“绿水青山既是自然财富、生态财富，又是社会财富、经济财富。”企业在追求经济效益的同时要兼顾社会效益，尽量减少对环境造成的不良影响。

企业效益与社会责任

如何推进美丽中国建设?

党的二十大报告指出:“我们要推进美丽中国建设,坚持山水林田湖草沙一体化保护和系统治理,统筹产业结构调整、污染治理、生态保护、应对气候变化,协同推进降碳、减污、扩绿、增长,推进生态优先、节约集约、绿色低碳发展。”

绿色健康可持续发展

根据《国家发展改革委 生态环境部关于进一步加强塑料污染治理的意见》,上海、广东等地从2021年1月1日起,再次加强了塑料制品使用的管理。随着国家碳达峰碳中和目标的提出,人们对气候和环境问题的关注度不断提升,越来越多的企业已经意识到个体行为对社会环境的影响。

作为中国乳业领先企业,蒙牛发挥龙头优势,践行全产业链降碳,引领乳业绿色发展、迈向碳中和。在牧场端,蒙牛种植沙生树,将沙漠变为绿洲。在生产端,蒙牛旗下多家工厂成为国家级绿色工厂,各类环境指标逐年改善提升。

蒙牛旗下乳酸菌饮料品牌推出一款全新无外标签的环保包装。在以“环保不添堵,一起消化为地球”的全新广告语宣传环保理念的同时,也达到品牌标识识别效果。“消化”既对应了乳酸菌促进消化的功能,也符合为地球减少碳排放的愿景,表明了蒙牛所贯彻的绿色环保理念。

3.1.6　文化环境

文化环境是指一个社会所形成的价值观、宗教信仰、风俗习惯、道德规范等的总和。对文化环境的分析可以从价值观、宗教信仰和消费习俗等方面入手。

1. 价值观

价值观是指人们对社会生活中各种事物的基本态度和看法。不同文化背景下,人们的价值观往往有着很大的差异,因此对商品的色彩、标识、式样以及促销方式也有自己的意见和态度。

2. 宗教信仰

宗教信仰是构成社会文化的重要因素,对人们的消费需求和购买行为有很大的影响。不同的宗教有自己独特的礼仪以及对商品使用的要求和禁忌。

3. 消费习俗

消费习俗是指人们在长期的经济与社会活动中所形成的消费方式与习惯。它具有长期性(长时期形成且对人们的消费行为有潜移默化的影响)、社会性(社会成员共同参与)、地域性(通常是特定地区的产物)和非强制性的特点。不同的消费习俗,对商品和购买渠道有不同的要求。

文化传承与时代精神

推进文化自信自强，铸就社会主义文化新辉煌

坚定文化自信就是要在思想上对中华优秀传统文化、革命文化、社会主义先进文化怀着礼敬尊重的态度，不随波逐流、不忘本来、吸收外来、面向未来。

渐成审美潮流，“国潮”消费持续升温

极具古典美的汉服、创新特色浓郁的故宫文创、融合科技感与传统文化元素的手表……近年来，“国潮”爆款不断涌现，涉及音乐、美术、建筑、家具、服装、美食、日用文创等精神生活与物质生活的各个方面。随着消费者，特别是年轻一代对国货的认可度的提升，追逐“国潮”的社会审美时尚正在悄然兴起。那么，“国潮”究竟是什么？它因何而生、因何而兴？

多数专家认为，“潮”指的是一种时尚流行趋势与审美动向，是人们热爱某种事物所形成的一种风尚。当下的“国潮”多指以时尚潮流为载体，将中华优秀传统文化与现代生活方式融合而形成的一种潮流风格。“国潮”热体现在多个方面：

一方面，它是一种消费潮流。很多老字号、新品牌通过对中华优秀传统文化的创新挖掘与再创造，逐渐形成一股独特、贴近生活且能够引发大众共鸣的时尚消费潮流。

另一方面，它助推了新的审美风尚的形成。无论是买国货、晒国货、用国货，还是穿汉服、听民乐、看古装影视、游红色景点，或是《国家宝藏》节目、《只此青绿》舞蹈等都引爆了社交媒体话题榜，这些在消费、文化演艺等领域的流行趋势很大程度上折射出国人审美风尚和文化态度正在发生转变。从业者从追捧海外的时尚潮流和设计理念，逐步转向青睐彰显中华优秀传统文化美学思想的文化符号和设计思路，并且越来越乐于尝试、善于创新、敢于表达。消费者不仅更认可中国文化品牌形象，而且在生活态度、审美趣味等方面努力寻找与中华文化精神的契合点，体现出较高的文化自信自强。

3.1.7 竞争环境

企业营销体现企业（Corporation）、消费者（Consumer）和竞争对手（Competitor）“三 C”之间的互动。企业需要通过使用比竞争对手更好地满足消费者需求的方法来创造竞争优势，实现企业的营销目标。因此，只有对竞争对手有充分的了解，一家企业才可能知道它能够从哪些方面更好地满足消费者的需求。

企业要了解主要竞争对手的渠道情况，一方面为企业的渠道设计提供参照，另一方面明确相对于竞争对手，本企业在渠道方面所具有的优劣势。比如，竞争对手的数量有多少，它们的市场覆盖策略是什么、渠道结构如何，它们是否利用多渠道策略，本企业的渠道结构与它们有什么不同，这些信息都可以为企业确定渠道结构提供参考。

进阶提示

抖音和快手的差异化布局

抖音和快手作为目前的头部短视频平台，在不同算法机制和用户画像下，它们电商模式有一定的差别（如表3-1所示），形成“人场货”差异化布局。

表3-1 抖音和快手电商模式对比

项目	抖音	快手
算法机制	爆款机制，通过千人千面的个性化推荐算法，将海量内容高效分发给消费者	普惠机制，社区属性更强，通过内容、消费者、环境特征进行推荐
用户画像	以一二线城市消费者为主，25～35岁的消费者较多	以新二三线及以下城市消费者为主，24岁以下消费者更爱使用
消费者黏性	消费者与主播互动不频繁，对作品内容感兴趣，对创作者信任度较低，消费者黏性较小	消费者与主播互动频繁，对创作者的认可度较高，信任度较强，消费者黏性较大
带货品类	以美妆个护和网红商品为主，品牌商品较多	以食品、农产品、服饰、生活用品为主，性价比高的商品较多
带货店铺	淘宝、天猫、京东、考拉、唯品会、苏宁易购、抖音小店	淘宝、京东、拼多多、快手小店、有赞等
主播带货本质	属于内容营销，注重关键词和算法	属于社交营销，强社交链、强私域化

抖音强调“兴趣电商”，通过兴趣内容触达消费者。“人”：抖音搭建主播体系并提高主播的直播频次及活跃度。“货”：抖音商家依托抖音大数据算法的精准匹配能力做好选品，抖音鼓励自有供应链的主播入驻。“场”：抖音以“短视频＋直播＋抖音小店”为载体，为品牌提供良好的运营环境以吸引其入驻。

快手以内容和社交为驱动，在“人货场”方面为用户赋能。“人”：原生主播自带供应链，进行常态化直播，易形成消费者黏性。“货”：快手与京东合作搭建供应链体系，同时也搭建自己的供应链体系，较早提出为消费者提供性价比高的“源头好货”，强调“品质好物”。“场”：在搭建基础设施的同时，快手将组织架构调整为涉及商业、运营商品等多个部分，加快电商布局。

资料来源：王永贵．市场营销．3版．北京：中国人民大学出版社，2024.

3.2 渠道战略规划认知

3.2.1 渠道战略的概念

“战略”一词原是一个军事方面的概念。在中国，它起源于古代兵法，指将帅的智谋，后来指军事力量的运用。到了现代，“战略”一词被引申至政治和经济领域，其含义演变为泛指统领性的、全局性的、左右胜败的谋略、方案和对策。战略的制定就是要根据具体的形势，给出一个全局性的对策。企业高层管理人员是战略的主要制定者，他们必须站在企业长久发展的高度，来为企业做全局性、指导性的战略计划。

渠道战略，就是指导渠道建立、管理和维护的基本思路和长期发展方针，它有别于战术、计划和目标，是一个长期的、面向未来的基本方针。

3.2.2 渠道战略的特征

(1) 渠道战略给出的是宽泛的、粗线条的、抽象的方针和政策，而不是具体、细致的实施措施和精确的执行计划。渠道战略对于企业的整体发展具有重要的指导意义，是指导企业长久发展的基本政策。需要注意的是，由于战略的宽泛性和抽象性，有必要将渠道战略细化成具体的战术指导来引导基层工作。

(2) 渠道战略是面向未来的。渠道战略不是短期的目标和计划，它的制定从一开始就考虑了企业长期的发展计划。因此，渠道战略的制定需要建立在对未来竞争环境的预测上，它是企业长期发展计划的一部分。

(3) 销售渠道战略作为市场营销战略的一个有机组成部分，需要与营销战略中的其他战略积极配合，并为其他战略的执行提供渠道支撑。

3.2.3 渠道战略的重要性

在许多企业的实践中，可以毫不夸张地说，企业销售部门99%的成员的99%的时间和精力都花在与经销商、代理商、零售商打交道上。因此，人们往往错误地认为销售管理的重要性体现在如何经年累月地处理与渠道成员的关系，解决分销渠道中出现的矛盾冲突等问题上，而忽略了根本的战略问题。俗话说：“磨刀不误砍柴工。”多做一些战略思考可以事半功倍，反之却可能事倍功半。因此，既然建立和管理渠道占据了企业销售部门大部分相关的资源和时间，企业就更应该加强对渠道战略重要性的认识。渠道战略的重要性可归纳为如下几点：

(1) 渠道战略可与市场营销组合策略的其他部分相互配合，实现更好的市场效益。要为目标市场有效地传递商品，需要商品、价格、渠道和促销策略的相互配合，缺一不可。即使企业有好的商品、合适的价格、对促销的投入和良好的创意，如果没有畅通的渠道，也是不够的。

(2) 渠道战略是以商品与市场是否有效结合为检验标准的，反过来，渠道战略也对企业的经营范围具有反作用。例如，加油站可以利用其遍布全国的网络，提供餐饮、住宿、洗浴等服务；银行可以利用其网络，出售保险，代收水电费、电信费，实现业务扩充，增加收入；银行不仅可以提供传统的金融服务，还是重要的分销商，这就是渠道所带来的增值。

(3) 与其他营销组合变量相比，渠道战略对企业树立竞争优势具有更大的潜力。研究表明，营销组合“4P”（产品、价格、渠道和促销）中的其他“3P”（产品、价格和促销），都渐渐缺乏张力，变得没有竞争优势，渠道战略却可以提供更多、更持续的优势。

渠道战略是一个长期战略，必须假以时日才能真正建立起一个渠道体系。渠道战略具有隐蔽性，从建立初期至最后显现，其间很难被竞争对手清楚获取。

(4) 渠道战略可使企业在更大的范围内进行资源配置。渠道是市场营销策略组合中唯一的外部资源变量，构成渠道系统的都是独立于制造商的企业，这些渠道成员都有自己的经营目标、方针政策和发展战略，要赢得这些成员的大力配合，并确保它们的行为促进企业的发展，显然对企业渠道管理有挑战性。然而，正是这些独立的外部资源可以给企业带来神奇的协同效应。比如，如果渠道成员具有制造商缺乏的知名度和声望，不言而喻，与这种渠道成员合作可以使企业的商品形象迅速得到提升，这种效益是单凭广告促销活动或定价策略所不能创造的。另外，即使是世界知名企业，也应该力求与渠道成员形成通力合作的紧密关系。因为，向目标市场提供商品的活动离不开与渠道成员的合作。合作成功，可以获得“1＋1＞2”的效果；反之，则可能造成内耗，无法实现经营目标。沃尔玛与宝洁公司的合作正是一个极好的佐证。

数字赋能与渠道创新

云南白药的数字化战略思维

云南白药作为一家国民品牌，自1902年创立以来，已有100多年的历史。在当今数字化的浪潮中，云南白药也积极拥抱科技进行转型，将传统中医药产业和现代数字化科技融合起来，为健康事业进行更为深刻的探索。

三七是众多产品的关键原材料，是中医药界公认的战略资源。云南白药打造数字三七产业平台，解决了一直存在的原材料非标困境，大幅度提高了规模效应，实现产业重构焕新。在数字中医药云平台建设上，该平台打通了从患者到中医、药店、药企、上游种植的整个产业供应链，提供线上线下一体化服务，建立中医药产业溯源体系。基于现有产品，云南白药围绕消费者的深层需求打造各类场景的解决方案，实现从关注“内部能力”到关注“消费者体验”的转变，使合作商、三七种植者、消费者及产业兴趣者都能参与三七产业的重构焕新。

云南白药围绕“1＋4＋1”战略，致力于覆盖健康服务全产业链。在“以消费者为中心”的底层逻辑驱动下，“1＋4＋1”战略中的第一个“1”指深耕中医药领域；“4”指企业重点发展的口腔领域、皮肤领域、骨伤领域以及女性关怀领域，产品布局以多种形态的药品为主，涵盖相关器械及功能性食品，建立从预防、检测、治疗到康复的全产品矩阵；最后一个“1”指数字化技术，企业将包括人工智能在内的前沿数字化科技引入到研发与经营的各个环节。

3.2.4 渠道战略规划的原则

企业的渠道战略要适应市场变化的环境，以最低成本实现商品的价值，最大限度让消费者满意。为此，渠道战略规划必须遵循以下原则。

1. 以消费者为导向的原则

了解目标消费者的服务需求是企业进行渠道战略规划的前提。企业欲求发展，必须将消费者要求放在第一位，提供符合消费者需求的商品的同时，必须使渠道为目标消费者的购买提供方便，满足消费者在品种、购买时间、购买地点以及售后服务等方面的需求。

2. 协调共享原则

渠道成员之间不可避免地存在竞争。企业可能会埋怨经销商销货不力、随意打折、虚报业绩、跨区窜货，经销商可能会埋怨商品缺乏卖点、没有广告支持、缺乏促销、利润低，导致双方的合作不太和谐。渠道成员之间的冲突往往是利益分配不均导致的。合理地分配渠道利益是影响渠道管理与合作的关键因素，其目的是实现双赢和共同发展。所以，企业在建立、选择渠道模式时，要充分考虑竞争的强度：一方面鼓励渠道成员之间的有益竞争；另一方面积极引导渠道成员的合作，协调冲突，加强渠道成员的沟通，努力使各条渠道有序运行，实现既定目标。

3. 利益最大化原则

渠道管理人员在对渠道进行战略规划时，应认识到不同的分销渠道结构针对同种商品的分销效率的差异。企业如果选择了较合适的渠道模式，便可以提升商品的流通速度，从而降低流通中产生的费用，最终使分销网络的各个阶段、各个环节、各个流程的费用合理化、销量最大化。

4. 争取主宰渠道原则

对于掌握渠道主动权、成为渠道的主宰者，无论是对于厂家还是商家，都是梦寐以求的事情。至于谁能成为渠道的主宰者，决定因素是实力。实力取决于品牌、规模、商誉、资金、经验等。

3.3 渠道战略设计

3.3.1 渠道的系统结构

1. 传统渠道系统

传统渠道系统的每一个成员都是独立的，没有哪一个成员拥有足以支配其他成员的能力，它们往往各自为政、各行其是，都为追求自身利益的最大化而激烈竞争，甚至不惜牺牲整个渠道系统的利益。这种渠道关系也称为松散型渠道关系（Loosely Type Channel Relationship）。有学者将传统渠道系统描述为：“高度松散的网络，其中制造商、批发商和零售商松散地联络在一起，相互进行不亲密的讨价还价，对于销售条件各执己见，互不相让，所以各自为政，各行其是。”

传统渠道系统在中小企业是常见的。它不具备组织系统的实质，而只是在某一特定时间、特定地点，针对某一特定商品而形成的即时性交易关系，不具有长期性、战略性，无法充分利用渠道的积累资源，最终导致渠道效率低下、销售不畅，因此其他类型的渠道系统应运而生。

2. 垂直渠道系统

垂直渠道系统（Vertical Marketing System，VMS）是指由制造商、批发商和零售商纵向整合组成的统一的联合体，它与传统渠道系统不同，在此渠道系统中，每个渠道成员都把自己看作渠道系统中的一部分，密切关注整个渠道系统的运行。垂直渠道系统通常表现为某个渠道成员对其他成员拥有产权，或者与其他成员之间的特许经营关系，又或者这个渠道成员拥有相当的实力，其他成员愿意与之合作。我们将在渠道系统中处于支配地位的渠道成员，称为渠道领袖。渠道领袖既可能是制造商，也可能是批发商或者零售商。渠道领袖通过产权关系、契约或管理能力，在垂直渠道系统中实施协调功能，更好地对渠道进行组织、领导、管理和控制。这种协调功能在一定程度上限制了渠道成员在追求各自利益时造成的冲突，保证了渠道系统有序、高效地运行。

垂直渠道系统根据渠道成员间关系从松散到紧密的不同程度，可以分为三种形式：管理式、合同式和公司式。通过联结纽带，垂直渠道系统使得原本松散、独立的渠道成员之间的协作水平得到了极大提升。

（1）管理式，即制造商和中间商协商销售管理业务，其业务涉及库存管理、定价、商品陈列和购销活动等。管理式垂直渠道系统以渠道领袖的管理能力为联结纽带。

（2）合同式，即不同层次的独立的制造商和中间商，以合同为基础建立的联合渠道系统。如批发商组织的自愿连锁系统、零售商合作系统、特许零售系统等。合同式垂直渠道系统以渠道成员之间正式签订的合作协议为联结纽带。

（3）公司式，即由一家公司拥有和管理若干工厂、批发机构和零售机构，控制渠道的若干层次，甚至是整个销售渠道，综合经营生产、批发和零售业务。公司式垂直渠道系统则以产权为联结纽带。

3. 水平渠道系统

水平渠道系统（Horizontal Marketing System，HMS）又称共生型渠道系统，是指由两个或两个以上没有关联的企业，为了充分利用各自的优势和资源共同开发一个营销机会而进行的横向联合。通常这些企业因资金、生产技术或是营销资源不足，无力单独开发市场机会和承担风险，通过横向联合，既可以共同承担风险，也能够实现协同效应，提高渠道效率。

水平渠道系统的渠道成员既可以是同行业的，也可以是不同行业的。同行业企业间的横向联合通常发生在同行业但不同细分市场的商品、品牌中。比如，同在食品行业中，面包生产企业和饼干生产企业，保健食品企业和休闲食品企业，或者饮料企业和冰激凌企业之间就可以构建水平渠道系统，实现资源共享。生产同类型商品的企业之间也可以进行合作。许多企业已经意识到与其在现有市场上争得你死我活，不如建立双赢的合作关系，共同把市场做大，这样大家都能获得更多的利益，如彩电联盟、空调联盟。可见，“同行不再只是冤家”，一家企业单独举办展销会，很难吸引较多消费者，若是整合同行业的多家企业共同展示各自的商品，就能吸引更多的消费者前来看样订货。在同行业企业众多的情况下，企业单打独斗只会遍体鳞伤，只有联合其他企业，实现资源共享，以求共赢，才能提高企业的生存能力。

水平渠道系统可分为三种形式：制造商水平渠道系统、中间商水平渠道系统和促销联盟。它们的构成形式基本相同，区别在于由同一层次的制造商/中间商组成并利用的渠道就叫作制造商/中间商水平渠道系统，而与多个商品或业务有关联的企业共同进行的促销活动就形成了促销联盟。

4. 多渠道系统

多渠道系统又称复合渠道系统，即对同一个或不同的细分市场，采用多条渠道的分销体系。多渠道系统大致有两种形式：一种是制造商通过两条以上的竞争性渠道销售同一商标的商品；另一种是制造商通过多条渠道销售不同商标的商品。此外，还有一些企业通过同一商品在销售过程中的服务内容与方式的差异形成多条渠道，以满足不同消费者的需求。

复合渠道系统为制造商提供了三方面利益：扩大商品的市场覆盖面，降低渠道成本和更好地适应消费者需求。但该系统也容易造成渠道之间的冲突，给渠道控制和管理工作带来更大难度。

3.3.2 渠道战略设计的基本流程

渠道战略从属于营销战略，渠道战略设计应该从企业的战略定位出发，进行科学设计。渠道战略设计的基本流程如图 3-2 所示。

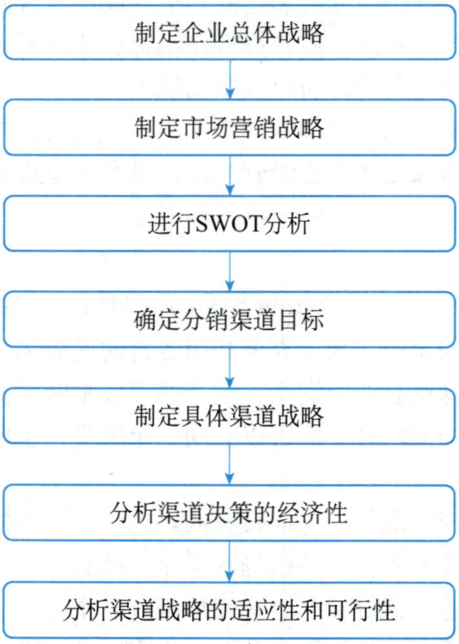

图 3-2 渠道战略设计的基本流程

企业总体战略和市场营销战略确定之后，就可以以其为指导，进入渠道战略的制定程序。同企业总体战略以及市场营销战略一样，渠道战略处在一个不断变化的动态环境之中，其制定必须能有效地与经营环境联系起来，因此，使用 SWOT 分析法对渠道战略的制定必不可少。渠道的 SWOT 分析法主要包括从内部资源现状来评估企业的优、劣势，并从外部竞争环境来识别机遇和挑战，从而扬长避短、发挥优势、规避威胁。

1. 用SWOT分析法分析渠道形势

SWOT分析法是帮助企业系统思考其内部条件与外部环境，确定行动方案的一个理论框架。其中，S表示企业的优势要素（Strengths），W表示企业的劣势要素（Weaknesses），O表示环境为企业提供的机会（Opportunities），T表示环境给企业带来的威胁（Threats）。它可以在企业战略、经营单位、职能部门（如营销部）和员工个人等不同的层面上使用。通过综合考虑企业的优势、劣势、机会、威胁，企业能够了解其内部资源与外部环境相适应的程度或状态，降低渠道决策的不确定性和风险。

同步案例

三只松鼠的SWOT分析

党的二十大报告指出，“我国发展进入战略机遇和风险挑战并存、不确定难预料因素增多的时期”。SWOT分析法可以帮助企业全面认清局势，科学决策，合理谋划。三只松鼠充分利用自己的互联网、大数据等资源，利用网络优势持续传播品牌，利用大数据、算法精准分析消费者，从而为消费者提供合适的产品与服务，成功打造了一个有情感、有温度，可以提供个性化体验的品牌。

当今世界已经迈入了互联网时代。三只松鼠通过新颖的营销方式与独特的渠道定位，基本上占据了休闲食品电商市场的半壁江山，但随着各类竞争对手的涌入，其原本的营销状况面临新的挑战。

1. 优势

第一，三只松鼠初创时是一家电商企业，更易在移动互联时代的市场中融合互联网、大数据等新科技到自己的品牌运营中。第二，三只松鼠创办时恰逢互联网和电商发展的黄金时期，较多使用互联网的群体是年轻人，他们在消费满意后，就会利用社交软件或者社会化媒体宣传。第三，三只松鼠的拟人化品牌策略可以帮助其更加贴近消费者，赋予产品温度和情感。

2. 劣势

第一，三只松鼠以电商起家，初创时没有实体店，在互联网上的营销受众多是经常上网的一些年轻人，覆盖面有限。第二，没有实体店，产品不能直观地展示，不容易被消费者信任。第三，三只松鼠没有自己的产品生产部门，它委托第三方生产，在产品的质量把控方面有一定的难度。第四，三只松鼠不是从实体店起家，电视广告等传统的广告宣传方式可以覆盖到更多年龄层次的消费者，但对于电商产品的宣传效果并不大，转化率并不是很高。

3. 机遇

第一，三只松鼠是在移动互联的时代大潮中创立的，恰逢电商发展的热潮，在移动互联网时代抢占了先机。第二，相比一些传统企业，它能更快地接触到最新的互联网技术，在网店运营方面也抢占了先机。第三，面临整个市场的营销模式转型，基于自身建立于互联网的优势，它要比别的传统企业更快、更容易转型，这样会使它已经拥有的互联网资源和年轻的消费群体发挥最大的效用。

4. 挑战

第一，作为一个电商品牌，相比既拥有实体店又开了网店的同类品牌，在争取消费者的问题上，面临的威胁较大。第二，在电商领域中，优胜劣汰的速度比实体店要快得多，如果消费者看不到企业推送的广告，或者有资金雄厚的竞争对手斥巨资在电商平台上做广告，三只松鼠将陷入困境。第三，要精准营销，在多变的环境下培养消费者的忠诚度，难度与日俱增。

2. 确定渠道目标

在分析渠道影响因素的基础上，企业应该确定渠道的战略目标。渠道的战略目标一般有：购买便利、销售支持、售后服务好、成本效益高、物流顺畅、市场占有率高、品牌知名度大等。

3. 从消费者需求出发设计渠道，制定具体渠道战略，建立竞争优势

在设计渠道战略时，需要分析目标消费者需求服务水平，包括购买批量、等候时间、空间便利、选择范围和服务支持五个方面（如表 3-2 所示）。

表 3-2　目标消费者需求服务水平分析

因素	分析
购买批量	购买批量是指渠道许可消费者购买的最小单位数量。企业希望消费者每次购买较多的商品，以减少网点布局密度，提高交易效率；消费者则希望企业能允许他们每次购买较少的商品，但小批量购买需要企业以更高的成本提供更多的渠道服务输出
等候时间	等候时间是指从消费者发出订单或决定购买到拿到货物的平均等待时间。等候时间越短，企业需要向渠道终端投入的服务人员及设备就越多，因而承担的成本也越大
空间便利	空间便利是指消费者购买商品的容易程度。在其他条件不变的情况下，空间便利与消费者到达渠道终端的距离成反比。出行距离越短，空间便利程度也就越高。密集型渠道使消费者购买商品非常方便，而独家型渠道则使消费者购买不便
选择范围	选择范围是指渠道提供给消费者的商品花色、商品品种、商品数量等。一般来说，消费者喜欢有较多选择，这样能更容易买到称心如意的商品，这就要求渠道终端货架空间更大，卖场更具有灵活性
服务支持	服务支持是指渠道为消费者提供的各种附加服务，如送货、安装、维修、信息提供等。服务支持的范围越大，要求服务人员及设备投入的力度就越大，企业所负担的成本也就越高

4. 分析渠道决策的经济性

渠道经理在比较不同渠道的获利能力时，必须判断不同组合的收入、成本和资金需求情况。一方面，企业可以通过使用分销商削减固定成本；另一方面，企业可以对工厂和仓储设施进行大量先期投资，并与消费者保持尽可能直接的联系。具体来说，企业须考虑交易成本、资产特性以及大量交易可能带来的经济性风险。

5. 分析渠道战略的适应性和可行性

渠道战略的决策是在一个广泛的背景中做出的。因此，理想的渠道还必须在战略责

任、可用资源、渠道战略的历史等限制条件下实施。每一个渠道方案都是企业商品送达最终消费者的可能路线，制造商所要解决的问题，就是从那些看起来似乎很合理但又相互排斥的交替方案中选择最能满足企业长期目标的一种方案。

3.3.3 渠道战略评价指标体系

渠道战略评价指标体系是一个多层次、多因素、多目标的综合评价系统。从系统论的观点来看，渠道战略评价指标体系是一个开放系统，作为社会大系统中的一个子系统，其运行既受外部社会大系统的影响，也受本身内部现时运作因素的影响和制约，更受企业渠道系统内部深层次系统的影响。渠道持久发展能力更是一个决定性因素，决定企业渠道未来的发展趋势。

1. 经济性评估

生产商生产经营的动机在于追求经济利益的最大化，因此，对渠道方案的评价，首先应该是经济评价，即以渠道成本、销量和利润来衡量渠道方案的价值。进行经济性评估有以下三步①：

第一步，企业要选择利用直销渠道还是间接渠道销售商品。对这个问题的回答，取决于企业的渠道所处的条件与背景。

第二步，评估不同渠道结构在不同销量下的分销成本。一般来说，当分销量较小时，利用企业队伍进行分销的成本高于利用中间商的成本。随着销量的增加，企业的销售队伍成本的增加率要低于中间商成本的增加率，这样，当销量增加到一定限度时，利用中间商的成本就会高于利用企业销售队伍的成本。

第三步，比较不同渠道结构下的成本与销量。由上一步可知，直销渠道与间接渠道下不同的销量所耗费的销售成本不同，而渠道的设计又不能经常进行变动，所以企业应该首先预测商品的销售潜力，然后根据销售潜力的大小确定直销渠道与间接渠道的成本。在预期销量确定的情况下，选择成本最小的渠道结构。

2. 可控性评估

商品的流通过程是企业营销过程的延续，从制造商出发建立的分销渠道，如果制造商不能对其运行有一定的主导性和控制性，分销渠道中的物流、商流、促销流、信息流、付款流就不能顺畅、有效地进行。因此，评估渠道方案，还要兼顾对渠道控制能力的评估。一般来说，采用中间商可控性小一些，企业直接销售可控性更大；渠道越长，控制难度越大，渠道越短，控制难度越小。企业必须进行全面比较、权衡，选择最优方案。

对渠道的适度控制，是确立企业竞争优势的重要武器。在市场环境迅速变化和竞争日趋激烈的情况下，很多企业的生存发展情况在很大程度上取决于其渠道系统的协调与效率，以及能否更好地满足最终消费者的需求。可以说，如果企业不能对渠道进行有效的管理和控制，就无法有效地保护现有的市场和开拓新市场。

3. 适应性评估

制造商是否具有适应环境变化的能力，与其建立的渠道是否具有弹性密切相关。但

---

① 庄贵军，周筱莲，王桂林．营销渠道管理．北京：北京大学出版社，2004.

是，每个渠道方案都会因制造商在某些固定期间的承诺而失去弹性。例如，当某一制造商决定利用中间商推销商品时可能要签订 5 年的合同，这段时间内即使采用其他销售方式更有效，制造商也不得任意取消中间商。因此，制造商在选择和设计销售渠道时必须考虑渠道的环境适应性和可调整性问题。

企业与渠道成员常常有一个较为长期的合作关系，并通过一定的形式固定下来。这种经销时间的长期约定会使渠道失去调整与改变的灵活性。如何实现稳定性与灵活性的统一，就是渠道设计者要考虑的内容。从趋势上看，由于商品市场变化迅速，因此渠道设计者需要寻求适应性更强的渠道结构，以适应不断变化的营销战略。

课堂实训

分析与评价××行业（企业）渠道环境

● 实训目标

项目小组选择某一典型行业或企业，收集相关资料，深入研究宏观环境对该行业或企业的渠道产生的影响。

● 实训要求

1. 分小组进行实地调研，通过互联网或专业杂志等方法收集资料，小组讨论选定一个营销主体，针对政治法律环境、人口环境、经济环境、科技环境、自然环境、文化环境、竞争环境等内容展开调研。

2. 根据收集的资料，制作 1 个××行业（企业）渠道创新的典型文字案例，并配套 1 个视频解读案例。文字案例要做到图文并茂，格式工整；视频案例内容要完整，并标注项目团队制作信息。

● 实训步骤

1. 小组讨论并确定一个行业或者企业作为本次研究对象。
2. 通过调查研究，收集整理相关资料，完成宏观环境分析表。
3. 撰写一份××行业（企业）渠道创新文字案例，并在此基础上完成一份视频解读案例。
4. 收集小组作业，以班级为单位进行分享。
5. 相互点评，教师总评。

● 实训表格

1. 完成以下宏观环境分析表。

××行业（企业）渠道环境分析表

分析	因素	调研和分析要点
环境分析	政治法律环境	
	人口环境	
	经济环境	
	科技环境	
	自然环境	
	文化环境	
	竞争环境	

2. 完成选定营销主体的宏观环境分析。

××行业（企业）渠道环境分析：

（每个因素的调研分析不少于 400 字，有图表和数据支撑最好）

（1）政治法律环境：

（2）人口环境：

续表

（3）经济环境：

（4）科技环境：

（5）自然环境：

（6）文化环境：

（7）竞争环境：

3. 完成××行业（企业）渠道创新的典型文字案例、视频解读案例各一份。

● 实训成果展示

● 任务执行评价

任务执行评价标准

评价指标	评价标准	分值	得分
完成情况	是否在规定的时间内完成任务并按时上交	20	
成果质量	合理性、协作性、创新性评价	40	
内容	内容丰满、视频制作精美	40	
总分		100	

指导教师：

年　　月　　日

● 实训总结

● 指导意见

课后提升

从0到1，海信如何一步步登顶

“中国第一，世界第二。”2022年卡塔尔世界杯上，海信的宣传标语给全世界的体育观众留下了深刻的印象。2024年，海信正式成为2024欧洲杯VAR（视频助理裁判）显示官方合作伙伴。这是欧足联历史上首次开放VAR显示独家权益，中国企业的显示技术在最严苛的场景中得到了检验和认可。

为什么是海信？国际足联主席曾表示：国际足联选择赛事赞助商的标准绝不是谁给钱多就选谁，而是寻求一个“真正做品牌”的企业——这家企业不仅在体育营销等方面投入，而且要持续投入创新技术和产品，并且见到效果。海信就是这样一家“真正做品牌”的企业。

市场调研机构发布的数据显示，2023年，海信系电视全球出货量2 611万台，蝉联全球第二，同比增长6.4%。2024年第一季度，海信电视继续稳居全球第二。销量走高之外，中国质量协会公布了2023年电视行业用户满意度监测结果，海信电视以85分高居行业第一。数据显示，从2015年至2023年，海信电视用户满意度连续9年高居行业第一。

海信的理念，第一是技术立企，第二是营造稳定、健康和正向的企业风气。海信半个多世纪的发展史，就是中国电视产业“从0到1”再“从1到N”，艰难探索、苦心经营、孜孜以求、自立自强的缩影。几代电视人不断接力，寻求攻破关键核心技术“卡脖子”瓶颈，实现产业化突破。

1. 从OEM模式到自主品牌出海，海信靠品牌穿越周期

2023年，海信总营收突破2 000亿元，海外收入占总营收比例达42.6%。在经济承压的大环境下，海信的逆势增长实属不易。早在2004年，海信首次提出了“海信未来发展，大头在海外”，2006年将其确立为公司国际化战略后，海信就开启了浩浩荡荡的出海之旅。复杂的国际形势和未知的市场，考验着每一家出海企业的生存智慧。没有前人的经验，海信只能自己摸爬滚打。

在新的市场没有品牌积累，海信最初在海外首选的是走OEM模式。所谓OEM，指的就是给海外品牌代工，企业不必在品牌和研发方面发愁，只需利用好现有的技术与生产线，就能赚到钱且易成规模。以前，海信的海外业务都以OEM模式为主。表面上，这是个极具性价比的生意，但门槛低的同时，也影响了海信发展的上限：毛利率不高，产业话语权也低。回想那段时光，出海的海信人没少在海外市场遭受冷眼，也让海信人意识到想要在海外市场站稳脚跟，没有品牌，其他都是零。

2006年，时任董事长重新制定了海信的国际化战略，重点提及坚持自主品牌。改变方向，势必要有牺牲。主动割舍OEM订单的海信经历了一段痛苦时光，当时内部也有不少反对的声音。毕竟在陌生市场做品牌并不容易。为了突围，海信打出了“自主高端品牌+体育赛事营销”的组合拳。十几年来，海信相继开展国产电视芯片、激光电视和ULED技术的研发，海信的创新发展打破了电视高端显示技术由海外企业垄断的格局。时至今日，海信ULED电视在海外突破500美元这道关口，海信激光电视更是成为中国高

端家电出海的排头兵。

2. 探索研产销本土化：海信的韧性

2023年，海信董事长走访了欧洲、日本、东南亚、北美的市场，花了很多时间拜访国内外企业，覆盖制造业、新能源、互联网等领域。海信在全球布局了多家海外公司和办事处，还有多家海外工厂。不同的国家政策，不同的市场需求决定了本土化就是出海企业的安身立命之本。

所谓本土化，就是在世界各地建立企业自己的研发机构、营销机构、生产基地，实现研产销的一体化运营。比如在一些欧美国家，消费者极为关心碳中和，因此海信选择自上游供应链开始改变，再到生产、回收等阶段，形成家电“全产业链+全生命周期”的制造模式；在加拿大，海信产品经理发现很多加拿大人并不喜欢冰箱左右开门，就喜欢直接抽出储物屉，经过产品小组论证后，海信加拿大冰箱产品线重新开模；在澳大利亚市场，海信通过调研发现，澳大利亚人痴迷体育，澳式橄榄球是澳大利亚最流行的运动之一，所以电视团队就推出大尺寸、高刷新率的电视……每到一个新市场，海信都摒弃了“拿来主义”，而是坚持“一国一策”，充分理解当地文化，深刻洞察当地消费者需求。

基于此，海信在海外市场的表现，也在逐步发生质变。在澳大利亚，海信电视跻身市场销量前列；在美国，海信在经销商面前的话语权升高，激光电视、高端冰箱、酒柜、自动制冰机等高端产品都取得了不俗的成绩。在本土化的建设中，除了自建，海信也会进行并购，如何让被并购的业务更有活力，也考验着海信的实力，其实答案也没有什么神秘的，那就是坚定满足当地的消费者需求。

问题讨论：

1. 海信采用的是什么样的渠道战略？

____

____

____

2. 海信的这种渠道战略布局有什么独到之处？

____

____

____

同步测试

一、单选题

1. 为了达到整合资源、共担风险的目的，某制造企业联合另外一家制造企业，共同开拓新的渠道系统，这种渠道系统称作（　　）。

A. 传统渠道系统　B. 复合渠道系统　C. 水平渠道系统　D. 垂直渠道系统

2. 制造商和中间商协商销售管理业务，其业务涉及库存管理、定价、商品陈列等，这属于垂直渠道系统模式中的（　　）。

A. 管理式　B. 合同式　C. 公司式　D. 协议式

3. 某国际奢侈品品牌进入我国市场时，根据人均收入的不同，在东部沿海地区与西部地区分别采用了不同数量和类型的渠道经销商，影响这种渠道结构差异的外部环境是（ ）。

A. 经济环境　B. 人口环境　C. 自然环境　D. 政治法律环境

4. 某厂商在信息技术发达、硬件设施基础好的地区能够实现低库存甚至零库存，在硬件设施基础差的地区则需要维持较高库存才能满足销售需要，造成这种渠道结构差异的外部环境是（ ）。

A. 文化环境　B. 人口环境　C. 技术环境　D. 政治法律环境

5. 由制造商、批发商和零售商纵向整合组成的统一系统属于（ ）。

A. 传统渠道系统　B. 垂直渠道系统　C. 水平渠道系统　D. 多渠道系统

6. 企业要设计渠道战略，首先应当满足的要求是（ ）。

A. 技术可行性　B. 成本可行性

C. 适应总体战略　D. 长期适应性

二、多选题

1. 渠道战略的特征有（ ）。

A. 渠道战略给出的是宽泛的方针和政策

B. 渠道战略给出的是精确的执行计划

C. 渠道战略是面向未来的

D. 渠道战略是市场营销战略的一个有机组成部分

2. 渠道战略规划的原则有（ ）。

A. 以消费者为导向的原则　B. 协调共享原则

C. 利益最大化原则　D. 争取主宰渠道原则

3. 影响渠道战略的环境因素有（ ）。

A. 经济因素　B. 文化因素　C. 竞争因素　D. 人口因素

4. 对分销渠道战略进行评价时，常用的评价指标体系有（ ）。

A. 渠道畅通评估　B. 经济性评估

C. 可控性评估　D. 适应性评估

三、判断题

1. 在评价渠道战略时，需考虑的主要因素是经济性。（ ）

2. 管理式垂直渠道系统指的是由一家公司拥有和管理若干工厂、批发机构和零售机构，控制渠道的若干层次，甚至整个销售渠道，综合经营生产、批发和零售业务。（ ）

3. 随着分销渠道“扁平化”时代的到来，消灭中间商是渠道变革中迟早要发生的事。（ ）

4. 生产商是否具有适应环境变化的能力，与其建立的分销渠道是否具有弹性密切相关。（ ）

项目4 渠道设计

知识目标

1. 掌握渠道设计的内涵及类型，理解不同渠道的适用场景；
2. 熟悉渠道设计的原则及目标，确保与企业战略相匹配；
3. 了解产品不同生命周期的渠道定位及影响渠道设计的因素；
4. 掌握渠道设计的步骤及渠道布局决策方法，优化渠道网络规划。

技能目标

1. 能够根据企业需求选择合适的渠道类型，并设计合理的渠道结构；
2. 能够依据渠道设计原则及目标，制定合理的渠道结构设计方案；
3. 能够根据产品不同生命周期阶段，确定不同阶段的渠道定位策略；
4. 能够剖析实际商业案例，制定契合企业发展目标的渠道策略与布局方案。

素养目标

1. 培养系统化思维，在渠道设计中兼顾短期目标与长期发展；
2. 增强市场敏感度，灵活应对产品生命周期变化对渠道的影响；
3. 提升分析能力，基于数据与市场调研优化渠道设计方案；
4. 树立消费者导向意识，确保渠道设计满足终端消费者需求。

知识图谱

导入案例

三只松鼠的差异化渠道策略

随着互联网的发展，新消费特征日趋明显，千篇一律的产品和服务已难以满足消费者日益增长的多样化需求，想要在激烈的市场竞争中脱颖而出，给予消费者更高的价值和更好的体验，建立和实施差异化渠道战略是企业的不二之选。

三只松鼠从刚开始崭露头角便剑指互联网坚果第一品牌，将目标消费者定位于网络购物主力军——年轻消费群体和慢食生活群体。三只松鼠是线上起家，名副其实的互联网零食品牌，短短几年时间，就通过电商渠道将零食小生意做到年营收百亿，并且连续八年成为全网坚果零食销售第一品牌。

如今，在“双 11”“618”的爆发式流量下，三只松鼠的粉丝超过优衣库等品牌。

取得如此亮眼的成绩，背后的渠道设计思维值得大家总结和借鉴。

1. 切准坚果品类，收割互联网电商红利

在销售渠道方面，相对于其他传统型的食品品牌，三只松鼠更专注于电商，避开了传统销售的竞争，节省了线下维护成本。三只松鼠以互联网为依托，利用 B2C 平台进行线上销售，迅速开创了一个新型食品零售模式。这种特有的商业模式缩短了商家与消费者的距离，确保带给消费者新鲜、美味的食品。细分渠道数据显示，某年，三只松鼠线上渠道包揽天猫旗舰店、天猫超市、京东超市、京东旗舰店、苏宁易购旗舰店、唯品会、考拉海购、当当等平台同品类第一。

2. 跨界营销，联合做活动、送福利

跨界营销已经成为品牌商热衷的推广方式之一，三只松鼠自然也没有放过。比如，三只松鼠携手拉面说，在天猫“618”共同推出活动；在天猫松鼠直播间，三只松鼠联合伊利，以每日坚果搭配浓醇安慕希酸奶做活动福利，连麦期间关注双方店铺，参与抽奖，即有机会获得礼品。

3. 电视剧里植入广告，扩大品牌影响力

在线上引流方面，三只松鼠投入了巨大成本，在《欢乐颂》《小别离》《好先生》等热播电视剧中做了大量广告植入。很多三只松鼠的粉丝表示，第一次认识三只松鼠是在电视剧里。

4. 线上线下双渠道战略

未来的零售之路一定是口碑相传的。为了积累大量好口碑，三只松鼠开设了线下门店。线下的三只松鼠投食店，带给消费者不一样的零食新体验。整个店面营造出一种森林的感觉，用松树装饰，可爱的小美、小酷、小健三只松鼠玩偶随处可见，买零食就像在森林里摘果子。收银台叫打赏处，标签价格叫投食价。总之，三只松鼠巧妙地把 IP 融入了店铺的每一个角落。线上线下相结合，也必定成为未来零售的主流趋势。

思考：三只松鼠的渠道设计遵循了什么原则？这种渠道设计能为企业带来哪些利益？

4.1 渠道设计概述

4.1.1 渠道设计的内涵

渠道设计是指渠道管理人员为实现分销目标，对各种备选渠道结构进行评估和选择，从而创建全新的渠道或改进现有渠道的过程。渠道设计是渠道管理人员所面临的一项决策，它与营销组合的其他决策（产品、价格、促销策略）一样，是十分重要的。

需要阐明的是，除制造商外，批发商和零售商也都面临渠道设计的问题。对于制造商来说，渠道设计的原则是顺渠道而下，以寻找市场；零售商则刚好相反，它们是逆渠道而上，以获得供应商；批发商处于渠道的中间位置，对渠道设计的决策需要从两个方向着手，既要考虑上游的供应商，又要考虑下游的零售商。本教材主要从制造商的角度来讨论渠道设计的相关问题。

4.1.2 渠道的类型

1. 零级渠道、一级渠道、二级渠道、三级渠道

按商品从制造商转移到消费者的过程中包含中间商环节的多少，渠道可以分为零级渠道、一级渠道、二级渠道、三级渠道。一般把零级渠道和一级渠道称为短渠道，把二级渠道和三级渠道称为长渠道。长渠道与短渠道优劣势对比见表 4-1。

表 4-1 长渠道与短渠道优劣势对比

类型	优点	缺点
长渠道	市场覆盖面广；企业可以将渠道优势转化为自身优势；可以减轻企业的费用压力	厂家对渠道的控制程度低；渠道服务水平的差异性和不确定性较高；厂家对经销商进行协调的工作量较大
短渠道	厂家对渠道的控制程度较高	厂家要承担大部分或部分渠道功能，必须具备足够的资源；市场覆盖面较窄

2. 宽渠道、窄渠道

根据渠道中各环节使用同类型中间商数量的多少，渠道可以分为宽渠道和窄渠道。企业使用的同类中间商多、商品在市场上分销面广，称为宽渠道。一般日用消费品多的企业选择长渠道与宽渠道（见表 4-2）。企业使用的同类中间商少、渠道面窄，称为窄渠道。一般专业性强的商品或者耐用消费品多的企业选择短渠道与窄渠道（见表 4-3）。

表 4-2 长渠道与宽渠道（以毛巾、牙刷、洗发水为例，具体名称略）

长度	宽度							
	大卖场	连锁超市	批发市场	购物中心	餐饮酒店	便利店	菜市场	特殊渠道
制造商								
代理商								

续表

长度	宽度							
	大卖场	连锁超市	批发市场	购物中心	餐饮酒店	便利店	菜市场	特殊渠道
经销商								
零售商								
消费者								

表 4-3　短渠道与窄渠道（以汽车为例，具体名称略）

长度	宽度		
	汽车交易市场	4S 店	特殊渠道
地区代理商			
专卖店			

3. 单渠道、多渠道

根据企业选择渠道模式种类的数量的不同，渠道可以分为单渠道与多渠道。单渠道是指制造商在一定的目标市场中，只选择一种分销渠道的模式；多渠道是指制造商在一定的目标市场中，选择多种分销渠道模式。多渠道模式的优点是能降低销售成本，扩大市场覆盖面；缺点是渠道合作困难，且较难控制，易产生渠道冲突。

上述渠道类型的划分，主要体现的是渠道层级、宽度、广度的变化（见图 4-1）。

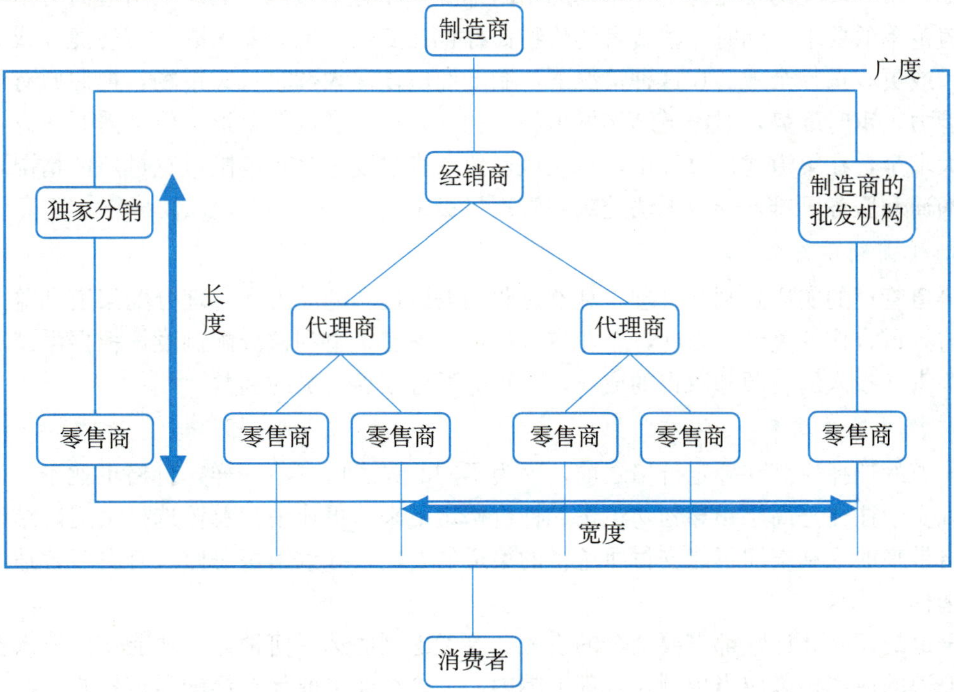

图 4-1　渠道层级、宽度、广度示意图

4.2　渠道设计的原则和目标

4.2.1　渠道设计的原则

对渠道进行设计时，企业必须考虑影响渠道的多方面因素。渠道的设计并不一定是要创造一个全新的渠道，也包括对现有渠道的改进。

不只是制造商要进行渠道设计，中间商也一样。根据渠道成员在渠道中的视角来划分，渠道可以分为向上看渠道和向下看渠道。对于制造商来说，渠道是向下看渠道，对于零售商来说则是向上看渠道，对于中间商来说则是两者的结合。在设计渠道的时候，这种视角上的因素也要考虑在内。

O2O时代的渠道设计

渠道作为企业分销过程的重要媒介，其重要性毋庸置疑，设计阶段更是重中之重，只有在正确的指导思想的引导下，才能建立高效的销售渠道。设计渠道主要遵循以下五项原则。

1. 尽量接近终端

渠道要尽量接近终端消费者，以提高商品在消费者中的知名度和影响力。对企业而言，直接渠道能够很好地执行厂家的政策，但是厂家需要付出高额的固定成本，如店面租金、员工工资等。

2. 扩大市场覆盖面，提高市场覆盖率

随着市场环境的变化及整体市场的不断细分，原有渠道已不能满足制造商对市场份额及覆盖范围的要求。同时，消费者的购物偏好也在变化，他们要求购买更便捷，或更物有所值，或更有选择余地。在这种情况下，制造商应该深入考察目标市场，把握原有渠道的覆盖能力，审时度势，对渠道结构做出相应调整，勇于尝试新渠道。但是需要注意不能盲目贪大求全，在渠道建设过程中，也应该避免夸张过度、分布范围过宽过广的情况，以免造成沟通和服务困难，导致无法控制和管理目标市场。

3. 平衡利益关系管理

渠道管理的实质是利益管理，利益是驱动渠道运转的动力。合理分配渠道利益是渠道管理与渠道合作的关键。因此，企业应该设计一整套渠道利益分配制度，根据渠道成员承担的职责、投入的资源和取得的成绩，合理分配各渠道成员的利益。

4. 提升投资效率

渠道的选择应该在确定价格之前，因为不同的渠道成本不一样，价格也就不一样。但是，现实中往往是高层领导匆匆忙忙先把价格定下来，再让销售总监选择渠道。结果是现有价格带来的毛利空间不能支付所选择的渠道的费用，导致销售总监没有更多合适的渠道可以选择。

渠道的建立和运营都需要资金的投入，要考虑到底选择何种方式才能使经济效益最大化。渠道的成本预算应当控制在合理范围内。无论企业采取什么样的渠道模式，都是为了降低管理成本、提高运营效率。如果一个设计周全的渠道增加了运营成本，就失去了革新渠道的意义。

5. 保证灵活性

世界上没有最完美的渠道，只有最适合当前市场环境的渠道。《孙子兵法·虚实篇》中说："兵无常势，水无常形，能因敌变化而取胜者谓之神。"市场环境往往瞬息万变，过去的渠道设计再怎么完美，也可能会因为环境的变化而变得过时，一旦现有的渠道不再适应竞争的需要，企业就需要根据市场形势变化进行调整。

4.2.2　渠道设计的目标

渠道设计主要是为了解决如何发掘企业商品到达目标市场的最佳途径以提高分销效率的问题。所谓"最佳"，是指以最低的成本与费用，通过适当的渠道，把商品适时地送到企业既定的目标市场。有句俗话说得好，"条条大路通罗马"，渠道设计就是要寻找其中"最短""最有效"的那一条。

从制造商的角度来看，渠道设计的目标是要更有效地实现分销目标。具体来说，在设计渠道时，必须了解所选定的目标消费者购买什么商品、在什么地方购买、为何买、何时买以及如何买，同时还要弄清楚消费者在购买商品时想要和所期望的服务类型和水平，这样才能设计出更加有效的渠道组合。渠道设计的具体目标及其操作说明如表 4-4 所示。

表 4-4　渠道设计的具体目标及操作说明

具体目标	操作说明
顺畅	最基本的功能，短渠道较为适宜
增大流量	渠道的设计需要考虑各种渠道的优化组合，实现流量最大化
便利	最大限度地贴近消费者，广泛布点，灵活经营
开拓市场	倚重代理商、经销商，待站稳脚跟之后，再组建自己的网络
提高市场占有率	渠道维护至关重要
扩大品牌知名度	争取和维系消费者对品牌的信任度与忠诚度
经济性	渠道的设计及选择要比较预期的成本投入和预期效益
提高市场覆盖面及密度	多家分销和密集分销
控制渠道	厂家应扎实提高自身能力，在管理、资金、经验、品牌或所有权等方面掌握渠道主动权

4.3　渠道设计的影响因素

4.3.1　产品不同生命周期的渠道定位

所谓渠道定位，就是企业通过打造自身特殊的渠道和方式，保证自身的产品和服务具有某种相对持续的特色，从而在消费者心中和市场中留下深刻印象，占据应有的位置。但是，渠道并非产品原本的特质，而是通过企业的努力所赋予的外在因素。在现代市场经济条件下，企业不能只埋头生产和销售现有产品，而必须随着产品生命周期的发展变化，灵活调整渠道方案。

典型的产品生命周期一般分为四个阶段：导入期、成长期、成熟期和衰退期。

1. 导入期的渠道定位策略

新产品的渠道选择是企业普遍遭遇的难题，此时产品品种少，消费者对产品还不了解，购买量非常小。为了让消费者尽快认可产品，制造商不得不投入大量的促销资金，对产品进行宣传推广。在产品导入期，制造商要提供足够的货物并确保渠道成员为其产品提供足够大的市场覆盖面。如果因供货不足而引起脱销现象，就有可能影响产品市场推广的前景。归纳起来，在产品的导入期，制造商应考虑以下三个问题：

（1）什么样的渠道最适合新产品并且适合企业现有的资源状况？

（2）什么样的渠道在保持稳定性的同时，又便于企业日后改进？

（3）什么样的渠道既能尽快出“成绩”，又能提升产品的知名度？

2. 成长期的渠道定位策略

成长期，是产品生命周期当中衔接导入期与成熟期的关键一环。随着产品从导入期转入成长期，制造商面临着更大的供应问题，其要满足快速增长的市场需求。如果处理得好，企业就可以顺利进入成熟期，并开始下一期产品的研发；如果处理不好，就可能夭折，或使收益最为丰厚的成熟期迅速缩短，瞬间进入衰退期。

此阶段对于那些需要通过大量批发商和零售商将产品推向消费者的消费品而言更是如此。为了有效处理这一问题，可以在渠道设计环节参考以下策略，见表 4-5。

表 4-5　产品成长期的渠道设计策略

类别	分析
扶持分销商	企业需要通过扩大现有的分销网络来提高销售能力，促进渠道网络的健全和发展，业务人员应加大力度，通过与分销商下游成员的接触，实现企业对整个渠道的控制和管理
设立分支机构	企业应在产品销售的重点地区或城市设立分公司或办事处等分支机构。这样有利于企业直接接触市场，对重要客户进行直接的销售和服务；有利于加强对分销系统的控制与管理，及时获取有用的信息
增加拓展性渠道成员	在主要的销售市场，企业要在健全网络的同时开发大客户，以便把产品渗透到不易控制的市场末梢
建立品牌忠诚度	此阶段由于竞争对手的大量出现，企业不得不与竞争产品争夺市场，而控制渠道最为有效的方式之一就是使消费者和渠道产生品牌忠诚度

3. 成熟期的渠道定位策略

在产品的成熟期，竞争会更加激烈。此时，由于产品的概念已经被整个市场接受并形成了很广泛的认知，因此购买人数增多，市场开始趋于饱和。

在成熟期，很多渠道成员的产品销量及资金周转率都开始出现下降的情况。为降低经营风险，它们会选择减少或完全停止订购产品，并试图快速处理掉库存商品，防止积压。为了缓和这种渠道成员行为带来的破坏性影响，管理人员必须增强产品对渠道成员的吸引力。产品成熟期的渠道设计策略见表 4-6。

表4-6　产品成熟期的渠道设计策略

类别	分析
建立渠道管理体系	针对不同等级的分销商，制定不同的政策条件；安排不同的业务人员，分别定期拜访不同等级的分销商；加强对零售商的支持；建立信息回馈和信息汇总系统，建立客户档案；发展直营机构，直接服务重点客户
加强渠道联系与合作	企业通过业务人员或其他沟通交流方式，进一步加强与分销商之间的联系与合作，巩固市场占有率
关注竞争产品渠道策略	企业必须关注每一个竞争对手可能的市场行为，分析其他竞争对手的市场反应，并及时对市场进行预测
增强产品吸引力	提供特殊的贸易折扣、广告津贴、特殊包装、经营折扣和一些丰厚的回报政策等，这样可以提高产品的潜在利润，并降低渠道成员持有该产品的风险

4. 衰退期的渠道定位策略

产品进入衰退期后，仍然有大量的渠道成员在经营它。小客户的渠道成员大都会谨慎少量进货，追求微薄的利润；大客户则可能干脆放弃该产品，转向其他利润更高的产品。因此，制造商在淘汰衰退期产品时，应该考察消费者对于该产品还有多大的购买兴趣，经销商对于该产品还有多大的经营兴趣，以免影响那些不属于衰退期的同系列产品。从商业实践结果来看，到了衰退期时，企业为了维系多年呕心沥血建立的渠道，可能会舍弃需求已经衰退的旧产品，而选择新产品来取代其在渠道中的位置。

小试牛刀

分小组访问当地一家连锁超市，并观察其以下几方面情况：产品布置、货架布置、货架存货量、客流模式、客户服务的结算效率，讨论其在当地蓬勃发展的原因。

4.3.2　影响渠道设计的因素

无论是在渠道设计之前还是设计之后，对影响因素的考虑都是至关重要且不可避免的，同时，对影响因素的周全考虑还可以增强渠道的灵活性。影响渠道设计的因素主要包括如下五类。

1. 环境因素

环境因素包括经济、政治法律、科学技术等因素，见表4-7。

表4-7　环境因素对渠道设计的影响

因素	分析
经济因素	经济景气、发展快，企业选择渠道的余地就较大；经济萧条、衰退时，市场需求下滑，企业就必须减少一些中间环节，使用较短的渠道
政治法律因素	国家的有关政策和法律因素对渠道也有重要影响。比如，我国针对烟酒、鞭炮、汽油、食盐等产品的销售有专门的法规，这些产品的渠道设计，要符合相关的法律规定
科学技术因素	随着互联网技术的发展，尤其是移动互联网技术、人工智能和大数据的发展，越来越多的企业在设计分销渠道时面临更复杂的局面

2. 市场因素

市场因素包括市场规模、市场区域、市场行为、市场密度等因素，见表 4－8。

表 4－8　市场因素对渠道设计的影响

因素	分析
市场规模	一个市场中的客户数量决定市场规模，如果市场规模较大，企业就很有可能需要采取间接分销策略；如果市场规模较小，企业就可以考虑使用推销员直接向消费者进行推销
市场区域	市场的地理规模、位置以及生产商或制造商间的距离都是影响企业选择渠道的因素
市场行为	由谁购买、如何购买、何时购买、在何处购买构成了市场行为，这些因素会影响企业对渠道的选择
市场密度	在消费者数量一定的条件下，如果消费者集中在某一地区，可由企业派人直接销售；如果消费者比较分散，就必须通过中间商才能将产品转移到消费者手中

3. 产品因素

产品因素包括产品的自然属性、技术性、标准性与专用性、时尚性等因素，见表 4－9。

表 4－9　产品因素对渠道设计的影响

因素	分析
产品的自然属性	产品的自然属性主要包括产品的易腐蚀性、存储条件、有效期、体积、重量等。这些因素会影响渠道的设计，如对活鲜品、危险品等，企业应采用较短的渠道，尽快把产品送到消费者手中
产品的技术性	产品的技术含量越高，渠道就越短，因为技术性产品一般需要提供各种售前售后服务。在消费品市场上，技术性产品的分销是一个难题，因为制造商不可能直接面对众多消费者，通常直接向零售商推销，通过零售商提供各种技术服务
产品的标准性与专用性	如果产品能在品质、规格、式样等方面具有较高的标准化程度，则渠道可长一些。对于非标准化的产品或定制品，需要供需双方商议价格、品质、式样等，企业宜采用直销渠道
产品的时尚性	对款式、颜色、时代感很强且变化较快的时尚性产品，如各种新奇玩具、时装等，企业宜采用短渠道分销

4. 企业因素

企业因素包括企业的总体规模、经济实力、管理能力、目标及战略等。此外，企业文化及企业内部各部门、各管理层次之间的分工、协作与配合状况同样会影响企业的渠道管理决策与方案的实施，也影响企业为消费者提供商品和服务的能力。企业应按照市场导向的要求，规定企业中不同部门都必须为完成企业预定的分销目标而在具体分工方面做出贡献，见表4-10。

表4-10　企业内部各部门的分工

部门	分析
财务部门	财务部门负责解决实施分销活动所需资金的来源和成本控制等问题，并负责收集和处理各种财务信息
研究开发部门	研究开发部门应按照市场需要，特别是按消费者需要的发展趋势和要求组织新产品与新技术的开发
物料供应部门	物料供应部门应保证企业各部门和各项活动所需要的原材料和其他物品供应任务的完成，尽量用最低的物流成本完成消费者价值的创造
生产部门	生产部门主要负责按照订单要求生产产品并及时交货
人力资源部门	人力资源部门应根据各部门提出的要求，解决渠道人员招聘和培训的问题

5. 分销商因素

分销商因素对企业渠道设计的影响非常大，具体影响因素非常多，其中最重要的因素包括分销商的可得性、使用成本、服务能力，见表4-11。

表4-11　分销商因素对渠道设计的影响

因素	分析
分销商的可得性	分销商的可得性是指在选定的市场区域内，企业能否找到需要的较为有效的分销商。如果分销商与企业合作的诚意很强，对产品很感兴趣，并且有志于与企业建立长期的合作伙伴关系，企业就可选择间接渠道。在许多情况下，分销商可能已经与同行竞争对手的关系较好，或由于契约原因而不能经销本企业产品，这时企业只能自己建立渠道
分销商的使用成本	在实际渠道开发过程中，企业可能会碰到分销商索取各种名目费用的情况。此时，企业应比较不同渠道的成本差异，若选择分销商的分销成本高于企业直接销售的成本，企业采用直接渠道则比较划算
分销商的服务能力	在服务越来越重要的时代，企业需要评估分销商向消费者提供服务的能力。若分销商的专业化程度较高、实力较强，企业可选择间接渠道，并根据服务水平确定渠道的长短和宽窄；反之，如果分销商的实力有限不能提供有效的服务，企业就应考虑自己建立渠道，保障服务能力

4.4　渠道设计的步骤及渠道布局决策

消费品的渠道模式设计与选择

4.4.1　渠道设计的步骤

企业的渠道应本着满足目标市场的需求、确保企业的竞争优势、有利于实现销售目标以及提升投资效率等原则进行设计。一般而言，渠道设计主要包括以下六个步骤，如图 4－2 所示。

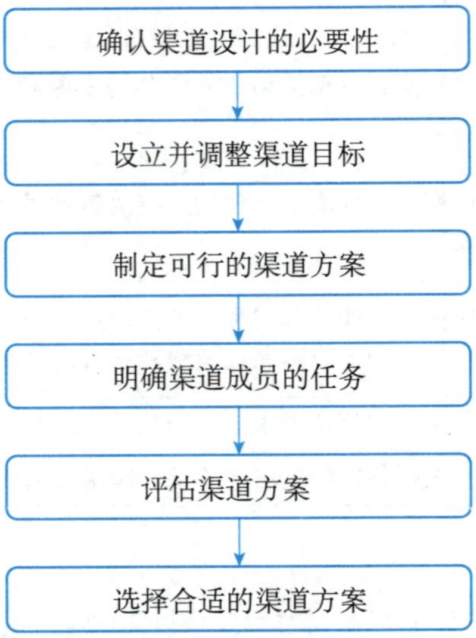

图 4－2　渠道设计的步骤

1. 确认渠道设计的必要性

一般来说，企业需要设计渠道的情形主要有：企业新建时；产品所处的生命周期发生变化时；企业的产品或市场发生变化时；企业渠道政策发生变化时；价格政策出现重大变化时；竞争格局发生变化时；渠道中发生严重的危机时；渠道环境发生变化时；等等。

2. 设立并调整渠道目标

渠道设计需要确定分销目标，完成分销任务。但是，在渠道设计阶段，企业的分销目标往往并不明确，后期还需要不断调整和改进。因此，渠道设计者需要仔细审核企业的分销目标，根据未来市场的发展状况增加新的内容，同时关注分销目标是否与企业的整体目标和策略相一致。

3. 制定可行的渠道方案

企业要根据市场和行业竞争的情况，设计出适合自身情况、符合企业渠道目标的分销系统。在这一系统中，企业要把处于价值链不同环节的各自独立的制造商、代理商、经销商、零售商组织起来，通过构建一种相对稳定、谋求双赢的伙伴关系，对它们进行科学合理的分工，使之成为一个有机整体。当然，组成企业分销系统的渠道可能不止一条，不同渠道之间可以通过相互补充和配合形成一个包括多条渠道的网络系统，来共同满足市场需求，从而完成企业的分销任务。

4. 明确渠道成员的任务

要实现渠道目标，就需要对渠道目标进行细化，使目标转化为具体的渠道任务。明确渠道任务需要从渠道功能的角度来考虑，使渠道功能与渠道成员所扮演的角色相匹配，形成责、权、利一体化的综合体。具体来说，渠道任务大致有如下内容：

（1）推销。

推销包括以下几项具体内容：新产品的市场推广；现有产品的推广；向消费者促销；建立零售展厅；价格谈判与销售形式的确定。

（2）渠道支持。

渠道支持包括以下几项具体内容：市场调查；区域性市场信息共享；向消费者提供信息；与消费者洽谈；与中间商洽谈；培训中间商的员工。

（3）物流。

物流包括以下几项具体内容：存货；处理订单；运输与配送产品；与消费者进行信用交易；向消费者报单；仓储设施投资。

（4）产品修正与售后服务。

产品修正与售后服务包括以下几项具体内容：提供售后服务；调整产品以满足消费者需求；产品维护与修理；处理退货；处理取消订货。

（5）风险承担。

风险承担包括以下几项具体内容：存货融资；向消费者提供信用保证；产品市场价格变动。

因为以上渠道任务不是完全由制造商来承担的，中间商也需要完成某些渠道功能，所以在这一步中，制造商还需要进行如下决策：哪些任务由自己来承担；哪些任务可以交给中间商来承担。虽然所有任务都由制造商自己来承担会带来更多利润，但是同样也会承担更多的风险和财务压力。中间商作为更加专业化的渠道成员，在完成某些任务和功能的时候比制造商更专业、更高效，所以将这些任务交付给中间商来完成效果会更好。

5. 评估渠道方案

此阶段，企业需要对渠道方案进行评估，选出能满足企业目标的最佳方案，确定最佳方案时需要结合“七最原则”，见表4-12。

表4-12 最佳方案组合

标准	长度		宽度		广度	
	短渠道	长渠道	窄渠道	宽渠道	单渠道	多渠道
销量最大		●		●		●
成本最低	●		●		●	
信誉最优	●		●		●	
控制最强	●		●		●	
渗透最高		●		●		●
合作最佳	●		●		●	
冲突最少	●		●		●	

（1）销量最大。

销量是销售成果最直观的表现，较高的销量不仅能保证收入和利润，更为关键的是能提高市场占有率，从而占据优势竞争地位。

（2）成本最低。

想要增加销售利润，除了增加销量，还可以降低成本。渠道成本的降低不仅能使企业从中获得价格优势，同时是一种渠道精简和优化的内在推动力。

（3）信誉最优。

对企业来说，物质利益自然很重要，但是信誉这种无形资产同样不可忽视，特别是在当前的渠道竞争日益同质化的环境下，加强渠道的信誉积累是赢得消费者忠诚的关键因素之一。

（4）控制最强。

企业始终做到对渠道保持绝对的控制力，能够有效抑制渠道中各种不良冲突、恶性竞争的出现；同时，在渠道陷入销售瓶颈时，能够快速进行大刀阔斧的改革，以实现整个渠道的快速调整优化。

（5）渗透最高。

渗透指的是布货率，即企业产品在区域经销商中的占有率。布货率越高，代表渠道的销售潜力越强，覆盖范围越大。较高的布货率不仅能保证产品得到最大范围的销售，同时也能提高产品的市场消化速度。

（6）合作最佳。

渠道是一个高度合作化的整体，销售不是某一个渠道成员的工作，要保证销售成果最大化，就要开展深度合作。最佳的合作状态应该是渠道成员共同为整体利益奋斗，共享数据和成果。

（7）冲突最少。

渠道要着重关注整体利益，同时要保障个体利益。

“七最原则”很难同时得到最优化实现，这就需要企业把握阶段性重点。不同的产品、市场、企业实力、需求等，都要做出与之相适应的选择和取舍，这样才能实现阶段性渠道最优化。

小试牛刀

以小组为单位，分别调查一家当地企业所采取的渠道结构，试分析这家企业选择这种渠道结构的原因。

6. 选择合适的渠道方案

渠道管理人员根据市场调查收集到的信息，结合企业自身资源、企业文化与结构及渠道的目标，通过选择适当的评估方法，对初步设计的各种可能的渠道结构进行评估。在实现渠道目标，并使得渠道的开发与管理成本最低的基础上，选择最佳渠道结构。应注意到的是，任何渠道结构的执行都是需要时间的，在这一段时间内，渠道环境可能会发生变化，从而导致原有最佳渠道结构执行起来非常困难。因此，在选择渠道结构时，企业还应确定备选方案，以应对不测。

同步案例

海天下沉市场的破局之道

渠道是企业的根基。经过多年的精耕细作，海天对城市和农村分层布局，横纵结合，构建一幅在快消品牌中居于领先地位的销售网络图，其经销网络已经深入村镇级，且在县级市场及农村市场的销量占比逐年提升。其中，“刷墙的智慧”是海天在农村市场精耕的利器。

1. 海天最深的护城河

产品、品牌、渠道被称为海天的“三板斧”，人们很容易首先关注到海天多年积累的产品口碑和品牌传播，而忽视了海天在背后几十年如一日编织的一张大网——渠道。在年报中，海天这样描述经营计划：加大推进销售和市场的深化改革，加快网络继续下沉和细化，实现网络开发与经销商规模同步发展。海天在渠道方面的经营取得了稳健发展：企业已拥有全国销售网络，100%覆盖了中国地级及以上城市，在中国内陆省份中，90%的省份销售额超过亿元，通过多年的精耕，覆盖率逐年提升，覆盖范围与销售增长基本同步。

2. 到农村去，农村大有可为

海天启动新的品牌形象及广告语“四海一家中国味”，并全面启动农村销售，确定了“全面开发县级市场，启动农村销售”的销售政策，着手推动对县级市场经销商的开发和扶持。这也标志着在行业内其他品牌的城市网络都还没有完善的时候，海天已提前完成城市布局，开始将目光转向农村消费市场。只不过这个阶段的海天所针对的农村消费市场主要着力点在“县级”。

3. 万镇行动，亮剑乡镇市场

海天在乡镇启动样板店战略，即在每个乡镇和村里面培育一家具有带头作用的销售网点，海天对网点形象进行升级，免费投入材质更精致的店招以及宣传物料。同时，各地经销商的业务人员日常也要协助小店经营，对小店的品种、陈列等进行维护。

任何战略都要步步为营、不断优化才能达到最优的效果。海天采取的是分级推进的方式，根据乡镇的人口规模、经济指标、经销商分布等指标对全国的乡镇进行分级，优先布局人口规模较大、经济指标好、经销商有能力覆盖的乡镇，并逐年拓展。

资料来源：文卫红．调味航母——海天下沉市场的破局之道．销售与市场（管理版），2019(11)：82-85.

4.4.2 渠道布局决策

渠道布局是指产品或服务在空间上的销售布局。从销售区域上讲，企业产品是在某一地区销售还是在几个地区销售，是在全国市场销售还是在全世界市场销售；从分布密度上讲，是采取广泛分销，还是采取独家分销或选择性分销；从零售业态上讲，是利用百货业态、超级市场、专业店或专卖店分销，还是利用销售网分销，这些都是关于渠道布局的选择。

渠道布局直接关系消费者需求的满足程度，关系企业产品的市场覆盖面和市场占有率，关系企业的经济效益。合理的渠道布局能够扩大市场覆盖面，有效占领市场，提高企业知名度和美誉度，树立企业良好的形象，并提高企业的竞争能力。目前，国内外企业常用的渠道布局有以下六种组合方法。

1. 销量组合

销量组合的基本原理就是所有渠道成员的潜在销量总和大于企业目标销量。生产企业先提出明确的销售目标，然后逐个估算各个渠道中间商可以实现的潜在销量。估算渠道潜在销量的依据是各中间商的运营现状、同类品种产品的销售水平、企业对其提供的支持力度，将这些因素综合起来，就能比较准确地估算出每个中间商的潜在销量。再把渠道中所有中间商的潜在销量加起来，与企业的销售目标进行对比，只要潜在销量总和高于企业制定的销售目标即可。

销量组合布局的优点是：能确保渠道销售目标得以实现。所有中间商的潜在销量之和大于计划的目标，只要各自发挥出正常的销售水平就能完成。假如某个中间商的潜在销量达不到企业的要求，企业要么从现有的中间商队伍中挖掘潜力，要么另找新的中间商合作。此外，销售组合布局便于企业发现潜在销量最大的几家中间商，从而确定今后的主要合作对象。

2. 品种组合

企业在确定中间商销售的产品品种后，根据其主营产品划分不同的产品群。通过这个办法来观察各级中间商主要擅长经营什么品种的产品群，进而把每个产品群都交给最善于销售该类产品的中间商负责。这样一来，中间商的能力特长可以实现优化配置，使每个产品群的潜在销量总和大于企业全部产品的目标总销量。

品种组合布局重在发挥不同中间商的自身特色，用最合适的销售网络来推广不同类型品种的产品。这种做法可以扬长避短、分散风险，确保各组目标产品适销对路，还有利于减轻中间商的运营负担。

3. 范围组合

一般来说，200 千米是中间商的最大服务范围，因为在这个直接配送半径内可以实现边际效益最大化，超出该范围，边际效益就会递减。因此，生产企业做渠道布局时会综合考虑各中间商的配送半径及网络覆盖范围大小，把不同服务范围的中间商组合在一起，以求全面覆盖目标区域市场。这种布局方式不仅有利于提升市场渗透率，不留下空白，还可以有效限定各级中间商的销售范围，以防窜货等跨区域恶性竞争现象的发生。

4. 份额组合

中间商不只售卖一家生产企业的产品，还会售卖该企业竞争对手的产品。你的产品在全部同类产品中占据的比例大小，将决定市场份额的大小。通过这种布局方式，企业可以预测目标产品销量在所有同类产品销量中的比例。假如目标产品的潜在销量低于平均份额，说明中间商没有把你的产品作为重点品种来经营，企业产品正在被不断边缘化。所以，企业要设法让中间商重视自己的产品，增加销售比重。

5. 功能组合

随着市场经济的不断发展，中间商的功能也越分越细。有以物流配送为主的物流商，有以终端推广为主的终端商，这些不同类型的中间商都是渠道中不可或缺的重要组成部分。

功能组合布局的原理是让物流商的服务范围大于所有推广商的服务范围的总和。在这种布局中，企业可以把一级中间商定位为物流商，由一级经销商向其他经销商提供物流服务支持，再根据地域、终端、行业等因素划分不同领域的市场，以此为基础建立以二级推广商为主体的二级市场分销体系。这种渠道布局有利于充分利用不同类型经销商在功能上的特点。

6. 点线面组合①

（1）“点”的布局。

渠道中“点”的布局是指企业选择和决定未来渠道网点的具体地址。这里“点”包含两层含义：一是指渠道活动的具体地址，比如网点是在一个城市的 CBD、区域中心、商业街，还是在居民区、街头巷尾等；二是指渠道的活动区域，比如是在大中城市、小城市，还是在城镇、农村等。合理的渠道网点布局应该选择目标消费者较为集中的地方。

对于渠道“点”的布局而言，网点的选择主要有关键点和切入点两种。关键点是指客观上形成的对企业产品或服务的销售起重要作用的市场区域。例如，高档家电在大中城市，御寒皮衣在东北、西北等区域，这些都构成了企业销售的关键点。关键点对企业营销具有重要意义，因此行业中各企业对这种网点的竞争十分激烈，这就要求企业具有较强的竞争实力，或者拥有一种重大创新的新产品能直接打入关键点的能力。当然，如果企业实力不足，就要寻找现有市场竞争格局中的薄弱环节，即市场切入点，先打入市场保证生存，再寻找机会发展，即避免与实力强大的竞争对手硬碰硬，采取避实击虚的策略建立生存空间。

（2）“线”的布局。

渠道中的“线”既是指渠道中“点”与“点”之间形成的“线”，也包括产品或服务从生产领域转移到消费领域所形成的“线”。由于“点”的分布或集中，或分散，布局广泛，因此“线”的分布自然是纵横交错、密织如网的。实质上“线”的布局也就是连接“点”与“点”的运输路线构成的体系。而由于运输方式、运输路线多种多样，其成本差异较大，因此选择合理的运输路线，以最低成本、最短路线、最快速度等完成产品的输送任务就成为渠道中“线”的布局的关键。

（3）“面”的布局。

渠道中的“点”相互连接，就构成了多条“线”，“线”与“线”相互连接构成的网络就形成了“面”。渠道中的“面”主要解决的是市场覆盖率和市场渗透率的问题。渠道不仅要解决产品或服务怎样展示在消费者面前的问题，同时也要解决产品或服务如何让消费者购买的问题以及提高市场占有率的问题。通过“面”的布局，企业不仅能够发现市场空

① 陈涛．营销渠道管理．北京：机械工业出版社，2013．

白点，找到竞争对手的软肋，还能够不断扩大产品的市场覆盖区域，更好地满足目标消费者的需要。“面”的布局主要是通过建立消费者的偏好以及对本企业产品或服务的消费习惯，建立牢固的销售据点，并且对竞争对手进行认真分析，建立区域市场的进入壁垒，从而阻止竞争对手的进入。

不过，“线”与“线”相互连接构成网络所形成的“面”，有时会存在“重复”和“漏洞”。“重复”会造成渠道成员的竞争或内耗，“漏洞”会造成消费者流失。因此，渠道管理人员要通过合理的渠道政策以及渠道分工协议，有效地解决这些问题。

同步案例

“牛羊”巨头强强联合，多业协同优势互补

内蒙古伊利实业集团股份有限公司通过全资子公司战略入股澳优乳业（中国）有限公司。入股后两家企业在婴幼儿配方奶粉的供应链、渠道、产品布局等方面实现优势互补和高效协同。

1.“牛＋羊”的业务整合

伊利要实现其“2030 年全球乳业第一”的战略目标，奶粉业务很关键。伊利奶粉凭借其“IMS 全域创新管理体系”获得全球食品行业首个创新认证，跻身全球顶尖创新高地。伊利布局羊奶粉、有机奶粉等细分品类，能助力其实现翻倍增长。澳优乳业羊奶粉品牌佳贝艾特是婴幼儿配方奶粉领域的标杆性产品，全球羊奶粉销量第一，同时还掌握着大部分荷兰羊奶资源，垄断全球大部分羊乳清蛋白。面对羊奶粉“新国标”带来的“纯羊时代”，伊利入股澳优乳业，可实现优势互补、多业务协同。

2. 整合打通营养品赛道

伊利正在从乳制品企业向健康食品企业转型。澳优乳业在保健品、益生菌、特殊医学用途食品领域有全方位布局，拥有高端营养和草本配方制造的 Nutrition Care，还具备稀缺的保健食品“蓝帽子”资质，与伊利健康食品战略协同性较强，实现“1＋1＞2”，有利于伊利打通营养品赛道。

3. 完善国际战略布局

伊利在亚洲、欧洲、美洲、大洋洲等乳业发达地区构建了覆盖全球资源体系、全球创新体系、全球市场体系的战略布局。而澳优乳业则在荷兰、澳大利亚、新西兰等全球“黄金奶源地”完成研发及供应链布局。伊利与澳优乳业联手，可在全球构建研发创新中心、海外生产基地，产品销往多个国家和地区，使伊利国际化迈上新台阶。

伊利与澳优乳业强强联合，不仅会使二者在业务布局、供应链、渠道建设等方面实现优势互补，协同实现自身的更大发展，而且能进一步提高二者在国际市场的竞争力。

上述几种渠道布局组合方式都是针对企业与市场状况设计的。随着移动互联网的发展，传统的三级经销商渠道结构开始向扁平化结构发展，渠道布局组合也逐渐以拉近生产企业与消费者之间的距离、减少中间商层次为新的发展方向。

课堂实训

××新能源汽车销售渠道影响因素分析

● 实训目标

项目小组选择新能源汽车行业某一品牌产品作为研究对象，收集该企业在渠道建设方面相关的资料，分析在激烈的行业竞争环境下，该企业目前渠道市场现状及渠道策略的应用情况。

● 背景资料

中国新能源汽车的销量逐年提高，品牌影响力日益扩大，国际市场份额占比越来越重。近十年，我国出台了一系列政策和措施，从购车补贴到充电基础设施建设，为产业发展和新能源汽车普及铺平了道路，新能源汽车已走进千家万户。新能源汽车不仅在国内受宠，也在积极扬帆出海走向世界。这十年，中国的新能源汽车不仅开进了多个国家的大街小巷，也开进了海内外消费者的心头。

目前，全球传统车企纷纷加大新能源汽车研发力度。除了比亚迪之外，我国涌现出大量优秀的新能源汽车企业，快速发展，加速全球布局。

● 实训要求

本次实训，每个小组选择一个新能源汽车企业，对其产品渠道策略展开调研与分析，新能源汽车企业是否针对市场环境和不同的目标消费群有针对性地制定渠道策略？在激烈的竞争环境下，企业是否建立了渠道竞争优势？

备选企业：比亚迪汽车、极狐汽车、小鹏汽车、理想汽车、蔚来汽车、零跑汽车、埃安汽车等。根据收集的资料，完成一份××新能源汽车销售渠道影响因素分析报告。分析报告应包括：企业目前产品现状调研、渠道现状调研、消费群体调研、企业经营现状调研等。

● 实训步骤

1. 学生分组选择某一新能源汽车品牌，做好渠道调研前的准备工作。
2. 收集整理相关资料，完成调查表。
3. 分组撰写××新能源汽车销售渠道影响因素分析报告及汇报 PPT。
4. 分组演示汇报。
5. 相互点评，教师总评。

××新能源汽车销售渠道影响因素调查表

一、企业渠道设计目标

续表

续表

二、影响渠道设计的因素分析

不同的产品，对渠道结构的要求也不同。要确定渠道结构，首先要收集产品的相关市场情况。

（一）产品因素

1. 产品的自然属性

____

____

2. 产品的技术性

____

____

3. 产品的标准性与专用性

____

____

4. 产品的时尚性

____

____

（二）市场因素

产品的市场规模和密度等因素都会影响企业渠道结构以及组织形式的选择。对市场进行考察，首先需要明确目标消费群体，进而了解市场消费潜力。请根据实际调研的结果来填写以下内容：

1. 产品定位（目标消费群体）

____

____

2. 主要目标市场消费者数量

____

____

3. 主要区域市场的经济状况（可以以 GDP、人均收入等指标来衡量）

____

____

4. 各个区域市场的地理规模、地理位置

____

____

5. 经营环境（产品的销售情况）

____

____

6. 市场密度（目标购买人群÷市场面积×100%）

____

____

（三）企业因素

1. 资金实力

（1）确定企业对各个市场的资金投入预算

____

____

（2）说明企业融资方式（银行贷款/渠道成员参股/员工参股/其他融资方式）

____

____

续表

续表

2. 管理能力

（1）员工素质（员工的工作经验、学历水平等）

____

____

（2）制度规范（内部员工管理制度/外部客户管理制度）

____

____

（3）软件应用情况（人力资源管理软件/财务管理软件/物流管理软件/客户关系管理软件/产销存管理软件）

____

____

（四）竞争对手

1. 竞争对手的渠道结构

____

____

2. 竞争对手的渠道动态

____

____

（五）消费群体

渠道建设需要成本，作为渠道经理要想实现渠道便利性和成本之间的平衡，就需要对消费者的购买行为进行分析，不同的消费群体有不同的消费习惯，可以以个别类推一般的方法，对具有代表性的场所进行踩点调查，并根据产品在市场中的实际销售情况，对消费群体进行调研。

消费群体特征描述

消费群体属性标签	性别	
	年龄	
	教育程度	
	职业类型	
	家庭结构	
	所居住城市等级	
	兴趣爱好	
	关注 KOL	
	……	

续表

● 实训成果展示

● 任务执行评价

任务执行评价标准

评价指标	评价标准	分值	得分
完成情况	是否在规定的时间内完成任务并按时上交	30	
成果质量	搜索内容全面、分析合理、有创新性	70	
总分		100	

指导教师：

年　　月　　日

● 实训总结

● 指导意见

课后提升

方便速食新贵“拉面说”的成长之路

“拉面说”是上海锐舒电子商务有限公司的方便速食品牌。“拉面说”品牌获得多轮融资，商业模式得到资本的充分认可，从统一、康师傅等巨头占主导地位的速食面红海市场中开拓出一块蓝海市场。

从市场定位角度，“拉面说”把握住了消费升级的市场机会，将核心客群定位于 18～35 岁的年轻人，兼顾一二线城市白领及“先锋型”小镇青年，为其提供即食拉面。

从产品创新角度，“拉面说”主打即食拉面，塑造消费者对日式拉面的认知，通过中式拉面扩大产品项目，并不断拓宽产品的食用场景，实现单品不断迭代，提升客单价及复购率。

从销售渠道角度，“拉面说”创立初期即确定了开设天猫旗舰店等从线上突围的扩张路径。因为相较于线下商超渠道，线上渠道覆盖面更广，传播属性更强，并且线上能够承载更多的 SKU 铺货、替换成本较低，有利于“拉面说”在试水初期降低试错成本，提高商品研发、更新、测评效率。当前不少新兴品牌的主流选择是以单品入手，从线上突破，有效避免了在品牌创业初期因为渠道资源短板而被传统品牌压制的局面。

问题讨论：

1. “拉面说”的产品渠道设计有何创新之处？

____

2. “拉面说”为什么会选择从线上渠道起步？

____

同步测试

一、单选题

1. 烟草、药品等实行专卖制度的产品，厂商在进行渠道选择时，应该首先考虑(　　)。

A. 目标市场的选择　　B. 竞争对手的状况

C. 既有的渠道经验　　D. 相关法律法规要求

2. 适合使用较宽销售渠道的情形有(　　)。

A. 产品市场规模较大　　B. 目标消费者集中度较高

C. 消费者购买频率较低　　D. 企业对渠道的控制欲强

3. 在渠道设计过程中，如果消费者对产品的购买量小且购买频率高，制造商会倾向于选择长渠道，相反则会倾向于采用短渠道，这主要是考虑了渠道设计影响因素中的(　　)。

A. 市场因素　　B. 产品因素　　C. 企业因素　　D. 经济因素

4. 设计渠道首先要考虑的是(　　)。

A. 产品特性　　B. 竞争对手的策略

C. 消费者的需求　　D. 渠道结构

5. 渠道要尽量接近消费者才能提高产品在消费群体中的知名度和影响力，这是渠道设计原则中的(　　)原则。

A. 尽量接近终端　　B. 扩大市场覆盖面

C. 平衡利益关系管理　　D. 保证灵活性

二、多选题

1. 渠道设计的原则有(　　)。

A. 平衡利益关系管理　　B. 扩大市场覆盖面

C. 提升投资效率　　D. 保证灵活性

2. 短渠道一般适用于(　　)的销售。

A. 一般消费品　　B. 专业性强的产品

C. 鲜活产品　　D. 体积大的笨重产品

3. 属于渠道设计影响因素的有(　　)。

A. 产品因素　　B. 分销商因素　　C. 企业因素　　D. 市场因素

4. 属于成长期的渠道设计策略的有(　　)。

A. 扶持分销商　　B. 关注竞争产品的渠道策略

C. 设立分支机构　　D. 建立渠道管理体系

三、判断题

1. 大多数中小企业可以依靠自身力量，很容易地直接与众多分布分散、需求各异的消费者进行交易。(　　)

2. 联结终端消费者、最大限度地接近终端消费者是渠道建设的重要目标。(　　)

3. 制造商与消费者之间不存在任何矛盾。(　　)

4. 制造商与中间商进行合作，将会使渠道与其共同分担市场风险。(　　)

5. 渠道的建立和维系是企业短期运营的结果。(　　)

项目5　渠道成员选择

知识目标

1. 掌握渠道成员选择的原则、步骤，明确新媒体在发掘新渠道成员中的作用与价值；
2. 理解营销意识、合作意愿等渠道成员选择标准的具体内涵与评估要点；
3. 掌握渠道成员选择的途径与方法，有效发掘和筛选优质渠道合作伙伴；
4. 掌握渠道成员持续评估的机制，确保渠道合作伙伴的长期有效性。

技能目标

1. 能够根据企业战略需求制定科学的渠道成员选择标准，并筛选优质合作伙伴；
2. 能够运用多种途径高效发掘潜在渠道成员；
3. 能够结合定量与定性方法评估渠道成员的匹配度；
4. 能够建立动态评估体系，持续优化渠道成员结构并淘汰低效合作方。

素养目标

1. 培养严谨细致、客观公正的职业态度，确保渠道成员选择过程的科学性与准确性；
2. 具有创新思维与敏锐的市场洞察力，善于借助新媒体拓展渠道成员选择范围；
3. 强化沟通协作与团队合作精神，在渠道成员选择中实现多方共赢；
4. 树立责任意识与风险防范意识，保障渠道成员选择的稳定性和可持续性。

知识图谱

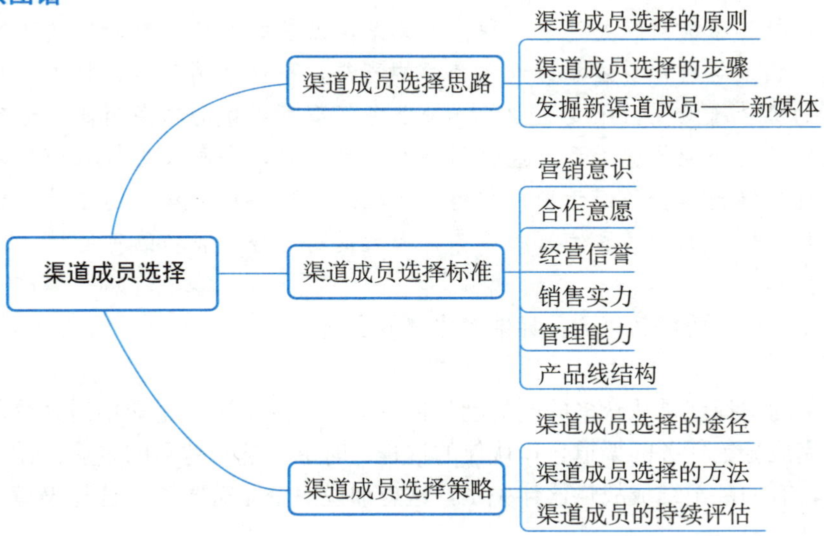

导入案例

九阳公司是如何选择经销商的？

九阳股份有限公司（以下简称九阳公司）成立于1994年，以主营豆浆机起家，目前已发展为全面经营生活小家电的业界标杆。

目前，九阳公司主要渠道结构为百余家一级经销商，万余家终端销售网点。而且九阳公司不光拥有自己的网站平台，还在京东商城、淘宝等网站销售。便捷的营销网络和良好的售后服务有效提升了九阳的品牌形象，并极大地带动了销售业绩的提升。

九阳公司根据自身情况和产品特点采用了地区总经销制。以地级城市为单位，在确定目标市场后，选择一家经销商作为该地区独家总经销。九阳公司对选择总经销商提出了较严格的要求，主要有以下几点：

（1）总经销商要具有对企业和产品的认同感，具有负责的态度和敬业精神，这是首要条件。经销商只有对企业和产品产生认同感，才能对产品及市场高度重视，才能树立起开拓市场、扩大销售的信心，才能与企业保持步调一致。具有负责的态度是指经销商要对产品负责、对品牌负责、对市场负责。具有敬业精神的经销商能够积极主动投入市场销售与拓展，克服销售障碍，协助企业开展各项市场活动，带动企业销售业绩的提升和市场占有率的扩大。

（2）总经销商要具备经营和市场开拓能力，具有较强的批发零售能力。这涉及经销商的业务联系面、分销通路、人员素质及促销能力等。

（3）总经销商要具备一定的实力。实力是总经销商正常运营，实现企业经营模式的保证。但是，要求实力并不是一味求强求大。适合的就是最好的，双方可以共同发展壮大。

（4）总经销商现有经营范围与企业一致，有较好的经营场所。例如，经营家电、厨房设备的经销商，所面向的消费者购买意向集中，易于带动公司产品的销售。九阳公司要求总经销商设立九阳产品专卖店，由九阳公司统一制作店头标志，对维护公司及经销商的形象起到了积极的作用。

九阳公司与其经销商的关系是一种伙伴关系，谋求的是共创市场、共同发展，因而公司在制定营销策略时，要注意保证经销商的利益，不让经销商承担损失。那么，如何化解经销商的经营风险呢？一是企业的当地业务经理可以协助总经销商合理确定进货的品种和数量；二是企业能够做到为经销商调换产品品种，合同终止时原价收回经销商的全部存货。这些措施解除了经销商的顾虑。企业采取这种追求双赢的方针、切实可行的保障措施，配合优良的产品和完善的服务，大大提高了合作成功的可能性，使经销商规模迅速扩大。

思考：九阳公司的经销商选择标准对你有何启发？

渠道成员的选择就是从众多的同类型渠道成员中，选出适合企业渠道系统的，能够有效帮助企业完成分销任务的渠道合作伙伴的过程。时下，越来越多的企业开始重视与渠道成员的关系，有的甚至结成战略伙伴关系，这愈加说明企业需要慎重选择渠道成员。渠道成员的选择将直接影响制造商生产的产品能否及时、顺利地转移到消费者手中，影响制造商的分销成本和服务质量，影响制造商制定的营销目标能否顺利实现，影响产品及制造商在消费者心目中的形象。

5.1 渠道成员选择思路

企业选择渠道成员可能是因为企业在当地没有销售网络，而直营的成本又太高，所以企业会寻求与渠道成员合作，利用渠道成员的网络、人、车、物等资源低成本进入市场、管理市场，从而把渠道成员的网络体系纳入厂家整体营销网络之中。在选择渠道成员时需要注意两点：

（1）渠道成员并不一定能完全符合制造商的要求；

（2）渠道成员的行为和能力可能因环境的变化而变化。

渠道成员的选择要求企业对自身有清晰的认识，对渠道的发展变化有准确的把握，对消费者的需求有深切的感知。这样，企业才能知道什么样的渠道成员适合自己，才能选对渠道成员。

5.1.1 渠道成员选择的原则

不同的企业有不同的渠道目标和渠道策略，因此选择渠道成员的原则也不尽相同。但是，在选择渠道成员时，企业应该把握以下几个原则。

1. 普遍撒网

根据产品生命周期理论，处于初始期时，企业需要尽可能网罗区域内的渠道成员。企业可以通过同行的介绍、朋友的推荐、终端的推举、短信邮件的联络、行业区域会议的接触等方式，最大限度地获取渠道成员的信息，以增加渠道成员选择的空间。

2. 重点捕捞

对于初步筛选出来的渠道成员，企业要逐一甄选，选择认可企业产品、理念和文化，能够共同发展的渠道成员作为合作伙伴。企业需要重点关注的条件有以下几个：

（1）渠道成员在区域市场拥有良好的终端资源和人脉资源；

（2）合作期间渠道成员不经营同类竞争产品；

（3）渠道成员工作人员有较高素质和一定的管理水平，财务状况良好；

（4）渠道成员在行业内有较好的口碑；

（5）渠道成员有同类产品的销售经验。

3. 全面评估

企业需要建立筛选渠道成员的评估系统，对预备合作渠道成员进行全面考察和评估。此外，在选择渠道成员时最好能摸清该渠道成员的发展史、现有的成就、当前的产品构成、管理思想、销售人员的业务水平、货物的配送速度、办公信息化程度等。这些内容更能反映出渠道成员当前的综合素质。对于那些素质不高、合作潜力不大的企业，企业应当尽早将其排除在备选名单之外，以免劣质渠道成员破坏整个渠道的安全性。

4. 匹配适合

很多企业会把某个区域市场中最大最强的渠道成员当成首选合作对象，但并不总是有效。如果企业在选择渠道成员时一味强调其规模、资金和实力，就会陷入一种误区，因为实际情况是，渠道成员实力越强，就越不会重视企业的产品，企业就越不容易掌握销售的决策权和主动权，主要原因如下：

（1）实力强大的渠道成员很可能会同时分销多个竞争对手的产品，并以此作为讨价还价的“筹码”，此时企业难以满足它们的所有要求。

（2）实力强大的渠道成员不一定会专注于某一个品牌产品的销售，企业不太容易激发渠道成员对产品、品牌的销售热情。

（3）实力强大往往是渠道成员要挟企业的资本，企业很可能失去对产品和渠道的控制权。明智的企业往往不是很注重渠道成员的规模和实力，关键是看其能否接受自己的经营理念，能否与自己亲密合作，是否具有较高的成长性。

5.1.2 渠道成员选择的步骤

作为渠道管理人员，在进行渠道成员选择时应遵循以下步骤，如图 5-1 所示。

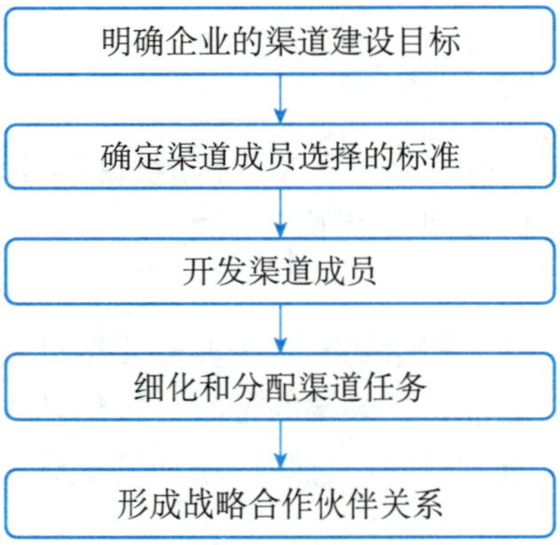

图 5-1 渠道成员选择的步骤

1. 明确企业的渠道建设目标

从根本上说，在什么时间、什么地点以及以什么方式把产品传递到消费者手中就是渠道建设的目标。渠道目标的制定需要注意遵循明确、可量化、可实现、有具体期限等基本原则。

2. 确定渠道成员选择的标准

选择标准要结合产品特点以及企业实际运营情况来制定。企业选择渠道成员的时候要坚持一定的原则，不能为了眼前利益而忽视长远利益。企业要制定出详细的渠道成员选择标准，利用标准来衡量、选择渠道成员。

3. 开发渠道成员

根据已有的、详尽的信息资料搜寻渠道成员，并依据选择标准对渠道成员进行评价，找出符合企业分销目标的渠道成员；与符合渠道要求的渠道成员进一步深入洽谈，达成合作意向，将企业所需渠道成员确定下来。

4. 细化和分配渠道任务

将企业渠道的整体任务进行细化，具体地落实到各个渠道成员，以便对渠道成员进行绩效考核与利益分配。企业通常会根据渠道目标来制定渠道任务。

5. 形成战略合作伙伴关系

现代渠道管理理念强调企业与渠道成员是战略合作伙伴关系。企业选择渠道成员不是为了一笔买卖或一次交易，而是要实现长期共赢。

5.1.3 发掘新渠道成员——新媒体

1. 新媒体渠道的特征

互联网、大数据、人工智能、云计算的发展既推动了媒体技术的更迭，也促进了行业的转型升级，因为如果传统渠道不积极寻求转型，进行结构升级、整合优化资源、寻找可持续发展之道，很快就可能被时代淘汰。所以在外界环境的变化和内在发展的双重压力之下，传统渠道正在主动与新媒体融合，进行转型升级。通常来说，新媒体渠道具有如下特征：

（1）传播高效、交互性强。

新媒体传播的是信息组合，包括文字、声音、图像等信息，内容更加生动形象，直观性强，便于理解和接受。在这个过程中，消费者可以选择与自己的需求相关的营销信息，节省时间，提高效率。多平台的营销互动会形成企业与消费者以及消费者之间的沉浸式、渗透式体验，将市场真正带入到以消费者为主、全民营销的新时代。抽奖、小测试奖励、线下沙龙、粉丝聚会等活动均可增强粉丝的黏性和提高粉丝数量。

（2）受众范围广，易产生裂变式井喷效应。

新媒体营销以互联网为载体，而互联网的特性决定了新媒体营销的全球性。在这种开放的环境中，企业的产品和服务是面向全世界的，营销信息可以通过新媒体传播给世界上任何一个地方的现实消费者和潜在消费者。全球互联网用户平均每天超过1/4的时间都在线上，上网时长平均接近7小时。各大搜索引擎、网站、小程序、论坛等通过软文、视频等形式分享或自带广告资源，引进流量并将流量变现。每个个体既是内容的接受者，又是内容的传播者，同时也是内容的生产者，即在新媒体环境下，每个人都能够成为媒体，成为信息传播的节点。信息把每个人都紧紧地连接起来，形成一个全民媒体化的社会形态。

（3）消费群体精准化，提升转化率。

满足消费者的需求，是一个企业存在的价值。新媒体营销系统根据每个用户不同的用户属性、用户标签进行推送，不同的信息与传统媒体相比更加准确，能够有效降低成本。精准投放有利于提高转化率。如果潜在产品层次得到满足，消费者获得超过预期的心理体验，就会增强对该产品的偏好和忠诚度，同时，企业通过新媒体平台后台检测，将广告投放的信息清晰地展现出来，对于市场把控也十分有利。

同步案例

火星人集成灶的渠道制胜之道

在集成灶领域，火星人凭借其敏锐的市场洞察力和成功的市场营销，实现线上、线下双突破。由于火星人进入集成灶行业较晚，为规避线下友商的锋芒，它开启线上经销模式，在电商渠道采用线上经销与电商直营并重策略。电商直营能获取较高的毛利率，带动公司整体销售毛利率提高，使公司能有更多资金进行市场营销。线下火星人不断扩张下沉渠道、KA 渠道、工程渠道、家装渠道，实现多元化发展。

在渠道建设方面，火星人采取了多样化的策略。一是传统媒体和新媒体双布局。二是传统营销与新营销并行，从明星代言、综艺植入、电视广告、户外广告，到达人推荐、电商直播、品牌联动等，花样不断翻新。三是“代言人＋宣传标语＋植入节目”精准切入。品牌形象代言人标签契合公司厨电形象；“炒 100 个辣椒都不怕”的宣传标语突出产品强大的吸油烟力，“现在流行火星人集成灶”的广告有利于建立品类与品牌连接；品牌植入综艺节目《向往的生活》，烹饪场景有助于宣传推广。四是新媒体平台高频次宣传，天猫、抖音平台收获的粉丝数量以及小红书平台推荐数量行业领先，占据流量高地。五是对“618”“双 11”等大促高度重视，线上、线下联动宣传，推出全新系列产品，借助超额优惠配合大促自带热度，提升线上销量及排名。

在新媒体时代，企业要充分利用新媒体营销与消费者互动，在加深对消费者认知的基础上，逐步成为懂消费者的运营商。

小试牛刀

分小组讨论，“今天的新媒体渠道最终也将成为传统渠道”这一观点你同意吗？为什么？

2. 新媒体平台

新媒体平台主要包括但不限于门户网站、搜索引擎、应用程序等。企业可以根据实际情况进行一种或多种渠道的整合营销，甚至可以与传统媒介营销相结合，形成全方位立体式营销，赢得更多的关注。

（1）微信平台。

在互联网、移动互联网时代，流量成为最紧俏的资源之一，因而抢占流量入口就显得格外重要。微信已经成为连接人与人、人与物、物与物的重要纽带之一。微信从最初的一款简单的社交软件，发展成了如今功能强大的综合性平台，朋友圈、公众平台更是直接成为商业渠道竞争的前沿阵地。随着微信营销越来越普及，其在企业整个渠道体系中的地位和作用也越来越突出，主要表现在以下四个方面：

1）大大降低了企业宣传推广的成本。

在微信出现之前，大多数企业的宣传、推广工作都是通过传统的广告方式来做的，如电视广告、报纸广告、百度竞价等。这些形式的效果毋庸置疑，企业花大量资金打造这些渠道后，的确带来了巨大的销量，但其缺点也是致命的：成本太高、持续性较差，一旦停止投放广告，销量就会疾速下降，所以，很多时候销量与广告费用是成正比的。而企业创建自己的广告平台，则可以节省大量的广告费用。

2）极大地提升了服务效率和质量。

消费者流失一直是困扰很多企业的一大问题，好不容易积累起来的消费群，一旦后期维护不好，沟通不到位，很快就会流失，甚至被竞争对手截获。这是因为传统的客服模式效率太低，远远无法满足消费者的售后需求。例如，业务员通过打电话或发短信进行维护，非常不容易操作。现在消费者又经常遇到垃圾电话、垃圾短信的骚扰，会在手机上设置自动屏蔽外来信息的功能，很多客服的电话、信息往往会被当作垃圾信息屏蔽掉，从而很难再发挥作用。久而久之，不但产品没有宣传好，还使消费者对企业产生不好的印象。

这些都是因为企业在维护消费者的过程中，没有对消费者进行合理分类，信息都是群发的，导致消费者收到的信息并不一定是他们所需要的信息。而通过微信则可以很好地避免这一点，只要用户关注企业的微信号即可轻松操作。

【示例】

企业将优惠信息生成二维码，当客户扫描二维码后，新客户回复“新”字获取新客户优惠信息，老客户回复“老”字获取老客户优惠信息（提前设置好）。然后，企业就可以根据客户的回复信息对他们进行分类，并添加备注，以此来定时推送客户所需信息到其手机上，从而建立起稳定的联系。

微信公众平台有一个智能客服功能，对企业来说，这是一个能够节省人力成本的功能。只要输入关键字或问题，系统就可以提供自动化的服务，使服务成本大大降低。对客户规模非常庞大的企业来说，如果仅靠人工在线服务，仅要做好客户服务就需要投入很大的一笔费用。如果使用微信来实现自动化服务的话，这笔费用则可节省许多。

3）有利于构建消费群体，强化消费者忠诚度。

互联网、移动互联网时代是社群时代，自微信大范围运用以来，社群进入了以人为中心的阶段，微信成了特定社群成员间的主要沟通工具。这要求企业必须构建自己的社群（消费群体），形成自己的特色，以充分调动消费者的积极性，让他们参与到营销中来。通过社群把目标消费者引流到微信公众平台上，然后用高质量的产品、良好的服务去影响消费者，让他们对产品产生信任和依赖，提高他们对企业的忠诚度。

4）可进行“病毒”式的口碑推广，提高转介绍率。

很多网友戏言，“朋友圈是万能的”。这也从侧面反映出微信朋友圈强大的传播能力。已经有很多事实证明，一条普通的信息在朋友圈经过点赞、转发后，很有可能形成爆炸式传播效果，传播范围得到扩大，传播速度得到加快。这种特性为产品的宣传奠定了群众基础。同时，微信是一个可以实现多功能营销的平台，且不同的功能各具特色，能达到不同的营销效果，如表 5－1 所示。

表 5－1　微信的营销形式

朋友圈	用户可以发布文字、视频或者图片等，也可以实现一对一的交流和互动
微信群	既可以一对一互动，也可以一对多互动，尤其是那些需要大范围传播、广而告之的内容极适合发布在微信群中
位置签名	可以利用“签名”这个免费的广告位置做宣传，附近的微信用户通过关注微信账号，就能看到宣传的信息

续表

二维码	用户通过扫描二维码来添加朋友、关注企业账号；企业可以设置自己品牌的二维码，用折扣和优惠来吸引用户关注，开拓 O2O 的营销模式
公众平台	在微信公众平台上，每个人都可以打造自己的微信公众号，并在微信平台上实现与特定群体的文字、图片、语音的全方位沟通和互动

资料来源：徐林海，林海．微信营销．北京：人民邮电出版社，2018.

小试牛刀

结合自己使用微信的经历，思考微信逐渐改变了自己的哪些行为和习惯，若认为有改变，则在“是否改变”一列中打“√”，并简要写出感受与感悟，如表 5－2 所示。

表 5－2　微信改变生活行为和习惯的项目表

项目	使用微信前	使用微信后	是否改变	感受与感悟
交流方式	电话、QQ	微信语音、视频		
商业社交	互换名片、电话号码	直接添加微信、扫描二维码		
民生服务	出行、订餐、购物、缴费基本靠线下完成	利用微信服务		
支付、转账	现金、刷卡	微信支付		
展示自己日常动态	微博、QQ 空间	朋友圈		
过年过节问候朋友、家人	打电话、发祝福短信	微信红包		
电商/微商	各大电商平台、自我推荐	开通微店、在朋友圈卖东西		

（2）微博平台。

微博，即微型博客的简称。微博的出现不仅掀起了一场互联网领域的“微革命”，同时，在商业领域，微博的即时性、传播性、便捷性也足以让它在营销界引起一场革命。从企业的角度来说，微博为企业的产品和服务提供了一个直接的、即时的展示、沟通、服务平台。从消费者的角度来说，消费者可以利用微博这个社会化媒体更加立体地了解和选择自己所需的产品与服务。微博作为引人关注的新兴媒体，在功能和营销价值方面都为渠道建设提供了新鲜的元素。企业运用微博平台时可以结合平台的特点与定位，选择不同类型的微博。

1）品牌推广型。

该类型的微博主要用于推广企业品牌，目的在于树立企业的品牌形象。

如宝马中国官方微博，主要发布宝马公司的重大新闻活动、新品发布等内容，通过微博传递企业品牌形象，提高企业知名度和美誉度，如图 5－2 所示。

2）内容互动型。

内容互动型微博的主要功能在于维系企业同粉丝、用户之间的关系，强化企业在消

图 5-2　宝马中国官方微博

费者心中的形象，因而该类型微博主要是向用户传递关怀，突出企业的用户导向理念。

如星巴克中国官方微博，展现的是一个有亲和力、懂得生活的服务员的形象。星巴克微博营销的目的是塑造亲和力、营造轻松融洽的氛围，让粉丝感觉自己正在一家咖啡馆里和服务员闲聊，以这种形象定位在用户心中，如图 5-3 所示。

3）业务销售型。

从本质上说，企业开展微博营销的目的是盈利，因而还可将企业微博直接用于产品销售或者服务购买，通过微博直接为企业带来经济收益。

图 5-3　星巴克中国官方微博

如图 5-4 所示，百丽电商官方微博主要发布产品促销活动信息，将微博作为企业产品销售的平台，通过微博促进产品的销售。

(3) 企业直播。

企业直播，即主要面向企业级用户提供视频直播服务，以视频互动技术、大数据、人工智能等技术为依托，满足商业目的，为企业提供数字学习技术和数字营销解决方案，从而为企业增长赋能。

企业直播自兴起以来，至今已有十余年发展历史，历经多个发展阶段。在发展初期，企业直播主要作为内容传播工具，帮助企业进行活动推广，扩大受众范围。

图 5-4 百丽电商官方微博

花椒、映客等 To C 端（Consumer，消费者）直播得到快速发展，这种直播形式逐渐被大众所接受。伴随在线教育、在线文娱等行业的兴起，直播的作用已不再局限于传播工具，而是成为企业发展的必备要素，成为企业营销获客和商业应用的重要形式，“直播+行业”成为该阶段的主要发展趋势。随着大数据、云计算等技术的不断发展，企业直播形式日趋丰富，应用更为成熟，成为新一代数字营销平台，以企业营销云的实际应用赋能企业发展。

企业直播作为一种 To B 端（Business，商业）生态的直播形式，与泛娱乐直播和电商直播等 To C 端直播有所不同（见表 5-3）。企业直播主要为企业提供定制化服务方案，技术要求更高，应用场景更为丰富，商业模式更为明确。

表 5-3 To B 端直播与 To C 端直播的区别

区别	To B 端直播	To C 端直播
服务对象	企业用户	个人用户
服务目的	企业营销、培训、品牌宣传等	泛娱乐、电商带货
应用场景	大型活动、会议、企业培训等复杂场景	单一手机视频直播场景
技术要求	要求更高	要求较低
盈利模式	盈利模式明确，主要包括 SaaS 软件基础服务费、直播相关增值费用、营销收入分成等	广告费用、推广费用、主播收入分成等
运营模式	直播定制化服务，为企业构建并盘活私域流量	由直播平台进行流量分配

注：36 氪研究院根据公开资料整理。

抖音营销

网络直播作为我国近年来的新兴产业，成为消费者和业界关注的重点，用户规模不断攀升。直播电商市场的火热发展进一步培养了人们的使用习惯，为企业直播的发展奠定了良好的基础。企业直播利用其稳定性技术优势和定制化服务方式，能够全方位满足不同类型的商业需求，提高企业营销效率，帮助企业对已有资源进行验证激活，并利用新型营销方式进行定向拓展。

小试牛刀

继移动直播后，有人预测“下一个直播时代将是 VR（虚拟现实）和 AR（增强现实）的时代”，可穿戴设备将成为下一个直播时代的主要观看入口。你觉得是这样吗？为什么？

管理实践与引思明理

新媒体营销从业人员的职业素养

一则虚假新闻对媒体公信力、网络舆论环境、社会生态都会造成不小的损害。因此，新媒体从业者应遵守以下职业道德：

第一：坚定社会主义核心价值观，传播优秀文化。

第二：遵守国家法律法规，实事求是，坚持一切从实际出发，避免杜撰。

第三：不造谣，不传谣，不发布垃圾信息。

5.2 渠道成员选择标准

选择渠道成员，既可以是企业的总部直接选择全国性或各地区的中间商，也可以是各地分支机构选择本地的合作伙伴。无论是哪一种选择方式，我们都需要注意对渠道成员的选择必须严格、谨慎，必须与企业自身的渠道设计一脉相承。想要选出合适的渠道成员，选择标准的制定就显得尤为重要。

对于渠道成员的评估，制造商要根据自身实现渠道目标和渠道策略的需要，综合考虑各方面的因素。一般而言，渠道成员的选择需要考虑如下因素。

5.2.1 营销意识

经销商选择标准——营销意识

营销意识指的是做生意的利益取向和价值观念。营销意识是否先进往往决定渠道成员的发展是否有前途。制造商和渠道成员，前者负责产品生产，后者负责产品销售，如果没有适当的共同利益，自然无法合作。然而，仅仅有一定的经济利益，双方也不一定能长期持续地合作下去。

事实上，企业在发展初期一般都能和渠道成员保持良好的关系，做到团结，但一旦市场做大，往往会不欢而散，甚至成为“仇家”，这不仅是因为产生了利益上的冲突，更重要的是对市场和产品的看法等营销思路上有巨大差异。利益冲突只是导致最后合作关系崩溃的外在原因，而深层次的原因还是思路这样“上层建筑”的差别。

进阶提示

如何判断经销商的营销思路？

（1）有些经销商的业务员根本不出去跑业务，而是坐在店里等人上门提货，这是传统的“坐商”。

（2）有的经销商是等人打电话下订单，然后派业务员送货，这是被动服务的经销商。

（3）更多的经销商是把员工不定期派到市场上去卖货并拿提成。这种做法也会造成业务员骗销、压货、产品即期等诸多隐患。

好的营销思路是每一个员工都有清晰的责任分工，每人负责一块区域，每人跑固定的路线，进行固定的周期性回访，强化服务优势，铸造诚信经商的口碑，编织销售网络。

资料来源：魏庆．经销商管理动作分解培训：升级版．北京：北京联合出版公司，2017.

5.2.2 合作意愿

渠道成员的合作意愿决定了渠道成员与制造商关系的融洽性和长久性。选择渠道成员不是为了一笔买卖，而是为了长期合作。渠道成员愿意与制造商合作，就会积极主动地推销其产品，对双方都有好处。有些渠道成员希望制造商也参与促销，以扩大市场需求，并相信这样会获得更高的利润。因此，制造商应根据销售产品的需要，确定与渠道成员合作的具体方式，考察其对产品销售的重视程度和合作态度。

进阶提示

如何判断经销商的合作意向？

（1）看经销商对厂家是否热情接待。如果厂家跟经销商几次磋商，经销商依旧态度冰冷，就说明经销商根本不把这个事情放在心上，当然也不会对这个产品的铺货、市场开发投入太多关注。

（2）看经销商在经销合同细节问题上是否讨价还价。挑剔的才是真正有合作意愿的经销商，这样的经销商会在价格、折扣返利等问题上反复讨价还价。如果经销商一味“豪爽”，对厂家开出的条件毫不犹豫，满口答应，则可能会有以下几种情况出现：

1）厂家是赊销制，经销商根本无合作诚意，只想骗一笔货而不还货款。

2）产品是旺销大路货，经销商想拿这个产品低价甩货，迅速套现，再去做别的生意。

3）经销商正在代理你的竞品，无条件服从地要取得你的代理权，是怕你找别人代理这个产品将来会跟其抢市场。

资料来源：魏庆．经销商管理动作分解培训：升级版．北京：北京联合出版公司，2017.

5.2.3 经营信誉

大多数制造商都会避免与当地市场上没有良好信誉的渠道成员建立合作关系。在当今市场上，信誉往往与渠道成员的信用及财务状况紧密相关。

调查渠道成员的信用及财务状况是一个必不可少的环节。这项标准在渠道成员的选择中被大量制造商采用。需要收集的信用与财务信息及调查事项包括：注册资金、实际投入资金是否充足；必备的经营设施（仓储、运输、营业场地等）能否满足目前的业务需求；向厂家付款的方式；资金周转率；利润率；银行贷款能力；税务是否守法；欠账的程度；放账的程度。

进阶提示

同行口碑 & 同业口碑

同行口碑：同行口碑指的是目标市场的其他渠道成员对该渠道成员如何评价，该渠道成员是否有恶意窜货、砸价、经营假冒伪劣商品、拖欠货款等劣迹，这是了解渠道成员经营信誉的主要渠道。

同业口碑：同业口碑指的是其他制造商和上游供应商以及下游服务商对该渠道成员的评价，它也可以作为重要的参考依据，是了解渠道成员经营信誉的辅助渠道。

5.2.4 销售实力

在选择渠道成员时，销售实力是一项很重要的评估标准，评估销售实力的因素主要有以下几种。

超市选择示例

1. 资金实力

资金实力是评估渠道成员的首要标准。因为资金实力能说明渠道成员的吃货能力、还款能力和压款能力，而且在财务上也可以为制造商提供帮助，如分担部分销售费用、提供赊销服务等，从而有利于扩大产品销路。

进阶提示

如何了解经销商的资金实力？

（1）了解经销商现在代理的品牌组合，如果都是杂牌，那么它的资金能力值得怀疑。

（2）了解经销商现在做了几个超市，到超市里问问导购其主要产品在超市里的大致销量，基本上可以推算出其在超市里压了多少款，压款多少也能从侧面反映其资金实力。

(3) 与经销商“闲聊”，主动挑起“现在超市压款太多”的话题，看经销商是否正在为账款问题发愁。如果根据了解，经销商压的货款并不多，却叫苦连天，那这个企业不是想哭穷要赊销，就是根本没钱。

(4) 向经销商的员工打听工资发放是否及时、充足。

(5) 虽然注册资金有可能是虚的，但至少能够反映出一些问题——注册资金 1 000 万元的经销商不一定真的有钱，但注册资金 10 万元的经销商一定没有多少钱。

资料来源：魏庆．经销商管理动作分解培训：升级版．北京：北京联合出版公司，2017.

2. 库房面积

制造商应该去查看一下渠道成员的库房，目测其库房面积，库房大小决定了最高和最低吞吐量。制造商通过了解渠道成员的库房规模和库存资金，进而推断经销商的生意规模和流动资金。

进阶提示

如何从库房了解经销商的销售实力?

如果经销商实力不够强，生意不够好，一般不会花钱租一个大库房。在目测库房面积时，可以不露声色地暗中清点一下库存的货量，大体了解一下经营品种以及竞争对手的产品库存情况，然后测算出库存产品的价值，由此可以大致推断出经销商的流动资金——企业的流动资金一般是其库存资金的 2～4 倍。

例如：库存海飞丝洗发水 10 000 瓶，一瓶单价约 40 元，共计约 40 万元；库存力士洗发水 5 000 瓶，一瓶单价约 20 元，共计约 10 万元。那么该经销商库存资金应该在 50 万元左右，流动资金应该在 100 万元以上。

3. 市场覆盖范围和覆盖率

市场覆盖范围和覆盖率是指中间商可以在一定时间内将产品分销到市场的广度和深度。选择中间商，除了巩固现有销售渠道，还有一个基本目标，那就是拓展市场。覆盖范围并不一定越广越好，制造商要关注覆盖范围和覆盖率两方面，太广的覆盖面会降低覆盖率而无法将产品尽快送到消费者面前。

5.2.5 管理能力

在渠道运营中，渠道管理很关键，因此制造商在选择渠道成员时，可以通过直接询问、现场观察等方法大致了解渠道成员在以下几个方面的管理能力。

1. 物流管理水平

“工欲善其事，必先利其器。”对于渠道成员来说，运输能力与仓储能力至关重要，这决定了其销售能力的上限。拥有多少运货车辆与多大的仓库面积，是制造商评估渠道成员硬件设施的重要指标。

2. 资金管理水平

资金管理水平主要包括：有无财务制度，有无会计、出纳，有无销售报表，是否执行收支两条线。

3. 人员管理水平

人员管理水平主要包括：业务人员数量、业务人员是否服从管理、有无清晰的岗位职责分配、管理阶层任职是否具有连续性。

5.2.6 产品线结构

制造商通常要对渠道成员产品线的以下四个方面进行考察：竞争对手产品、兼容性产品、互补性产品以及代理产品线的质量。制造商应尽可能避免选择直接经营竞争对手产品的渠道成员，可以寻找经营兼容性和互补性产品的渠道成员，因为其可以为消费者提供更好、更全面的服务。从代理产品线的质量这个角度来看，大多数制造商都愿意选择能够销售质量与其相近或者更好的产品的渠道成员作为合作伙伴。

小试牛刀

手机市场可按照什么标准来进行渠道成员选择？

5.3 渠道成员选择策略

随着市场竞争的加剧与渠道关系的复杂化，制造商选择渠道成员的策略也在不断地发生变化。单一的选择策略越来越少，而更多的情况是，制造商根据市场、行业、产品及竞争特点等采用不同的策略组合来新建、调整或重构渠道体系。掌握了一定数量的潜在渠道成员并根据标准进行分析、评估以后，企业就要从中选择合适的渠道成员。对渠道成员的合理选择是一个复杂的综合评估过程，其中可采用的方法和策略很多，总的来说，可分为定性和定量两大类。

5.3.1 渠道成员选择的途径

事实上，许多企业都是通过现有的业务人员寻找潜在渠道成员的，因为对于拥有独立销售队伍的企业来讲，获得丰富的潜在渠道成员名单是一件容易的事情。通过长时期在销售现场的经常性交往和接触，业务人员既可以掌握有关地区的大部分中间商的基本信息，也可以通过现有消费者介绍找到合适的渠道成员。然而，对于那些新创立的企业来说，寻找可能的渠道成员既是一项重要的工作，也是一项困难的工作。除了业务人员，企业还可以利用内部人力资源的关系网络来获得潜在渠道成员。企业大致可以通过以下几种方式寻找到合适的渠道成员。

1. 专业性批发市场

许多城市都有小商品市场或各大品类批发市场，在这种地方经常会看到店铺门口或是店里面有“××地区总经销、总代理”等各式各样的招牌。大的渠道成员往往会在批发市场设置门面销售产品，以扩大影响。大部分渠道成员为了扩大自己的知名度，还会要求制造商给它们制作类似的招牌、条幅等。

2. 媒体广告

到达一个新的市场，可以先买几份当地的报纸，看看当地电视，听听广播或到街上走走，看看户外广告牌，或许就能发现同类产品的渠道成员的名称。当地报纸、广告牌等媒体上常常有同类产品的广告，其中可能会有“由××公司总经销、总代理”“供货热线(电话号码)”等字样，通过这些途径，就可以找到目标渠道成员。

3. 互联网

现如今已进入数字时代，制造商可以通过互联网途径搜寻相关渠道成员信息。

4. 广告公司咨询

当地的广告公司一般对当地的媒体、市场情况比较了解，往往有与自己有关的各行各业厂家、经销商的信息资料库，它们为了成为广告代理商，必然会详细地告诉制造商本地中间商的情况。制造商可以先找当地广告公司寻求广告代理，再请广告公司介绍合适的中间商。

5. 刊登招商广告

制造商如果通过一般途径找不到合适的渠道成员，或者制造商很有实力又想趁机扩大影响，就可以通过刊登招商广告的方式寻找。刊登广告可以详细说明对渠道成员的要求，可以较全面地了解情况，然后进行挑选。这种方式见效快，一般能找到好的渠道成员，但费用较高，不太适合小企业。

6. 参加产品展销会、订货会

各个行业每年都会举行各种各样的产品展销会、订货会，会上厂商云集，很多专业性的中间商都会参加。这是制造商展示产品、品牌的地方，也是寻找中间商的有利机会和途径。企业可以根据自己行业的展销会、订货会召开的时间、地点，结合自己寻找中间商的目标市场要求，选择性地参与一些地方的展销会、订货会，借机寻找中间商，同时达到展示产品及品牌形象的目的。比如老干妈，从 20 世纪 90 年代开始，就通过年复一年地参加各地食品展销会找到了众多中间商，建立了自己庞大的销售帝国，把辣椒酱销到了全国各地，做到了家喻户晓。近年来，老干妈又通过广州商品交易会、东盟博览会等平台将辣椒酱销到了海外，逐渐成为中国名片。

7. 消费者和中间商介绍

企业可以通过正式或非正式的调查，了解消费者在他们所处的区域内对不同中间商的看法，以便确定企业未来的合作伙伴。另外，通过咨询现有中间商或让现有中间商推荐，企业也可能找到新区域的潜在中间商。请消费者和中间商介绍都是非常有效的寻找中间商的方式，它们之间比较了解，容易获得目标市场中间商的信息，特别是好中间商的信息，所以它们介绍的中间商更加值得信任。

小试牛刀

对中间商候选人中的客户一个一个进行深度访谈来确定渠道成员，这样做好不好？

8. 网上查询

现在越来越多的中间商，尤其是品牌意识强、有长远眼光的中间商都开始创建自己的网站，这已经成为业界的发展趋势。通过网上查询，尤其是访问专业网站，渠道管理人员可以搜寻到某一行业中很多同一类型或不同类型的企业。

比如，慧聪行业资源网是国内一家 B2B 电子商务服务提供商。通过该网站，企业可以查到十余家垂直行业企业的供求和产品信息。类似的网站还有很多，如天眼查、企查查、阿里巴巴的 1688 频道等。通过互联网上的这些网站，制造商可以找到很多未来可能的合作伙伴，而且几乎不需要什么投入。对此，制造商应该加以充分利用，通过各种搜索引擎，在网站上浏览各家中间商的详细信息，对其进行高效率的对比选择。

5.3.2 渠道成员选择的方法

在收集到可能的渠道伙伴名单后，就要对其是否符合需求进行评估。必须牢记的是，渠道成员的业务都是独立的，既有自己的目标、计划和关键客户，也有自己的生产线和能力。尽管有一些中间商也可能愿意为某个重要的制造商而做出改变，但最好还是尽可能寻找那些现有业务描述和理想渠道成员的描述相符的企业。这里可以参照一个理想候选者的评估模板，如表 5-4 所示。

表 5-4 理想候选者评估模板

评估内容	理想情况描述	候选者评估
服务的市场		
产品线匹配度		
地区覆盖		
销售能力		
资金实力		
声誉		

每个制造商在选择渠道成员的过程中，都要结合自身的分销目标和企业其他策略制定一套最适宜的选择标准，它并不一定要包含之前提到的全部标准，因为不同的产品和市场的特点不同。制造商在选择自己的中间商的时候，可以采取的分析方法有定性分析法和定量分析法两种。

定性分析法是指根据所确定的选择标准，由渠道设计人员和管理人员对中间商做综合评价，从中筛选出较符合企业销售策略和渠道特点的渠道成员。定性分析法比较依赖企业的主观经验，企业通过对中间商的企业文化、既往活动等无法数据化的指标进行考核，判断这个中间商是否值得合作。尽管这种评估方法主观性较强，但依然不可或缺。

具体而言，定性分析法主要从以下几个方面入手：

（1）分析该企业的战略与政策，重点考察其政策能否执行到位；

（2）分析该企业在所有的代理产品中把本企业产品放在什么样的位置，不重视者即支持能力低下；

（3）分析中间商与本企业管理人员，其他二三级中间商以及目标终端之间的关系；

（4）分析中间商对市场信息的掌握情况；

（5）观察中间商员工在终端网点促销活动中的表现。

定量分析法通常是指加权评分法，即企业先根据需求设定一系列评分点，再根据各个因素对整个渠道的重要性给每个评分点赋予一定的权重。确定此评分系统后，企业的渠道经理或其他专业人士给各个中间商评分，最终根据评分结果和权重算出每个中间商的最终得分，企业便可直观地判断出哪个中间商更适合成为自己渠道的成员。

虽然只采用一种分析方法来甄选也可以，但是两种方法都有各自的弊端，定性分析法没有明确的比较度量，不便于比较；而定量分析法又缺少灵活性，因为不是所有因素都可以通过定量分析法来衡量，单纯的定量会忽视很多重要的细节因素。两者的结合使用则会取长补短，让甄选过程更客观合理、更全面。具体方法有评分法、销量分析法和销售费用分析法等。

1. 评分法

评分法在实践中应用广泛，其实施步骤如下：

（1）选定标准，确定影响因素。

制造商要先根据自己的实际情况，来确定选择中间商的影响因素。

（2）分配权数。

由于每个影响因素的重要性是不同的，因此要根据每个影响因素的重要性来为其分配权数。

（3）评定得分。

对候选中间商进行逐项评价、打分，综合评定后，得分最多者最优。

同步案例

选择独家经销商

某电脑生产商决定在广东地区选择独家经销商。在广州市进行考察后，选出了 3 个比较合适的候选人。电脑生产商希望经销商有一定的经营规模、有良好的声誉和财务状况、有强大的销售实力和管理能力等。各个候选人在这些方面都有一定的优势，但是没有一个占绝对优势。因此，电脑生产商决定采用评分法对各个候选人进行打分评价，如表 5-5 所示。从结果中分析可知，虽然中间商 1 和中间商 3 的打分总和相等，都是 575 分，但由于各评价因素的重要性不同，因此最后的选择应根据加权总分的排序做出。该企业将选择中间商 3 作为独家渠道代理。

表 5-5　候选人打分评价表

评价因素	权重	中间商 1		中间商 2		中间商 3	
		打分	加权分	打分	加权分	打分	加权分
经营规模	0.20	80	16.00	85	17.00	80	16.00
地理位置	0.15	85	12.75	85	12.75	90	13.50

续表

评价因素	权重	中间商1		中间商2		中间商3	
		打分	加权分	打分	加权分	打分	加权分
市场声誉	0.20	90	18.00	80	16.00	85	17.00
可控性	0.10	80	8.00	85	8.50	80	8.00
客流量	0.15	90	13.50	85	12.75	90	13.50
信息沟通	0.05	75	3.75	65	3.25	70	3.50
货款结算	0.15	75	11.25	85	12.75	80	12.00
总分	1.00	575	83.25	570	83.00	575	83.50

注：打分时，每个因素的得分区间为 0～100 分。

2. 销量分析法

销量分析法是指根据中间商近年来的销售额总量、销售额每年增长情况、消费者流量等指标进行分析，判断该中间商是否有承担渠道任务的能力。这也是挑选中间商的主要方法。

3. 销售费用分析法

在日常管理和运作过程中，渠道销售不可避免地要产生一些费用，主要包括市场开拓费用、让利促销费用、货款延迟支付而带来的收益损失、谈判和监督履约的费用等。这些费用构成了销售费用或流通费用，减少了生产企业的净收益。因此，生产企业分析渠道销售费用显得格外重要。一般来说，销售费用的分析方法主要有以下三种：

（1）总销售费用比较法。

在分析候选中间商的可控性、营销战略、市场声誉、消费者流量、销售记录的基础上，预估各个中间商作为分销渠道成员在执行分销功能过程中的总费用，然后选择费用最低的中间商作为渠道成员。

（2）单位产品销售费用比较法。

当销售费用一定时，产品销量越大，单位产品的销售成本就越低，渠道成员的效率就越高。因此，在评价有关渠道成员的优劣时，需要把销量与销售成本两个因素综合起来考虑，单位产品的销售成本最低的中间商即为渠道成员。

（3）费用效率分析法。

以销售业绩与销售费用的比值作为评价依据，取费用效率高者作为渠道成员。此方法采用的比值被称为费用效率。费用效率的计算公式为：

费用效率＝某分销商的总销售额（或总销量）/该分销商的总销售费用

从公式中可以看出，费用效率是单位产品销售费用的倒数。

5.3.3 渠道成员的持续评估

制造商除了选择和激励渠道成员，还必须评估、检查和衡量渠道成员的销售业绩，比如销量完成情况、平均库存水平、交货的时间、促销计划的执行情况以及提供的服务保障等。渠道成员应该定期或者不定期地对这些指标的执行情况进行考核，以确定激励机制和具体措施。如果某一渠道成员的绩效过分低于既定标准，就需要找出主要原因，同时还应考虑可能的补救方法。当放弃或更换渠道成员将会导致更坏的结果时，制造商只好容忍这种令人不满的局面；当不致出现更坏的结果时，制造商应要求工作成绩欠佳的渠道成员在一定时期内有所改进，否则就要中止合作。

对渠道成员的评估通常采用两种办法，即契约式约束评估以及定期绩效评估。

1. 契约式约束评估

契约式约束是指一开始制造商与渠道成员就签订有关绩效标准与奖惩条件的契约。在契约中应明确渠道成员的责任，如销售强度、绩效与覆盖率、平均存货水平、送货时间、次品与遗失品的处理方法；对企业促销与训练方案的合作程度；渠道成员需为消费者提供的服务等，并且明确制造商对渠道成员的奖励机制。这样在中期评估的时候就可以避免许多不快，防止矛盾的产生。

需要注意的是，在衡量渠道成员的绩效时，不仅要看各渠道成员销售水平的绝对值，还需考虑它们各自面临的各种可控制程度不同的变化环境，以及制造商的产品在各渠道成员的全部产品组合中的相对重要程度。另外，其他渠道成员窜货等现象也可能影响部分渠道成员的销售水平，这样就需要在契约中明确一些责任的归属问题。

2. 定期绩效评估

除了契约约束，制造商还可以定期衡量渠道成员的表现，进行绩效评估。测量渠道成员的绩效，主要有以下两种方法。

（1）将每一渠道成员的销售绩效与上期的绩效进行比较，并以整个群体的升降百分比作为评价标准。对低于该群体平均绩效水平的渠道成员，必须加强评估与激励措施。如果对落后渠道成员的环境因素加以调查，可能会发现一些难以避免的情况，如当地经济衰退，某些消费者会不可避免地失去，主力推销员的丧失或退休等，其中某些因素可在下一期补救过来。这样，制造商就不应因这些因素而对渠道成员采取惩罚措施。

（2）将各渠道成员的绩效与根据该地区的销售潜量分析所设立的配额相比较。在销售期过后，根据渠道成员的实际销售额与其潜在销售额的比率，将各渠道成员按先后名次进行排列，这样，企业的调查与激励措施就可以集中于那些未达既定比率的渠道成员。

课堂实训

使用评分法选择中间商

● 实训目标

通过本次实训，学生能根据企业的区域市场发展以及中间商的意愿，选择适合企业的中间商，并达成协议。

● 实训要求

选择一家你比较熟悉的家电企业，假设你是该企业派驻××市场的销售经理，根据该市场家电产品中间商以及零售终端现状，选择合适的中间商。

● 实训步骤

1. 选择自己所熟悉的某一家家电企业。
2. 调查访问互联网、该企业的网站、该企业的中间商等，搜索该企业所有的现实渠道成员。
3. 通过互联网、同行业其他企业的网站、家电连锁企业、家电批发市场等，调查、访问、搜索家电产品市场的布局状况。
4. 根据企业发展战略、销售任务、销售目标来选择中间商。
5. 形成分析报告，汇报展示成果。

● 实训内容

1. 用评分法选择批发商

假设某家电企业认为其选择中间商的重要因素有 8 个：市场覆盖范围、声誉、批发品牌数量、财务状况、合作意愿、区位优势、历史经验、网络开发能力。请先对各个因素分配权数，然后对 3 个批发商进行逐项评分，最后计算出综合得分，选择综合得分最高的批发商做理想的搭档。

批发商评分表

评价因素	权数	批发商 1		批发商 2		批发商 3	
		打分	加权	打分	加权	打分	加权
市场覆盖范围							
声誉							
批发品牌数量							
财务状况							
合作意愿							
区位优势							
历史经验							
网络开发能力							
总分							

续表

2. 用评分法选择零售商

假设某家电企业认为其选择零售商的重要因素有 9 个：市场覆盖范围、声誉、经营品牌数量、财务状况、合作意愿、区位优势、历史经验、经营面积、管理制度。请先对各个因素分配权数，然后对 3 个零售商进行逐项评分，最后计算出综合得分，选择综合得分最高的零售商作为理想的搭档。

零售商评分表

评价因素	权数	零售商 1		零售商 2		零售商 3	
		打分	加权	打分	加权	打分	加权
市场覆盖范围							
声誉							
经营品牌数量							
财务状况							
合作意愿							
区位优势							
历史经验							
经营面积							
管理制度							
总分							

● 实训成果展示

● 任务执行评价

任务执行评价标准

评价指标	评价标准	分值	得分
实际操作	主要考察学生开发渠道成员的实际动手操作能力	50	
分析报告	主要考察学生根据资料分析、评价渠道成员，激励保持渠道成员的策略的合理性，分析报告建议做成 PPT	50	
总分		100	
指导教师： 年　　月　　日			

● 实训总结

● 指导意见

课后提升

这样的吴老板

吴老板靠给厂家做代理、拖欠厂家货款实现盈利。厂家来催款，吴老板说：“咋了？谁说不给你钱了，排队！”厂家问排到什么时候，他说：“你问我，我问谁去？等着吧。”

问题讨论：

1. 生意人中有吴老板这种人吗？

____

____

____

2. 这种现象的存在说明了什么？

____

____

____

3. 万一碰上吴老板这种人，你该怎么办？

____

____

____

同步测试

一、单选题

1. 某企业在分析候选中间商的可控性、营销战略、市场声誉、消费者流量、销售记录的基础上，预估各个中间商作为渠道成员在执行分销功能过程中产生的总费用，然后选择费用最低的中间商作为渠道成员，这种评估渠道成员的方法是（　　）。

A. 总销售成本比较法　　B. 销量分析法

C. 总销售费用比较法　　D. 费用效率分析法

2. 某企业通过同行的介绍、朋友的推荐、终端的推举、短信邮件的联络、行业区域会议的接触等方式，最大限度地获取中间商信息，增加中间商选择的空间。该企业选择渠道成员所依据的原则是（　　）。

A. 普遍撒网　　B. 重点捕捞

C. 全面评估　　D. 匹配适合

3. 某企业常常对目标消费者和潜在消费者进行市场调研，通过获取渠道终端对于中间商的评价来确定渠道成员，这种获取渠道成员名单的方法属于（　　）。

A. 行业与商业访谈　　B. 网络搜索

C. 消费者反馈　　D. 企业自身销售机构反馈

4. 渠道成员选择是一个双向的过程，所以在选择渠道成员的时候，必须参考的标准是渠道成员的(　　)。

A. 销售实力　　B. 抗风险能力

C. 合作意愿　　D. 管理能力

5. 实地考察有关中间商的消费者流量和销售情况，并在分析其近年来销售额水平及变化趋势的基础上，对有关中间商的实际分销能力进行估计和评价，然后选择最佳候选人，这种评估渠道成员的方法是(　　)。

A. 销量分析法　　B. 加权评分法

C. 总销售费用比较法　　D. 费用效率分析法

二、多选题

1. 企业可以通过以下哪几种途径寻找到合适的经销商?(　　)

A. 专业性批发市场　　B. 媒体广告

C. 工具书　　D. 参加产品展销会

2. 渠道成员选择的原则有(　　)。

A. 普遍撒网　　B. 实力最强

C. 重点捕捞　　D. 全面评估

3. 评估渠道成员的方法有多种，其中销售费用的分析方法包括(　　)。

A. 总销售费用比较法　　B. 单位产品销售费用比较法

C. 费用效率分析法　　D. 作业成本分析法

4. 以下属于渠道成员选择标准的是(　　)。

A. 文化水平　　B. 销售实力

C. 合作意愿　　D. 管理能力

三、判断题

1. 新媒体渠道的裂变式井喷效应使得每个用户都能成为信息传播节点，但同时也增加了企业对营销内容失控的风险。(　　)

2. 制造商在选择渠道成员时，无须调查其信用及财务状况，只需关注其销售能力即可。(　　)

3. 加权评分法仅需设定评分点无须赋予权重即可完成对渠道成员的评价。(　　)

项目 6　渠道成员激励

知识目标

1. 掌握渠道激励的含义与原则，明确其在营销渠道管理中的重要地位；

2. 了解中间商激励管理的内容，熟悉培训、库存管理及零售终端管理的方法与要点；

3. 认识独家经销权、买断销售权等各类销售政策激励的特点与适用场景；

4. 理解不同层次渠道成员激励方法的差异，把握差异化激励策略的制定依据。

技能目标

1. 能够依据渠道激励原则，结合实际需求制定合理的渠道激励方案；

2. 能够运用中间商激励管理方法，有效开展中间商培训、库存及终端管理工作；

3. 能够运用各类销售政策激励手段，根据市场情况和渠道成员特点进行政策组合与调整；

4. 能够针对不同层次渠道成员制定个性化激励方案，提高渠道成员的积极性。

素养目标

1. 培养敏锐的市场洞察力和分析能力，精准把握渠道成员的需求与激励点；

2. 具有创新意识和灵活应变能力，在渠道激励工作中不断探索新方法与新模式；

3. 强化沟通协调与资源整合能力，构建和谐共赢的渠道合作关系；

4. 引导学生树立客户导向意识，使其在激励渠道成员时能够更好地满足市场需求。

知识图谱

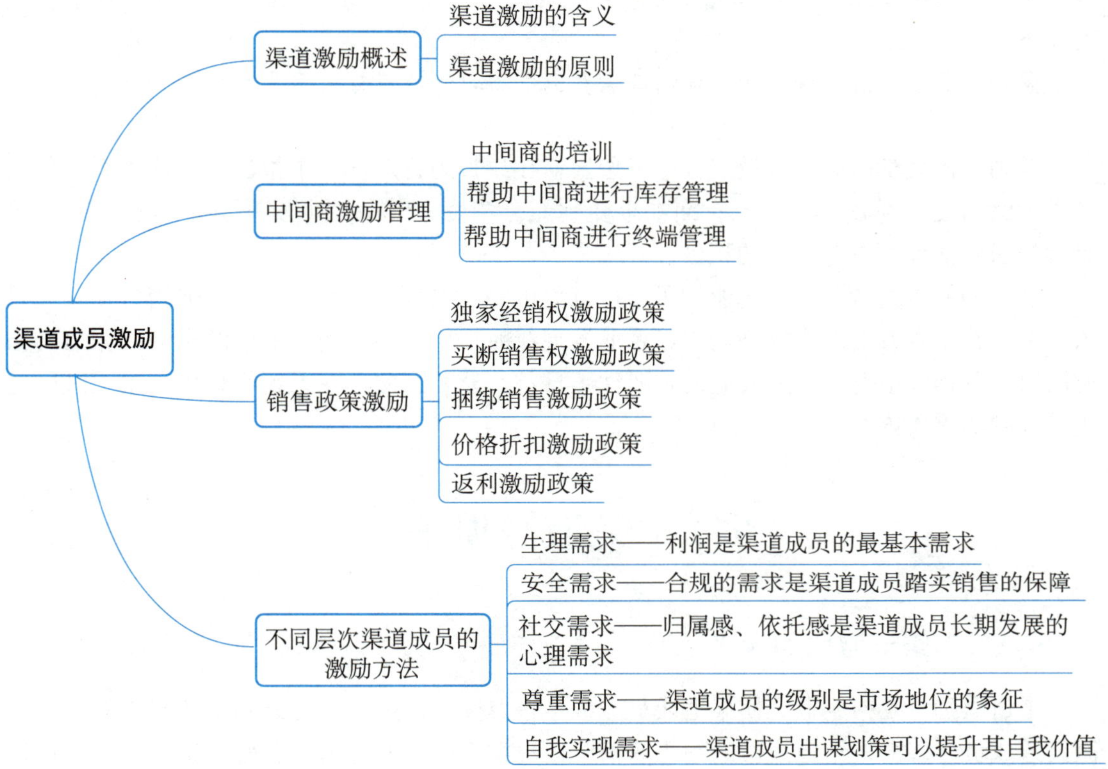

导入案例

不合适的渠道奖励政策

Y企业在全国有300多家地市级代理商，每年都要制定十几项渠道管理制度，其核心是渠道奖励政策，对销量有着举足轻重的影响。

营销中心总监W走马上任后，提出了特殊支持型奖励政策——对全国各代理商区别对待，依据市场潜力、竞争态势、代理商广告及促销计划投入量，给予各地区数额不等的费用支持，少则几千元，多则几十万元。

各地情况迥异，代理商年初纷纷向企业表决心、提计划。在无法准确预测各地区全年销量的情况下，W总监只能凭主观感觉决定企业在各地区投入多少资金。这激起了代理商的强烈不满。企业前所未有地投入了近千万元费用，却换来了代理商大面积消极怠工、怨声载道。这一年成为Y企业销售史上的滑铁卢：任务落空、费用超标，销售形势急转直下。

第二年，为扭转被动局面，营销中心吸取了失败的教训，推出了返利型奖励政策——不再预先支出各地区费用，一律以全年实际业绩说话，按不同销量级别给予不同返点奖励。但如此千篇一律的政策难免僵化，没有考虑部分特殊市场的具体情况，引发了销量排名前20位的大代理商集体抗议。他们认为，没有投入就没有产出，竞争激烈的地区仅靠代理商的力量是不够的，而市场广告促销费用全由代理商垫付，企业坐收渔翁之利，是一种不负责任的态度。大代理商的消极态度直接影响了中小代理商的信心，Y 企业销量再度全面下滑。

思考： Y 企业的特殊支持型奖励政策和返利型奖励政策存在哪些问题？

美国哈佛大学的心理学教授威廉·詹姆斯在《行为管理学》中指出：合同关系仅仅能使人的潜力发挥到 20%～30%；而如果受到充分激励，其潜力可发挥至 80%～90%，这是因为激励活动可以调动人的积极性。

在激烈的市场竞争中，企业为了获得竞争优势，往往在产品、价格和促销方面加大投入，但是在瞬息万变的市场格局中，企业发现产品、价格和促销方面已渐渐缺乏张力，与此同时，分销渠道对于企业发展的重要性正日益凸显。因此，在渠道管理中，渠道激励是不可或缺的重要内容。

6.1 渠道激励概述

6.1.1 渠道激励的含义

渠道激励，是指企业为使渠道成员完成销售目标，通过持续的鼓励与奖赏措施，来刺激渠道成员，以激发渠道成员的销售热情，提高渠道效率的行为。有效的渠道激励能促使渠道成员帮助制造商获得更理想的销售时间和销售空间，鼓励渠道中间商成为企业信息的收集者和有效信息的传播者。

6.1.2 渠道激励的原则

1. 有的放矢原则

渠道激励的起点是满足渠道成员的需要。但是，不同渠道成员之间的需要存在差异性和动态性，因人而异，因时而异。在激励渠道成员的决策过程中，往往出现两种偏激的做法：一是以厂家为主，在不了解渠道成员需求的情况下，企业凭自己的想象做出激励的决策；二是以渠道成员为主，它们要什么就给什么。这两种决策过程都不科学，难以实现理想的激励效果。渠道管理人员在进行激励时，要有的放矢，深入了解各个渠道成员的实际需要。只有在调查研究的基础上，根据大多数渠道成员的需要层次和需要结构，有针对性地采取激励措施，才能收到成效。

2. 及时激励原则

及时激励原则是指在激励过程中应注意把握时机。如果时机把握不当，应奖励时不奖励，就会使渠道成员丧失对工作的积极性，甚至产生不满和消极情绪。如果导向错误，如实行过分重视短期效应的激励措施，就会使渠道成员产生错误的营销理念，只顾眼前，采用不道德的手段销货损害企业形象，酿成恶果。因此，企业激励要及时，要注意长期效果。

3. 兼顾公平原则

人们通常用两种方法来判断自己所得报酬是否公平，即横向比较和纵向比较。横向比较是将自己与别人进行比较；纵向比较是将自己目前的状况与过去进行比较。一个人对所获得的报酬、奖励是否满意，通常是通过纵向和横向综合比较之后确定的。因此，渠道管理人员在激励渠道成员时一定要遵循公平的原则，适当拉开差距，只有这样才能充分调动渠道大多数成员的积极性。

4. 奖惩结合原则

只有奖励与惩罚相结合，才能收到最大的激励效果。奖励是一种正激励，处罚是一种负激励，两者都是必要的。只奖不惩，渠道管理人员就没有威严；只惩不奖，渠道成员就没有积极性。渠道管理人员在激励时要善于正负结合，以正激励为主，以负激励为辅，鼓舞士气。

文化传承与时代精神

小胜凭智，大胜靠德

为助力国人实现牛奶、乳制品自由，蒙牛创始人牛根生筹集到有限的创业资金后，在一间民房里开启了创业之旅。然而，这家不起眼的小企业，竟很快发展成国内领先、世界知名的乳制品企业。其成功的秘籍是创始人“小胜凭智，大胜靠德”的经营理念。

在与利益相关方关系处理上，蒙牛坚持诚信经营，与各大合作伙伴构建起相互信任的深度合作伙伴关系。在合作时，蒙牛不是优先考虑自身利益最大化，而是综合考量利益相关方的盈亏。蒙牛在经营中对各方利益进行全面考虑，实现多方利益共享和共赢，形成有利于企业发展的共生共赢“生态圈”文化。

中国传统的儒商讲究“以德为本，以义为先，以义致利”，让每个人都在物质上有保障，把人际关系理得顺顺当当，从而让自己的生意兴旺起来，这是“千金散尽还复来”的智慧和勇气。抱着现有的财富不放手到头来只能是个无人理会的“守财奴”，只有懂得合理散财的领导才能更好地控制“人和”这一重要的商业资源。

6.2　中间商激励管理

6.2.1　中间商的培训

企业渠道管理的成功依赖于中间商的训练有素，依赖于相互之间的配合，依赖于共同的运营规则。受历史原因影响，中间商管理能力和自我提升能力不足，整体素质有待提高，配合总是难以协调，习惯性地遵循各自的价值理念、规则行事，要改变此现状，培训是唯一可行的方法。在实际的工作中，对中间商的培训通常会按照以下步骤进行，如图 6－1 所示。

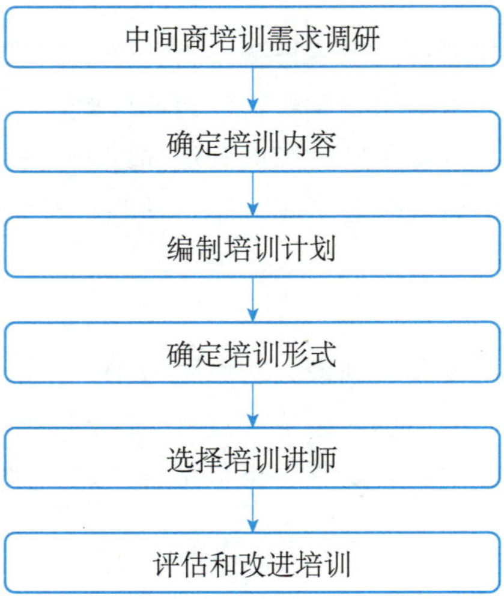

图 6-1　对中间商培训的步骤

1. 中间商培训需求调研

中间商具有一些鲜明的特点，如通常立足于区域、专心于方法；想把生意做大，却苦于无灵妙之法；信息相对闭塞，渴求行业动态、成功的方法；时间紧、工作忙，希望培训立竿见影，不要时间太长；知识水平参差不齐，管理经验相对较少等。所以，它们希望企业的培训内容能更具备实战性，知识点抓起来就能用，而且简单易学，不用花太多时间就能学会。因此，中间商对合作单位的培训感不感兴趣，取决于培训内容能否满足它们的需求。所以，企业要像做产品的市场调查一样来调查研究中间商的培训需求。调研通常有以下三种常用的方法：

（1）问卷调查，即通过发放培训调查问卷，由中间商或其销售团队中有代表性的人员作答，将问卷汇总，了解中间商的培训需求，确定培训的主题和重点。这是最为简便易行和效果良好的一种方式。

（2）面访或电话拜访，即通过对中间商的拜访或与其进行电话沟通，针对培训的问题进行提问，来获知中间商的需求。这种方法直接、针对性强，也是相对有效的一种方法。

（3）实际工作总结，即将日常工作中中间商暴露和存在的问题作为需求安排培训。

2. 确定培训内容

每个中间商的情况不一样，肯定会存在需求差异。处于起步阶段的中间商规模小、实力弱，需要更多支持；增长阶段的中间商逐渐有了自己的想法，对企业的渠道政策会提出一些异议；成熟阶段的中间商更注重企业服务机制与渠道政策的完善性。在一个渠道中，各级中间商可能处于不同的发展阶段，所以对生产企业的要求也大相径庭。这就需要渠道管理人员全面看待问题，避免一刀切。

3. 编制培训计划

渠道管理人员要算清楚一年中为培训中间商需要支付多少时间、金钱等成本，然后结合第一步的调研结果与第二步的培训内容，编制一份可行性的培训计划。为了不影响销售工作，企业要注意安排各级中间商在不同时间段上课，这样才能提高效率，降低培训成本。

培训计划的编制具体包括：与中间商沟通确认培训内容、内部申请/审批、内部协调沟通、培训形式确定、培训讲师选择和确定、培训场地布置、培训现场控制、培训后的沟通反馈、培训评估报告撰写。

4. 确定培训形式

一般来说，单一的培训形式很难让中间商打起精神，只有将多种方式组合在一起，才会取得明显的培训效果。此外，对中间商的培训可以采用跨区域的方式进行，让不同区域的中间商分享自己的经验。常见的培训形式有以下几种：

（1）集中培训。企业主要在中间商的年会、订货会上对中间商进行全方位的培训。

（2）在线培训。中间商在网上参加培训，培训内容包括产品信息、技术知识、销售方案、常见问题等。网上培训可以节约时间、降低培训成本，但是效果不如现场培训好，并且不适合技术含量高、操作比较复杂和较为专业的新产品。

（3）上门培训。企业上门对中间商进行技术培训、市场营销方法培训。有的企业会定期到中间商处进行上门培训。

（4）出国深造。企业对核心中间商进行深度培训，打造核心渠道成员，如选取核心中间商攻读 MBA。

（5）经验交流会。企业举办中间商经验交流会，以经验交流的方式进行培训。

（6）销售地区报告会。区域销售经理以区域市场出现的问题、市场新动态、厂家新政策等为主题，召集本区域的中间商现场演讲。

（7）参观样板市场。企业组织中间商到优秀中间商所在的区域参观学习，听取优秀中间商及其员工的经验介绍，发挥榜样的作用。

（8）资料培训。企业要编制《中间商工作指南》《营销知识与技巧手册》《综合知识与管理技巧手册》等，通过邮寄或现场分发的方式提供给中间商，方便其自学。

（9）专家讲座。企业聘请相关专家或培训师对中间商进行培训。

（10）成立中间商培训学院。企业成立自己的中间商培训学院，设立系统的课程，确保培训的持续性。

5. 选择培训讲师

培训讲师来自两个方面，一是内部，二是外部。

内部讲师来自企业内部，既可能是在职员工或管理人员，也可能是企业的专职讲师。企业可安排如下人员对中间商进行培训：

（1）营销部经理可对产品知识、行业知识和企业文化进行培训。

（2）销售部经理可对销售技巧、销售政策、销售问题进行解答。

（3）财务部经理可对财务管理、报表管理、对账单的对账等进行培训。

（4）法律顾问可对销售合同等方面的法律知识进行讲解。

企业也可从外部寻找专职讲师对中间商进行培训。外部讲师主要有以下人员：

（1）行业专家。比如，从行业协会聘请行业专家对行业进行分析，并向中间商展示行业的发展趋势及机会。

（2）销售类讲师。企业聘请专职销售讲师向中间商讲解销售知识、销售技巧、销售队伍管理、公司化运作、终端管理、谈判技巧等内容。

（3）管理类讲师。企业聘请专职管理讲师向中间商讲解团队管理、领导力、执行力、战略管理等内容。

培训讲师在讲课时，在形式上要突出“三讲”，即多讲案例、多讲故事、多讲当下，从实际出发，用发生在本行业、本区域的例子教育中间商，越是近距离、近期的例子，教育意义越大。

6. 评估和改进培训

对培训效果评估通常可以采用问卷调查的方式，在培训之后由中间商现场进行逐一填写，经汇总后对本次培训做出评价，并对今后的培训做进一步完善。培训效果评估的内容通常包括：培训的内容、培训的方式、培训的讲师、培训的组织、感兴趣的培训题目和遇到的工作问题等。

通过问卷调查，企业可以判断出培训的内容是否契合中间商实际，方式是否为中间商所接受，培训是否达到了预期的效果，培训组织中有哪些不足和漏洞，中间商还有哪些问题需要解决等。

6.2.2 帮助中间商进行库存管理

经销商的日常拜访流程

帮助中间商进行库存管理主要包括保证合理安排进货，供货及时，减少因订货环节出现失误而引起的发货不畅；帮助中间商了解某一周期的实际销货数量和利润，建立进销存报表，进行安全库存管理和先进先出库存管理，以减少即期过期品的出现。

此外，企业还应与中间商共享市场需求预测和销售数据。通过深入的市场调研和大数据分析，企业可以向中间商提供有关产品销售趋势、季节性需求波动以及不同地区的消费偏好等有价值的信息，这有助于中间商更精准地预测市场需求，避免盲目囤货或缺货的情况发生。

数字赋能与渠道创新

数智化时代企业库存管理方法

1. 基于云的库存管理系统

（1）实时数据同步。

中间商可以通过云端随时随地访问库存数据，实现与企业库存信息的实时同步。例如，某家电企业为其中间商提供基于云的库存管理平台，中间商能够及时了解总部的库存变化，以便准确下单和补货，避免因信息滞后导致的库存积压或缺货问题。

（2）数据分析与预测。

系统利用大数据和人工智能算法分析历史销售数据和市场趋势，为中间商提供库存预测服务。例如，一家服装企业通过分析季节、流行趋势和地区销售数据，为中间商预测消费者的需求，帮助其合理规划库存。

2. 物联网技术

（1）智能监控设备。

在仓库中安装智能传感器和监控设备，实时监测库存的数量、位置和状态。例如，通过重量传感器和射频识别（RFID）标签，准确获取库存物品的数量变化，当库存低于设定阈值时自动向中间商和企业发送警报，减少人工盘点的误差和降低时间成本。

（2）环境监测。

监测仓库的温度、湿度等环境因素，确保库存物品的质量和安全。比如，对于食品和药品等对存储环境要求较高的产品，及时调整环境条件，防止它们变质和损坏。

3. 人工智能预警

（1）需求预测模型优化。

不断学习和优化需求预测模型，提高需求预测的准确性。例如，一家汽车零部件企业利用机器学习算法，根据市场动态、车型销售数据和维修需求，为中间商提供更精准的库存建议，帮助中间商更好地应对市场变化，降低库存风险。

（2）异常检测与预警。

自动检测库存数据中的异常情况，如库存突然增加或减少，并及时向中间商发出预警。例如，当某款产品的库存周转率异常低时，系统会提醒中间商采取促销方式或调整采购策略。

6.2.3 帮助中间商进行终端管理

终端管理的内容包括铺货和产品陈列等。在渠道为王、决胜终端的时代，中间商的服务水平直接影响消费者对产品的购买选择。对消费者来说，他们直接感受到的就是终端的产品陈列和促销人员的服务质量。良好的终端陈列和服务水平是销售业绩的有效保障。而许多中间商受自身水平的限制，在服务上很难达到规范化、标准化。所以，企业有必要制定严格的终端服务标准，对终端产品陈列、POP布置、专柜店头制作、广告宣传、促销方法等做出全面规定，并委派业务人员协助中间商工作，提供促销物料，指导产品陈列，加强促销人员培训，增强他们对企业及产品的认同感，使他们全面了解产品的性能和指标，以提升销售技巧，从而提高他们的服务质量，树立企业品牌在消费者心中的形象。

同步案例

某公司的终端管理

某公司要求经销商组建产品专营小组，由制造商代表负责该小组的日常管理。专营小组的构成一般在10人以上，具体又可分为大中型零售店、批发市场、深度分销3个销售小组。每个销售人员在给定的目标区域、目标消费者范围内，运用路线访销法开展订货、收款、陈列、POP张贴等系列销售活动。制造商代表必须协同专营小组成员拜访经销商，不断对经销商进行实地指导与培训。同时，为了确保制造商代表对专营小组成员的全面控制管理，专营小组成员的工资、奖金，甚至差旅费、电话费等全部由制造商负责发放。制造商代表依据销售人员的业绩，以及协同拜访和市场抽查的结果，确定小组成员的奖金额度。制造商还要求经销商配备专职文员以及专职仓库人员，工资、奖金亦由制造商承担。这些做法不仅有效地帮助经销商提高了运营管理水平，使经销商获得了更多利益，同时也在此过程中向经销商灌输了制造商的经营理念和文化，巩固了其与经销商的合作关系。

6.3 销售政策激励

6.3.1 独家经销权激励政策

1. 独家经销权激励政策的优势

中间商出于减少竞争的目的一般都希望能获得制造商的独家经销权。因此，授予某个特定中间商在一定地域里的独家经销权是一种有效的激励手段。独家经销权激励政策有以下几方面的优势：

（1）增强中间商信心。独家经销肯定了中间商在渠道价值链中的地位，可以帮助中间商获得稳定的收益，使中间商的信心及对制造商的信任都能得到增强。

（2）减少竞争。只有被授权的中间商才有在所属区域内独家经营该产品的权利，减少了其他中间商的竞争。

（3）稳定市场秩序。独家经销能规避很多恶性竞争，窜货、低价等现象减少，产品市场价格稳定，市场秩序良好。

（4）增加销售。在实际中，制造商实行独家经销时会对中间商的提货量提出明确的要求。为了获得独家经销权，中间商会按照制造商要求进行提货。

（5）有利于密切制造商与一级中间商的关系，使它们易于沟通，发生争议易于解决，双方都容易得到对方的支持。

（6）有利于制造商对中间商的管理。因为整个区域只有一家中间商，制造商在发货、价格控制、销售促进、广告宣传、售后服务、派人员参与分销、派代表视察督导销售工作等方面，管理起来要比多家分销方便得多。

2. 独家经销权限制

制造商对独家经销权常常有以下几个方面的限制：

（1）期限限制。独家经销权期限太短，带来的利益太少，可能根本无法让中间商接受或者满足；独家经销权期限太长，则可能使中间商产生惰性、不思进取。因此，制造商要设计一个合适的独家经销期限，既不能太长也不能太短，以最大限度地激发中间商的积极性。

（2）区域限制。中间商不仅希望获得尽可能大的特许销售区域，而且还希望独占其销售区域的所有交易。制造商需要注意的是，如果中间商有强大的销售能力和渠道资源，就可以把区域划大一些，更好地鼓励中间商提升销售额；如果中间商能力有限，就需要慎重划分区域，保证资源的有效利用。

（3）销售指标限定。制造商对中间商的市场占有率、销售额等指标的限定对中间商也有激励作用，达到一定指标的中间商可以获得更高的奖励，就可以最大限度地激发中间商的潜力。

小试牛刀

现在，许多制造商在开发中间商的时候，都采用独家经销权的销售政策，即制造商承诺在该区域只委托一家中间商销售，以达到快速开发中间商的目的。但问题是，中间商获得了独家经销权，有了经营权的安全感，但制造商却没有了别的选择，因此没有了安全感。那么，在采用独家经销权的销售政策时，如何确保制造商有安全感呢？

6.3.2 买断销售权激励政策

买断销售指的是中间商和制造商就某产品在一定区域内达成协议，中间商以买断价格从制造商处采购一定数量的产品，然后由中间商对产品进行定价和对外销售。在买断式销售中，中间商通过买进和卖出产品的差价得到收益。制造商通过采取买断销售方式，可以实现对中间商的激励和对产品的促销。

买断作为一种促销激励手段，只能是针对特定时期特定产品的行为，常见于以下两种情况。

1. 制造商遭遇来自库存和市场竞争的压力

这时候如果制造商主动降价，不仅会冲击其整个价格体系，影响制造商其他产品的销售，还会让已有的消费者产生不满，造成消费者持币观望的状态。买断销售，通过对中间商的大幅度让利，给中间商一定的自主定价权。

2. 制造商根据不同区域的特点进行价格区分

由于各地经济发展水平和消费者消费心理不同，同一产品在不同区域的销售情况是有区别的。为了促进销售，制造商需要针对不同区域的特点制定不同的价格。如果制造商主动调整价格，就会导致价高地区中间商不满，从而影响整个销售渠道。买断销售此时就可以发挥灵活性，让需要降价地区的中间商自己去降价。

6.3.3 捆绑销售激励政策

捆绑销售是指制造商通过将不同产品组合在特定时期以特定价格销售给中间商，或者销售某一产品给中间商，助其与其他品牌的产品捆绑销售，以实现利润最大化的销售政策。捆绑销售策略若想有效实施，还应当做好以下工作。

捆绑销售
政策激励

1. 建立协销队伍，协助中间商工作

派驻业务代表协助中间商工作，既能提高中间商的积极性，又能尽快地掌握市场动态，从而有效地掌控市场。

2. 最大限度地控制终端网络

终端零售商是最重要的销售网络资源之一，要掌握市场主动权，就要把终端零售商控制住。谁控制了终端零售网络，谁就控制了市场。

3. 稳定关系，做好市场服务

引导战略协同，把握好双赢关系，做好产品、价格、促销等市场服务，形成良性循环发展的合作状态。

同步案例

捆绑销售

小李是南方某功能饮料企业业务经理，他接受上级委派开发中部一个新的区域。在这个地区，他们的产品是新产品，没有知名度，小李想，本企业的产品在此地没有知名度，只能联系一些不大不小的中间商。一个月下来，小李同不少中间商谈过，可没有一个中间商对他的产品感兴趣。小李只好去找更大一点的中间商试一试，没想到有一个做得比较大的中间商对小李的产品有兴趣。经过几次接触了解后，小李心里有了底，原来这个中间商一直做得比较大，手上有好几个畅销产品的总经销权，然而尽管市场做得很大，却因为厂家对市场管控不严，窜货严重，导致价格越卖越低，中间商成了厂家的义务“搬运工”。于是小李针对中间商果汁饮料好销但不赚钱、自己的功能饮料赚钱但不好销的现实情况，给中间商提出了一个捆绑销售的思路。经过认真研究，中间商与小李共同策划了一个捆绑销售的方案。

第一，与其被动地被窜货冲击，完成不了销量，还不如干脆把价格降下来，平价进平价出，争取年底完成销量任务，拿到厂家返利，有效阻击窜货，维护自己的网络信誉。

第二，果汁饮料的价格也不能白白下降，可以用果汁饮料带动功能饮料的销售，每进多少件果汁饮料须搭多少件功能饮料。

很快，小李企业的功能饮料在区域终端的铺货率迅速提高，而中间商因为果汁饮料的价格下降后，销量增加，在年底前较轻松地完成了销量任务，也顺利拿到了厂家的返利。在取得良好的铺货率以后，小李很快就得到了上级的支持，迅速组建了协销队伍，协助中间商做市场、搞促销。因为功能饮料的销售势头看好，中间商又增加了一个新的利润增长点。

资料来源：梅明平．中间商激励．北京：电子工业出版社，2018.

6.3.4 价格折扣激励政策

价格折扣是指制造商对部分销售业绩良好的中间商在原来价格的基础上再给予优惠的销售政策。为了鼓励中间商提货，制造商有时会采取价格折扣的激励政策。折扣的本质是中间商承担营销职能而获得的一种报酬。严格来说，中间商经营产品靠差价来获取利润，不需要额外的折扣。但是制造商会充分利用折扣政策的激励性来引导、激励中间商多销售自己的产品。价格折扣通常有以下几种形式：

（1）现金折扣，是指渠道成员购进数量达到一定程度，制造商在价格上给予一定的折扣，这样双方的利益都能得到满足。

（2）数量折扣，可分为一次性进货数量折扣和累计进货数量折扣，购买的数量越大，折扣越大，企业以此来鼓励渠道成员大批量订货。

（3）季节折扣，是指对于淡旺季实施不同的价格政策。折扣率的大小取决于产品的价值和存储时间的长短。

（4）协作力度折扣，是指以中间商与制造商合作的积极性和配合程度为参考标准的价格优惠政策。具体的参考标准包括：对制造商产品的陈列展示情况；是否按照制造商规定价格出售；是否积极配合企业开展促销活动等。

（5）进货搭配折扣，是指中间商进货时买进制造商几类或者不同型号、口味、颜色、款式、档次的产品时所给予的价格优惠。这种折扣的目的是更好地推销滞销产品，将畅销产品与滞销产品一并推向市场，以免造成积压和损失。

小试牛刀

某开关生产厂为了适应市场的需求，经常推出新款开关，受到了市场的欢迎，制造商也持续获得了销量。但问题是，与新款相似的老款开关却积压在中间商的仓库，日积月累，中间商不同型号的老款产品积压得越来越多。以前，制造商的退换货政策是中间商可以无限量退货，其结果是，制造商辛辛苦苦一年赚了 5 千万元，中间商的退货却达到了 3 千万元。为了改变这种被动的局面，制造商在当年年初的中间商年会上宣布：取消中间商无限量退换货政策，中间商积压的老款开关由中间商自己处理。政策宣布后，中间商怨声载道，集体强烈反对。假设你是销售总监，你会如何通过促销政策妥善处理新老款式的库存与市场销售的衔接问题?

6.3.5 返利激励政策

1. 返利的定义

返利是指制造商为了提高中间商的销售积极性而采取的一种正常商业操作模式。制造商一般是要求中间商在一定市场、一定时间范围内达到指定的销售额，在此基础上给予多少个百分点的奖励，常以现金或实物的形式予以兑现。

返利本质上是制造商对中间商的一种激励手段，以最大限度地刺激中间商销售自己产品的积极性，利用中间商的资金、网络，加速产品的销售，以期在品牌、渠道、利润等诸多方面取得更高的回报，达到利润最大化的目的。

2. 返利的作用

对制造商来说，返利是把双刃剑。如果运用得当，可以起到激励中间商的作用，有不少制造商也正是借此在市场上获得了巨大的成功。可一旦用不好，就会成为中间商窜货、乱价等短期行为的诱发剂。返利具有两种特殊功能，即激励和控制。这两种功能是相辅相成的，二者之间是一种互动关系。

（1）激励功能，即激励中间商按时或提前完成销售目标。返利对中间商而言是一种额外收入，而且门槛不高，达到指定的销售额就会有相应的返利，可起到激励中间商的作用。

（2）控制功能。想让中间商在获得高额返利的同时，又能遵守制造商的各项制度，维护市场秩序，制造商除了对中间商有销量方面的要求，还会要求中间商不能有市场违规行为，否则将受到扣减返利甚至取消返利的处罚，以达到控制中间商行为的目的。

3. 返利的分类[①]

（1）按返利兑现时间分类。

1）月返利。

月返利是指制造商根据中间商月度完成的销售情况，每个月给中间商兑现的返利。月返利的优点是能够体现激励措施的及时性，让中间商随时都可以感受到返利的诱惑，相当于给业务人员配备了一把有力的武器，而且比较容易根据市场的实际情况、淡旺季等来制定合理的任务目标和返利目标，操作起来非常灵活。月返利的缺点是对制造商财务核算有比较高的要求；如果月返利金额较小，则对中间商的吸引力不够；有时还会导致市场大起大落、销售不稳定，如中间商往往为了追求本月的高返利而拼命压货，导致下月的销售严重萎缩。

进阶提示

月结季返

制造商为了减少月返利的不利因素，可以采取月结季返制，即制造商每个月给中间商结算一次返利，但不立即兑现返利，而是在一个季度结束时，将累计的返利一次性兑现给中间商。

2）季返利。

季返利是指制造商根据中间商季度完成的销售情况，每季度给中间商兑现的返利。季返利一般在每季度结束后的 2 个月内由制造商选择一定的奖励形式予以兑现。

3）年返利。

年返利是指制造商根据中间商年度完成的销售情况给中间商兑现的返利。这种返利方法是对中间商完成当年销售任务的肯定和奖励，一般在次年的第一季度内由制造商选择一定的奖励形式予以兑现。年返利的优点是便于制造商和中间商进行财务核算，容易计算营销成本，便于参照考虑退换货等政策因素，以及制定明确的销售任务目标；年返利账面金额往往比较大，对中间商有一定的诱惑性；能够有效缓解分期付款和按揭贷款给制造商造成的结算压力，有利于制造商资金周转。年返利的缺点是周期比较长，对激励的及时性不够，制定的销售任务目标难以及时进行调整；而且，如果中间商在前几个月经营不善，发现返利无望后，就可能会对返利失去兴趣。

制造商为了充分发挥返利的激励作用，可以在实行月返利的同时，配合年返利，实现月返利和年返利的结合。这样，既保证了激励的及时性，又保证了对于全年销售计划的激励效果。

4）即时返利。

即时返利是指制造商根据中间商单次的提货金额，现场给中间商兑现的返利。其优点是计算方便，缺点是影响市场价格。

返利时间确定的基础是行业特性和渠道成员的资金流动情况。制造商应该根据本行业

---

① 梅明平．中间商激励．北京：电子工业出版社，2018.

的特点、一般规则来确定返利时间，并在兑现时间内实现返利结算。可用表6-1来统计返利项目、返利时间的不同效果。

表6-1 返利项目、返利时间的系统设计

返利类别	返利项目	即时返利	月返利	季返利	年返利	返利合计
产品类	畅销产品					
	非畅销产品					
	新产品					
市场类	铺货率					
	售点生动化					
	全品项进货					
	专卖或专销					
	无窜货					
	无底价销售					
销售支持类	安全库存					
	守约付款					
	物流配送					
	终端销售					
	人员支持					

（2）按返利兑现方式分类。

1）明返利。

明返利是指明确告诉中间商在某个时间段内累积提货量对应的返点数量，是制造商按照与中间商签订的合同条款，对中间商的回款给予的定额奖励。明确的按量返利对调动中间商积极性有较大的作用。

明返利的最大缺点是，各中间商事前知道返利的额度，如果制造商控制不力，原来制定的价格体系很可能就会瓦解。为抢夺市场、得到奖励，中间商不惜降价抛售、恶性竞争。最终，制造商的返利完全被砸了进去，不但没起到调节通路利润的作用，反而造成了市场上到处都是乱价、窜货现象的恶果。

2）暗返利。

暗返利是指制造商不明确告知中间商返利额度，而是按照与中间商签订的合同条款，对中间商的回款给予的不定额奖励。暗返利不公开、不透明，就像常见的年终分红一样，在一定程度上消除了一些明返利的负面影响，而且在实施过程中还可以充分地向那些诚信经营的优秀中间商倾斜和侧重，比较公平。

但是，暗返利在实施过程中是模糊、不透明的，可是在兑现的那一瞬间，模糊奖励就变得透明了。中间商会根据上年自己和其他中间商的模糊奖励的额度，估计自己在下一个销售年度内的返利额度。

（3）按返利内容分类。

1）产品返利。

产品返利应包含主销产品、辅销产品、新产品等不同产品系列的返利。制造商对不同的产品线实行不同的返利标准，以激励中间商积极销售非畅销产品，实现产品的均衡发展。比如，流通慢的产品比流通快的产品返利高，以刺激流通慢的产品的销量；品牌知名度低的产品比知名度高的产品返利高，以刺激品牌知名度低的产品的销量；新产品比老产品返利高，以刺激新产品的销量等。

2）物流配送补助。

对于物流配送商型的中间商来说，产品的运输费用是主要开支，包括车辆折旧费、汽油费、过桥费、司机工资等。如果这些费用不能从产品的返利中得到补偿，将会影响中间商销售这些产品的积极性，产品的销量就会下滑。所以，在返利系统中，可以设置物流配送补助项目，激励中间商积极开展产品的铺货和分销工作。

进阶提示

按需设置物流补助

在设置物流配送补助项目时，要根据产品的销售特性来确定。例如，特效中药牙膏属于流通性产品，分销网点多，需要做好配送工作，制造商可以设置物流配送补助，根据产品的销量，给予一定百分比的物流配送补助比率，如2%；160g全效牙膏属于终端产品，各超市、商场是其主要的销售场所，对于这类产品，制造商可以不设置物流配送补助，因为其销售区域大多集中在中间商所在地的城镇，所花费的运输费用很少。

3）终端销售补助。

终端销售补助主要是对适合终端销售的产品的补助。终端主要是指需要收取进场费、陈列费、堆头费等各种名目的费用的连锁超市、大商场等。由于这些费用名目繁多，手续复杂，因此企业审核的工作量大，且真假难辨。由于这些费用的多少没有绝对的标准，对于同一个项目的费用，不同的人谈判可能有截然不同的结果，因此应设置终端销售补助，将这些费用折合成比率，给中间商返利，以补偿所需要支付的费用。常见的终端销售补助有以下几种：

①广告补贴。由于制造商为了促销经常进行广告活动，这些广告活动有很大一部分是通过中间商的渠道和利用中间商的资源来实现的，因此制造商有必要对中间商给予一定数量的补贴。

②陈列展示补贴。在一些大商场和大超市中，货品在不同的区域陈列展示是有不同效果的，如展示厅和显眼的货架是能吸引消费者眼球的。假如制造商希望自己的产品能得到更多关注，就不得不用补贴的形式来争取“有利地形”。实际上陈列展示补贴是一种制造商对渠道资源的竞价行为。

③表演、宣传、咨询补贴。制造商为了鼓励中间商组织更多的现场销售演示和产品宣传、咨询活动，愿意拿出一部分资源进行补贴。这种补贴可以有两种形式：一是制造商可以对中间商组织的产品宣传推广活动实施全额或部分补贴；二是制造商配合中间商的店庆活动、推广活动采取打折、配送等优惠措施。

4）市场开拓返利。

市场开拓返利是企业为激励渠道成员积极开拓新市场、开发新客户而设立的一种返利政策。具体来说，市场开拓返利通常包括以下两个方面：

①新客户开发返利。对成功开发新客户的中间商给予一定的返利，这有助于激发中间商主动寻找潜在客户，拓展业务范围。

②新市场进入返利。对中间商进入一个新的地理区域或行业市场，并取得一定销售业绩时给予返利，有助于制造商开拓新的市场领域，提高市场覆盖率。例如，制造商进入一个尚未开发的县城市场，且在半年内销售额达到 30 万元，给予中间商 3 万元的返利。

通过市场开拓返利政策，制造商能够借助中间商的力量，更快地进入新的市场空间，提高品牌知名度和产品的市场占有率。

5）专销奖励或专营奖励。

专销奖励是指中间商在合同期内专门销售本制造商的产品，不销售任何其他制造商的产品，在合同结束后，制造商根据中间商销量、市场占有情况及合作情况给予的奖励。专营奖励是指中间商在合同期内专门销售制造商的产品，不销售与制造商相竞争的产品，在合同结束后，制造商根据中间商销量、市场占有情况及合作情况给予的奖励。在合同执行过程中，制造商会对中间商是否执行专销或专营约定进行检查。专销或专营奖励由中间商自己确定，并以文字形式填写在合同文本上。

制造商在设置返利时，不同的中间商要区别对待，鼓励专销商；在完成同样销量或任务的情况下，可以设定专销商返利 7%、专营商返利 5%，而多品牌中间商只返利 3%。

6）库存管理返利。

库存管理返利是企业为了激励中间商优化库存管理、保持合理库存水平而设立的一种返利形式。具体来说，它包含以下两个主要方面：

①合理库存控制返利。若中间商能够保持合理的库存水平，避免积压或缺货，制造商给予一定的返利。例如，制造商根据库存周转率等指标进行评估，对达到标准的中间商给予 2%的返利。此方法可以促进中间商优化库存管理，降低库存成本。

②及时补货返利。对于能够按照制造商要求及时补货，保证产品供应的给予返利。例如，中间商在接到补货通知后的 24 小时内完成补货，中间商给予每次 500 元的返利。此方法可以确保产品在市场上的持续供应，提高消费者满意度。

库存管理返利的优点在于，它可以促使中间商更加重视库存管理，提高资金使用效率，减少库存成本，同时提高消费者满意度，保证产品的供应稳定性，增强制造商与中间商之间的合作关系，实现互利共赢。

小试牛刀

作为职业经理人，你被某厂家聘请为销售总监。你发现这个厂家的中间商大多经营 3 个以上品牌，而且这些品牌都是竞品。通常情况下，中间商在进货时，都会对这几个厂家的销售政策进行比较，由于前任销售总监无法引导这些中间商把本厂家的产品作为重点产品销售，因此销量连续 3 年下滑。为了改变这种状况，厂家辞退了原来的销售总监。作为新上任的销售总监，你要想快速提升销量，结合过去的销售经验和从本书中学到的技巧，有哪些行之有效的方法可以使用呢?

（4）按返利目的分类。

1）过程返利。

过程返利是一种直接管理销售过程的激励方式，其目的是通过考察中间商市场运作的规范性以确保市场的健康发展。通常情况下，实行过程返利需要考察以下内容：铺货率、商品陈列生动化、安全库存、指定区域销售、规范价格、专营、守约付款等。能达到相应的要求，制造商就对中间商予以一定的返利支持。这是一种很好的管理工具，如果设计得好，会起到既激励中间商，又管理和控制中间商的作用。例如，某厂家的返利政策是这样的：中间商完全按厂家的价格制度执行销售，返利 3%；中间商超额完成规定销量，返利 1%；中间商没有跨区域销售，返利 0.5%；中间商较好地执行市场推广与促销计划，返利 1%。这种过程返利方案设计，既能激励中间商超额完成销量，又能规范中间商的运营，避免出现擅自降价、窜货现象，并促使中间商积极参与厂家的促销活动。

2）销量返利。

销量返利是指制造商根据中间商达到的销量提供不同程度的返利。具体来说，如果中间商在一定时期内的销量（或销售额）达到制造商规定的某一最低值，制造商就在原来出厂价的基础上，再给予中间商一定比例的返利，销量（或销售额）越高，则返利比例越大。销量返利常见的形式是销售竞赛。销售竞赛是指对在规定的区域和时段内销量第一的中间商给予奖励，奖励的形式如上所述。另外，还可开展中间商销售人员营销大赛，以激发中间商的推销热情，掀起“比、学、赶、帮、超”的热潮。表 6-2 所示是中间商销售竞赛常采用的目标及奖励达标者的办法。

表 6-2　中间商销售竞赛常采用的目标及奖励达标者的办法

销售竞赛目标	奖励办法
增加销售额	（1）对销售额（或销售百分比）比过去（同期或上期）有所增加的中间商给予奖励 （2）附带奖品的两个定额：如果中间商达到第一个定额，将获得奖励；如果中间商达到第二个定额，其配偶将获得奖励（如旅游） （3）表现最好的中间商将获得最昂贵的奖品，表现略逊一筹的中间商得到的奖品也就略差一些
增加淡季销售额	（1）对在淡季期间达到销售定额者给予奖励 （2）两个定额：第一个给中间商，第二个给其配偶（如旅游）
促进滞销品的销售	对在销售滞销品方面得分最高的中间商给予奖励
全品项销售	对在一定时期内保持所有产品销售最均衡记录的中间商给予奖励
新产品销售	（1）对在新产品销售中保持最佳记录的中间商给予奖励 （2）对购买新产品的消费者的数量达到定额的中间商给予奖励

续表

销售竞赛目标	奖励办法
获得更多订单	为单位销量（以过去单位销量为基础）之上的数量设置分值，对分值最高的中间商给予奖励
提高订单分值	为每份订单设置分值，对分值最高的中间商给予奖励
增加新消费者	（1）对达到要求的拜访（访问）和产品演示定额的中间商给予奖励 （2）对完成拜访（访问）最多或做产品演示最多的中间商给予奖励 （3）对达到更高定额的中间商给予附加奖励
获得潜在消费者	（1）对达到增加新消费者定额的中间商给予奖励 （2）对增加新消费者最多的中间商给予奖励 （3）为每位新增消费者设定分值，对分值最高的中间商给予奖励

资料来源：肖建玲．渠道开发与管理．2 版．北京：中国人民大学出版社，2017.

销量返利的实质就是一种变相降价，可以使中间商获得更多的利润，无疑能提高中间商的销售热情。但事实上，销量返利大多只能创造即时销售，从某种意义上讲，这种销量返利只是对未来市场需求的提前支取，是一种库存转移。其优点是可以挤占中间商的资金，为竞争对手的市场开发设下路障。其缺点是若处理不好，则可能造成中间商将返利当利润，而不是向市场要利润；同时，一部分善于投机的中间商为获得更多的返利，可能会越区销售，导致出现窜货、价格倒挂等扰乱市场秩序的行为。

6.4　不同层次渠道成员的激励方法

按照经济学理论，每个个体都会以自己的利益最大化为原则来指导自己的行为。当你委托别人做一件事的时候，如果他的利益与你的不一致，那就不可能如你所愿。这种现象在经济学上被称为激励不相容。在经销商管理中，激励不相容的现象常常发生，这就要求生产企业通过对渠道成员需求的研究，制定出相对应的激励方案。

按照马斯洛的需求层次理论，底层的需求是基础，越高层的需求得到满足，越能起到激励的作用。制造商对渠道成员的激励同样如此，只有将各个层次的需求研究透彻，方可将制造商的利益与渠道成员的利益统一起来，真正起到激励作用，如图 6 - 2 所示。

6.4.1　生理需求——利润是渠道成员的最基本需求

对渠道成员而言，生理需求就相当于生存需求。制造商为了确保渠道成员的基本生存需求，需要确保渠道成员有一定的销量和利润以维持生计。为此，制造商应该给经销商提供以下支持：

（1）合理的销量返利；

（2）合理的产品批零差；

（3）产品知识和销售技巧的培训；

（4）提升区域市场品牌形象的广告支持；

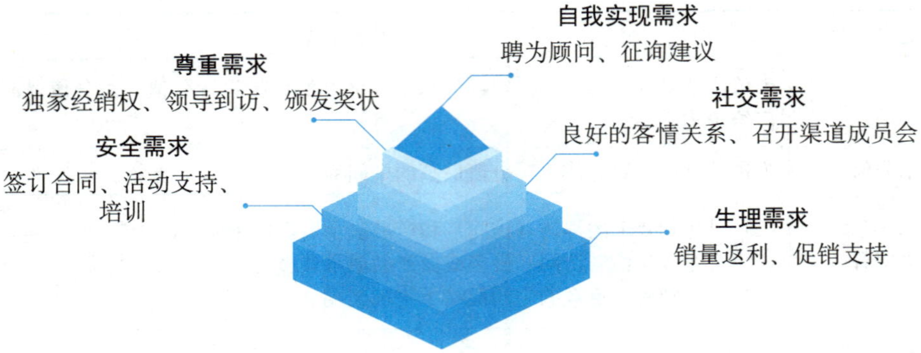

图 6－2　不同层次渠道成员的激励方法

（5）提升销量的产品促销支持；

（6）物料等助销品支持；

（7）适销对路的产品。

6.4.2　安全需求——合规的需求是渠道成员踏实销售的保障

对渠道成员而言，在与制造商的合作过程中，同样有安全需求。渠道成员既希望能够与制造商长期合作，也希望对市场的投资能够确保得到回报。它们最担心的是制造商的政策变化和对渠道成员的调整和更换。制造商通过合规的渠道成员管理程序和方式，可以消除渠道成员的后顾之忧，使其更加专注于市场工作。制造商为了确保渠道成员的经营安全，应该给渠道成员提供以下支持：

（1）签订年度销售协议或合同。协议或合同中明确销售的区域、范围、任务指标、双方的权利义务、市场规则和运作方法等内容。

（2）给予相应的市场活动、促销广告支持。促销费用一般由制造商承担，亦可要求渠道成员合理分担。制造商还应经常派人前往一些主要的渠道成员那里，协助安排产品陈列，举办产品展览和操作表演，或根据渠道成员的推销业绩给予相应的激励。

（3）对经销商进行培训。制造商通过培训增强渠道成员的顺应性，培训内容包括制造商的经营策略、行业政策等。

（4）信用额度的支持。对于销售情况良好的渠道成员，制造商可以给予适当的信用额度，这对于渠道成员来说是实质性的支持。

（5）对发货和供应做出承诺，并实践承诺。

6.4.3　社交需求——归属感、依托感是渠道成员长期发展的心理需要

对渠道成员而言，在与制造商的合作过程中，同样有感情需求。渠道成员希望与制造商、与其他渠道成员保持友谊，相互支持、相互照顾。制造商为了满足渠道成员的感情需求，应该提供以下支持：

（1）日常客情。日常客情是生产企业的一种态度，热情和尊敬往往会使渠道成员对制造商产生良好的认知，更愿意与制造商进行交流和为制造商提供帮助。

（2）定期召开渠道成员会。邀请主要渠道成员代表参加制造商的新产品说明会、培训

会、政策宣讲会等，促使这些核心渠道成员深刻领悟制造商营销战略及策略，明晰制造商发展方向，更好地实现与制造商携手，开创合作共赢的良好局面。能参加渠道成员会，对渠道成员来说意味着制造商的尊重和承认，也是一种巨大的精神激励。

（3）安排国内外学术联谊活动。制造商邀请关键渠道成员参加联谊活动。

（4）邀请渠道成员参与公益活动、旅游等。这是对渠道成员的一种很好的激励方式。在生意繁忙之余，给渠道成员的员工一次放松身心的机会，会使渠道成员更忠诚，更有凝聚力，可以激发渠道成员口碑传播的积极性。

6.4.4　尊重需求——渠道成员的级别是市场地位的象征

对渠道成员而言，在与制造商的合作过程中，同样有尊重的需求。渠道成员希望自己能够胜任制造商的分销工作以获得自尊；同时，也希望自己的经营能力和经营成果能够获得制造商和其他渠道成员的尊重。渠道成员都会谋求在制造商渠道成员体系中更高的位置，如独家代理、区域代理、一级经销等，这个位置决定了渠道成员在市场中的地位。制造商给予渠道成员怎样的地位要充分考虑渠道成员的网络、财力和人脉关系等能力。制造商为了满足渠道成员的尊重需求，应该给渠道成员提供以下支持：

（1）提供区域独家经销权；

（2）提供制造商的特殊待遇，如被评为 VIP 渠道成员可以获得更多返利；

（3）高层领导如董事长、总经理亲自到访；

（4）邀请优秀渠道成员分享成功经验；

（5）在全国渠道成员大会上给优胜者颁发奖状；

（6）有上升空间；

6.4.5　自我实现需求——渠道成员出谋划策可以提升其自我价值

对渠道成员而言，在与制造商的合作过程中，同样需要自我实现。制造商为了满足渠道成员的自我实现需求，应该提供以下支持：

（1）聘渠道成员为企业顾问。对于优秀的渠道成员，制造商可以通过颁发聘书或授牌等形式，聘其为市场顾问、管理顾问、战略顾问等，定期组织召开专项会议，使其与制造商紧密相连，并可以实时对制造商经营现状进行点评。

（2）征询渠道成员的建议。渠道成员常常是制造商政策的执行者，如果制造商放下身段，虚心听取渠道成员的合理化建议，让其参与到市场管理之中，可以使渠道成员的自我价值得到充分实现。制造商应将所掌握的市场信息及时传递给渠道成员，使其能很好地制订经营计划。为此，制造商有必要定期或不定期地与渠道成员进行座谈，共同研究市场动向，制定切合实际的销售措施；制造商还可将自己的生产状况、今后的发展计划以及自己的生产状况、生产计划、新品研发等信息传递给渠道成员，为渠道成员合理安排销售计划提供依据。渠道成员既希望自己能够完成制造商的任务，成为称职的渠道成员，也希望参与制造商更多的决策。

（3）邀请经销商给企业员工培训。如果企业尊渠道成员为老师，既能突出渠道成员的价值，也会得到渠道成员更多的帮助。

虽然越高层的需求激励效果越强，但是如果低层的需求没能得到满足，高层的需求激励效果也会大减甚至无效。例如，渠道成员的利润需求没能得到满足，这时去大谈所谓的自我价值，渠道成员肯定没有兴致。所以，对渠道成员的激励，既要有针对性，也要符合阶段性特点。

同步案例

娃哈哈与经销商的相处之道

娃哈哈和经销商的关系非常融洽，感情深厚，有许多经销商都是与娃哈哈一起成长起来的。娃哈哈的一些制度和做法对于维持和加深与经销商的感情起到了重要作用。

（1）对经销商信守诺言。为什么每年经销商都踊跃地向娃哈哈预交保证金，很重要的一点就是娃哈哈能够兑现承诺，赢得了经销商的信任。

（2）为经销商提供销售支持。娃哈哈常年派出一至若干位销售经理和理货员帮助经销商开展各种铺货、理货和促销工作。甚至在某些区县，当地的经销商仅仅提供资金、仓库和一些搬运工，其余所有的营销工作都由娃哈哈派出的营销人员具体完成。

（3）每年举行全国联销体会议。娃哈哈总是借此机会热情款待每一位合作伙伴，以加深感情、巩固合作关系。

（4）在工作上与经销商是很好的合作伙伴，在生活上把经销商当朋友。娃哈哈总是将福利平等地发放给经销商，让它们感受到温暖。

课堂实训

张裕公司经销商激励政策制定方案

● 实训目标

通过本次实训，学生能够根据校企合作企业（烟台张裕葡萄酿酒股份有限公司，简称张裕公司）的实际需要，针对不同渠道成员的需求，采取不同的激励措施。

● 背景资料

目前，张裕公司拥有与发展要求相适应的葡萄基地，产品品种齐全，已建成覆盖全国的营销网络，具备雄厚的科研实力和产品研发体系，建立了灵活高效的决策机制，已基本完成全球产能布局。张裕公司主要销售模式为经销模式，主要销售渠道为线下销售，即通过境内外约 5 000 家经销商，将公司产品配送至销售终端，最终提供给消费者。

从 2024 年年报来看，张裕公司经销商总数从 2023 年的 4 913 家增长到 5 059 家，增加了 146 家，也为业绩增长作出了贡献。未来门店经销仍然是张裕公司业绩增长的主要源泉。在张裕公司 43.84 亿元的营收中，门店经销贡献了 37.25 亿元，较 2023 年增加 4.53 亿元，增幅为 13.83%；线上直销贡献了 6.59 亿元，较 2023 年增加 1 300 万元，增幅为 2.05%。

与此同时，张裕公司的销售费用、研发投入都在增长。销售费用从 10.28 亿元增长到 12.39 亿元，增幅为 20.49%，主要是张裕公司加大市场营销投入，市场营销费同比增加所致。研发投入从 1.54 亿元增长到 1.74 亿元，增幅为 12.85%。

当然，张裕公司取得傲人成绩的背后离不开广大经销商合作伙伴们的辛勤付出与过人智慧。品牌打造和市场营销的双赢，是与经销商之间的“双向奔赴”。

2024 年，张裕公司百强经销商年度盛典举行。在本次盛典上，为表彰先进、振奋精神，张裕公司销售事业部从全国评选出了 100 名在市场开拓工作中表现优秀的经销商，并举行了隆重的颁奖仪式。在现场，张裕公司董事长感谢了百强经销商在过去一年对张裕公司的发展做出的贡献。他表示，张裕公司永远是经销商前进的坚强后盾，张裕公司也将继续发扬“店小二”精神，以“匠心精神”保证产品质量，以“包公精神”加强市场管理，为大家创造良好的经营环境，希望能在厂商的共同努力下，一起创造更大的利润。

● 实训内容

1. 教师采用实例实做的方式，选择校企合作企业为研究对象，教师和企业专家一起带领学生走访当地张裕公司经销商，实地考察，充分了解张裕公司经销商的状况。

2. 学生收集张裕公司对经销商的培训、终端管理、销售激励、价格折扣、情感激励等方面的政策。

3. 对现行的激励政策做出客观评价。

4. 给出最优激励方案，并说明理由。

续表

● 实训步骤

1. 学生分成若干小组，以小组为单位进行。

2. 组织学生到张裕公司当地的批发商、零售店参观访问，听取销售经理或营销部门主管介绍，并获取相关资料，填写调查表。

3. 各小组根据调查结果，结合所学知识，撰写渠道成员激励方案，通过 PPT 的形式，分组进行成果展示。

4. 由教师和企业专家对学生设计的分销渠道激励方案进行点评。

5. 根据教师和企业专家的点评，各小组对其设计的渠道激励方案进行修订和完善，力争拿出一个让企业满意的渠道激励方案，最好能被企业实际采用。

分析各个渠道成员的需求例表

需求类型	有此需求的渠道成员
利益需求：渠道成员想获得更多的利益	
安全需求：渠道成员不愿意盲目铺货和压货，把货款安全放在第一位	
权利需求：渠道成员想要获得产品的定价权、管理权及下游成员的管理权等	
关系需求：渠道成员渴望得到尊重以及重视	
成长需求：渠道成员希望自己有更大的发展空间	
……	

企业渠道成员需求满足情况例表

渠道成员的类型	需求类型	满足需求的激励措施	备注

● 渠道成员激励方案

渠道成员激励方案（参考格式）

处于不同阶段的渠道成员，对渠道利益的诉求也会不一样。学生在已经确定的前期成员调查中，对各个等级的成员需求进行分析，制定有针对性的各种激励办法。

1. 利益需求

（1）广告支持。

____

____

（2）产品支持。

____

____

（3）价格折扣。

____

____

（4）返利激励。

____

____

续表

(5) 存货管理。

(6) 补充。

2. 安全需求

3. 权利需求

(1) 对其他渠道成员的控制权。

(2) 对产品的控制权。

4. 关系需求

(1) 获得其他渠道成员的认可。

(2) 获得特殊待遇。

(3) 补充。

5. 成长需求

(1) 产品知识培训。

(2) 管理知识培训。

(3) 咨询服务。

(4) 补充。

6. 其他激励手段实施细则

(1) 积极开展促销活动。

(2) 帮助渠道成员实施科学管理。

续表

● 实训成果展示

● 任务执行评价

本次任务采用教师、企业专家、学生共同对实训效果进行评价的模式。个人最终成绩由两部分组成：一部分是个人表现情况，首先在小组内部评出每位成员的个人成绩，然后由教师和企业专家进行评分，最后求平均分；另一部分是小组表现情况，由教师进行综合评分。个人最终成绩公式如下：

个人最终成绩 = 个人表现情况成绩×50%+小组表现情况成绩×50%

个人表现情况评分表

评分标准	分值	小组评分	教师评分	企业专家评分	平均分
专业知识储备	20				
知识运用能力	20				
语言表达能力	20				
整体职业素养	20				
团队合作意识	20				
总分	100				

小组表现情况评分表

评分标准	分值	教师评分
每个环节内容填写的认真程度	40	
案例分析讨论情况	20	
企业调研积极性、协作性	20	
小组成果汇报情况	20	
总分	100	

● 实训总结

● 指导意见

课后提升

可口可乐的分层渠道激励

可口可乐公司将自己的销售原则总结为两条：随处可见和随手可得。随处可见说的是终端管理方面；随手可得即渠道建设的目标。可口可乐公司以此为指导建设自己的渠道网络。

虽然可口可乐公司在中国的渠道众多，但可以归结为KA（Key Account）、批发和直营三种主渠道。这三种主渠道的运作，构成了可口可乐公司渠道系统的基本框架。

KA即关键客户，又称重要客户，是指在国际市场上有较大影响力且与可口可乐公司有长期合作历史的大型新业态零售机构，比如沃尔玛等，可归纳为大卖场、连锁超市、便利超市三类。而批发和直营属于传统渠道，在可口可乐公司的渠道中一直处于重要地位。

合同化管理是进行渠道管理的基本方式，通过在合同中专列条文，详细说明双方的权利、义务和责任，可对渠道运作时渠道系统中可能引起价格和市场混乱的因素进行约束，这就是我们常说的“有约在先”。

在可口可乐公司与客户签订的合同中，除通过很多方面来激励客户取得合理的返利之外，渠道奖励的关键指标主要是生动化、销量和账款（可口可乐公司的账款主要是指在一定账期内未收回的货款，而非赊账经营），但这三个指标在各个渠道的要求并不相同，重要程度也不一样，具体内容也有很大差别，如表6-3所示。

表6-3 可口可乐公司考核激励指标重要性排列表

KA	批发	直营
生动化考核 总销量返利 账款考核	总销量返利 非碳酸饮料销量返利	总销量返利 生动化考核

对KA主要考核生动化指标。可口可乐的生动化概念是指在销售终端醒目地开展广告宣传、陈列展示和其他促销活动，促使消费者购买可口可乐公司产品。对KA进行生动化考核的内容主要包括三个方面：产品和售点广告的位置、产品和售点广告的展现方式、产品陈列方式和存货管理方式。可口可乐公司将对KA的店面表现、常规堆头、特殊堆头以及各种促销活动的要求非常详尽地写在合同中，并标明这些属于检查考核的主要内容。通过对KA的生动化和账款考核，避免其与批发渠道一样对销量进行盲目的追求，从而极大地减少了其与其他渠道的正面竞争。

批发渠道对经销商的考核渐渐从单纯的销量考核过渡到总销量考核和非碳酸饮料销量返利考核的结合。在以碳酸饮料闻名的可口可乐公司，将非碳酸饮料的考核单独列出来，既是为了非碳酸饮料业务的发展，也是为了让经销商牢牢记住可口可乐公司的目标是要成为一个全方位的饮料公司。加强对经销商的非碳酸饮料产品销量的考核，就避免了经销商只做成熟品牌的情况，解决了一直用可口可乐成熟产品进行带货而冲击其他渠道的问题。当然，经销商也获得了可口可乐公司非碳酸饮料带来的更多利润。在可口可乐中国公司的业务系统中，没有特约经销商、分销商这些繁杂的分类，统称为经销商，在功能要求和奖励政策上一视同仁。

直营渠道系统包括一些传统的直接面向消费者的零售销售点，如餐馆、酒店、快餐店、百货店、车站等。这些零售销售点在向消费者提供非饮料产品的同时，也要提供饮料产品，以满足消费者的需要，并且还能依据实际情况实施个性化服务。这类渠道受到本身业务的限制，冲击其他渠道或被冲击的可能性不大，它们还能从个性化服务中获得自己的利益。

可口可乐公司在中国市场上的物流配送功能是由特定渠道提供的。该渠道为可口可乐公司承担产品配送和物流的使命。公司只给予该渠道配送货物的奖励，就是为了让其远离流通渠道（可口可乐公司不允许该渠道从事货物流通，假如有部分货物流通，可口可乐公司将给予严肃处理）。这就消除了渠道窜货的隐患。

资料来源：郑锐洪．营销渠道管理．3版．北京：机械工业出版社，2020.

问题讨论：

1. 可口可乐是怎样进行渠道的分层设计和激励的？

____

____

____

2. 怎样理解可口可乐“协调平衡”的渠道管理理念？

____

____

____

同步测试

一、单选题

1. 渠道管理人员在激励渠道成员时一定要遵循公平的原则，适当拉开差距，只有这样才能充分调动渠道大多数成员的积极性，这符合渠道激励的（　　）。

A. 奖惩结合原则　　B. 有的放矢原则

C. 兼顾公平原则　　D. 及时激励原则

2. 经销商和制造商就某产品在一定区域内达成协议，经销商以买断价格从制造商处采购一定数量的产品，然后由经销商对产品进行定价和对外销售，这种激励手段属于（　　）。

A. 价格折扣激励　　B. 独家经销权激励

C. 买断销售权激励　　D. 数量折扣激励

3. 经销商进货时买进制造商几类或者不同型号、口味、颜色、款式、档次的产品制造商所给予的价格优惠，属于（　　）。

A. 协作力度折扣　　B. 进货搭配折扣

C. 数量折扣　　D. 现金折扣

4. 在一些大商场和大超市中，展示厅和显眼的货架是能吸引消费者眼球的，制造商如果希望自己的产品得到更多关注，不得不采用补贴的形式来争取这些“有利地形”。这种补贴的形式是(　　)。

A. 政策性激励　　B. 陈列展示补贴
C. 返利性激励　　D. 折扣性激励

5. 企业定期召开渠道成员会是为了满足经销商的(　　)需求。

A. 安全　　B. 社交　　C. 自我实现　　D. 尊重

二、多选题

1. 企业在激励过程中需要把握的原则有(　　)。

A. 及时激励　　B. 有的放矢　　C. 奖惩结合　　D. 兼顾公平

2. 制造商在进行中间商的培训需求调研时常用的方法有(　　)。

A. 问卷调查　　B. 抽样调查　　C. 面访或电话拜访　　D. 实际工作总结

3. 以下属于价格折扣激励政策的有(　　)。

A. 数量折扣　　B. 现金折扣　　C. 季节折扣　　D. 协作力度折扣

4. 按照返利的内容可以将返利分为(　　)。

A. 明返利　　B. 暗返利　　C. 产品返利　　D. 终端销售补助

三、判断题

1. 渠道激励应该以满足中间商需求为主，中间商要什么就给什么。(　　)

2. 纵向比较是指将自己目前的状况与过去进行比较。(　　)

3. 捆绑销售是指中间商和制造商就某产品在一定区域内达成协议，中间商以买断价格从制造商处采购一定数量的产品，然后由中间商对产品进行定价和对外销售。(　　)

4. 销量返利是一种变相降价，可以使中间商获得更高的利润，能提高中间商的销售热情。(　　)

5. 当制造商遭遇来自库存和市场竞争的压力时，可以采用买断销售权的激励政策。(　　)

项目 7 渠道控制

知识目标

1. 理解渠道控制的内涵、重要性、特点及分类等基础理论知识；
2. 理解增强渠道控制力的策略与方法；
3. 熟悉渠道控制在产品销售区域、产品销售价格、产品品牌维护等方面的具体内容；
4. 明晰渠道的生命周期管理的基本概念和相关要点。

技能目标

1. 能够运用渠道控制的策略与方法，有效提升企业渠道控制力；
2. 能够合理管控产品销售区域、产品销售价格等渠道控制内容，保障市场秩序；
3. 能够通过渠道控制手段维护产品品牌形象和优化陈列展示；
4. 能够进行渠道的生命周期管理，推动渠道持续健康发展。

素养目标

1. 培养严谨细致的工作态度，保障渠道控制工作的准确性和规范性；
2. 塑造良好的沟通协调能力，促进渠道各环节的高效协作；
3. 增强风险意识，及时发现并应对渠道控制过程中的潜在问题；
4. 树立创新思维，不断探索更有效的渠道控制模式和方法。

知识图谱

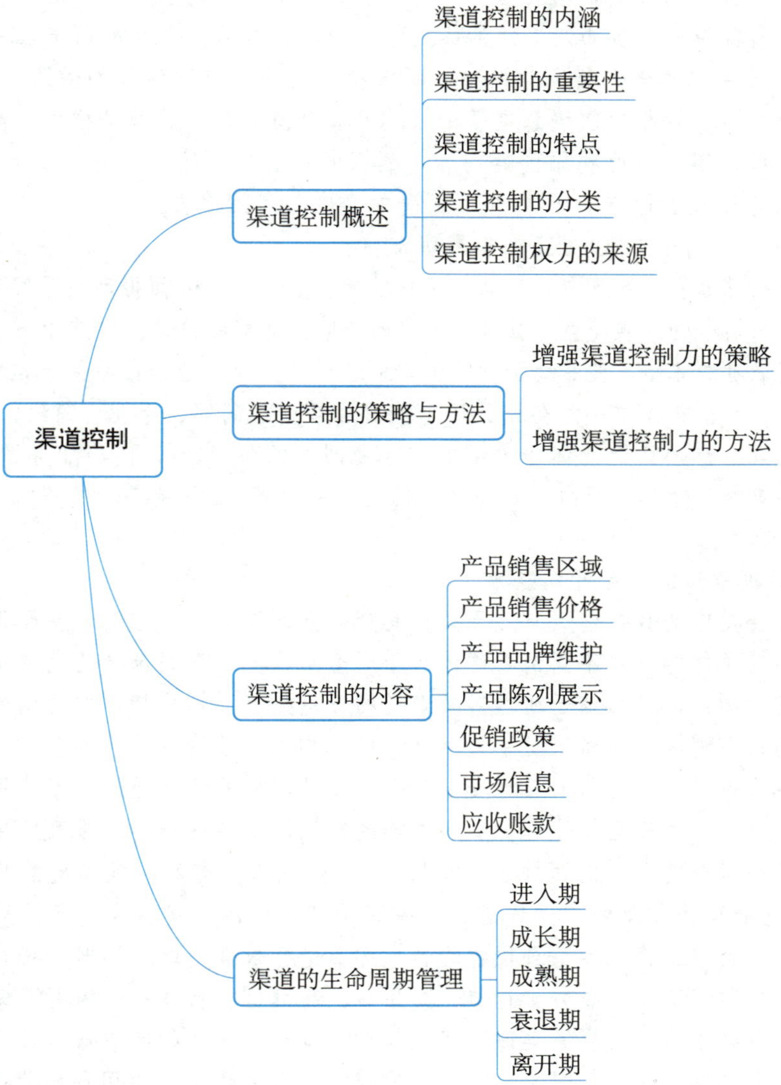

导入案例

良品铺子：用数字化的威力掌控渠道

良品铺子的诞生源于乐百氏前董事长的一句话："把全世界的零食搬到顾客家门口，是一件可以把小生意做成大事的事。"良品铺子董事长当年受到这句话的启发，决心要把零食从"小生意"做成"大事"。

在发展初期，良品铺子采用直营模式扩充门店网络，构建线下渠道覆盖体系。但随着线上消费的兴起，人们的购买渠道增多，消费习惯也发生改变。面对这一变化，良品铺子意识到仅依靠传统线下门店作为销售渠道，难以支撑企业的快速和可持续发展，于是制定了全渠道运营数字化战略，整合线上线下渠道，形成全渠道营销网络。

1. 线上触达消费者，搭建全方位运营网络

随着互联网技术的发展，消费者的购物平台日益多样，数字媒体在消费者决策中的作用越发重要。良品铺子积极布局广泛的线上销售网络，打造“平台电商+社交电商+自营App渠道”三位一体的全方位运营网络，不仅在热门的社交网站（如微博、小红书）、短视频平台（如抖音、快手）围绕意见领袖（KOL）建立口碑，构建多样化的消费场景，向消费者传递品牌故事、价值和原创性内容，还探索在直播领域（如淘宝直播、抖音直播）围绕网络主播与红人进行“带货”，提高品牌知名度与产品销量。

2. 门店先行，打造O2O融合的新零售布局

为了打造高端零食品牌形象，良品铺子从数量和质量两个方面推动线下门店的发展。在数量方面，良品铺子的门店覆盖从社区到核心商圈的目标消费群体。在质量方面，为了不断保持和优化消费者的体验，良品铺子对门店体系进行了升级改造。良品铺子推出了全新的五代店，五代店布局在购物中心，在设计理念上更加倾向于高端、专业、简约、商业的风格，力图打造一个具有沉浸式消费体验氛围的“零食图书馆”；同时，门店业务还将自营App、小程序以及外卖纳入管理范围内，围绕终端门店率先进行O2O融合，提升门店的数字化能力以及单店营利能力。

3. 构建数据驱动的产品开发能力

良品铺子会员中的数据资产有助于提升其产品开发能力。一方面，基于消费者大数据的分析，良品铺子能够针对不同消费群体、不同生活状况、不同场景的消费需求进行产品的规划与研发。例如，良品铺子通过对多渠道的评论数据进行分析，发现消费者对孕妇零食和下午茶场景有需求，从而研发了针对孕妇群体和下午茶场景的产品。另一方面，由于消费者追求有质量保证、吃起来更加安全放心的食品，良品铺子通过数字化手段不断提升品质把控水平，对食品安全指标进行更加严格的把控。良品铺子上新多款健康零食，包括配料表只有西梅原料的“厚肉西梅干”，用提取天然蔗糖发酵物、乳清发酵物来替代防腐剂的60天中保面包等。此外，良品铺子还搭建了基于产品全流程全链条的质量信息管理平台，对生产、仓储、物流各个过程中的各个环节进行数据提取和实时监控，实现产品生命周期的数据化和透明化，致力于打造“高品质、高颜值、高体验”的高端零食产品。

思考：良品铺子为什么要做渠道数字化转型？良品铺子是如何增强渠道控制力的？

渠道是一个系统，是一个以流动的产品为载体，由制造商、中间商和消费者构成的动态循环系统，产品、人员、信息、资金等借助这个系统的流动实现其价值。在这个系统中，各个渠道成员都有控制性的要求，都不希望被别的渠道成员所控制。

7.1 渠道控制概述

7.1.1 渠道控制的内涵

1. 控制的含义

“控制”一词最初用来指“掌舵术”，即领航者通过发号施令将偏离航线的船只拉回到正常的轨道上来，因此，控制最初的意思是指纠偏，也就是按照计划标准衡量所取得的成

果，并纠正所发生的偏差，以确保计划目标的实现。

控制是管理的一项重要内容，是指一方能够影响和支配另一方的行为或过程。管理学中的控制理论包括过程控制、重点控制等重要理论。其中，过程控制理论认为，只要把事情的各个环节和过程处理好，有好的结果是顺理成章的事情。而重点控制也称为关键点控制，该理论认为在企业管理活动中，只要把一些重要的、关键的环节处理好，就能保证事情的发展方向，就能保证有一个好的管理结果。

2. 渠道控制的含义

渠道控制是指某个渠道成员希望通过自己的行动影响或制约甚至支配另外一些渠道成员的某种决策的意识和行为。

渠道控制的实质就是争夺渠道权利，渠道权利是一种渠道影响力、控制力，企业既可以通过发挥渠道影响力来实现渠道控制，也可以通过其他方式，如合作、参与、关系和联盟等来实现渠道控制。

渠道管理的误区

7.1.2 渠道控制的重要性

渠道控制的重要性主要体现在以下三个方面。

1. 渠道控制是实现渠道功能的基础

渠道承担着物流、融资等诸多功能，涉及这些功能流的机构和个人数不胜数，只有全部渠道成员之间协调配合才能保证渠道功能的顺利实现，任何一方与其他渠道成员不协调或违背渠道整体利益，渠道的整体目标就无法实现。

2. 渠道控制是维持渠道生存和发展的前提

渠道是一个系统，渠道控制是渠道生存和发展的必要前提。渠道一旦失去控制，不仅企业原来所拥有的渠道优势会荡然无存，企业本身的生存也会受到严重威胁。能对渠道进行有效控制的企业，通常都可以更有效地保护现有市场和开发新市场，保证其成本低于竞争对手，确保企业的生存和可持续发展。

3. 渠道控制是协调内部关系、创造竞争优势的途径

在市场环境多变和竞争激烈的情况下，利用渠道建设来获取竞争优势已经成为越来越多企业的选择。许多企业深刻地体会到：得渠道者得天下，失渠道者失天下。如果能够对渠道进行有效的管理和控制，合理分配和平衡渠道成员之间的利益关系，就能够减少渠道冲突，即使发生冲突，也能较好地处理和化解冲突，并通过优化渠道关系，维持和创造竞争优势。

7.1.3 渠道控制的特点

渠道控制所面临的主要问题是对中间商渠道的控制，这是一个跨组织的控制问题，具有非强制性，并不能采用基于企业层级体系的控制方法，更多地要采用“软控制”的手段。具体地说，中间商渠道控制具有以下特点。

1. 渠道控制的目的区别于普通控制

对中间商渠道的控制是对各自独立法人组织的控制，不同的中间商不仅具有独立的法人资格，而且具有不同的企业文化，追求各自不同的利益，实施不同的战略，自然就会有不同的行为方式。因此，渠道控制的目的并不是限制对方的行为，更不是限制其他渠道成

员的发展，而是建立、发展和维持一种相互依赖、互利互惠的渠道关系。

2. 渠道控制的对象具有相互性

渠道成员常常互为控制者与被控制者，某个渠道成员在某一个或几个方面有较大的发言权，就可能希望在这些方面控制其他渠道成员，但在另外一些缺乏发言权的方面就可能会受到其他渠道成员的控制。传统上，制造商常常拥有对中间商的控制权，但近年来越来越多的制造商却受到了中间商的控制。

多维度看厂商关系

3. 渠道控制是市场控制机制与制度控制机制的结合

渠道成员之间的控制既可以利用市场机制来实现，也可以利用组织内的层级制度来实现。一般来说，中间商渠道控制是上述两种控制力的混合。有时组织内的制度控制力更强，有时则是市场控制力更强。

4. 渠道控制的基础是平等

渠道控制更多的是建立在平等原则上的沟通，而不是建立在层级制度上的命令和指挥。

进阶提示

厂家与经销商之间的利益差异

1. 经销商常会给厂家带来很多的负面问题

（1）拿着独家经销权，却不“经销独家”，对本品不主推。

（2）“假意经销”，拿到厂家的经销权却集中精力卖竞品（竞品利润高）。

（3）冲货、砸价、抬价、截留各种费用。

（4）只做畅销、高利润产品，不做新品推广。

（5）运力、人力、资金不足，市场空白多，制约厂家的市场发展。

（6）怕打压价格而不给卖场供货，怕运费不划算而不给小店送货。

（7）把客户资料封闭在手中，对厂家的促销政策任意更改，对厂家业务人员想办法腐蚀或架空，最终反控网络，挟市场以令厂家，不断提出无理要求。

2. 厂家伤害经销商的常见情况

（1）爆仓。厂家业务人员给经销商压货过多，产品即期或过期又无法退货。

（2）断货。经销商辛辛苦苦推广新产品，正当销势上升要“收获”的时间，厂家断货导致损失利润。

（3）价格损失。出厂价格下降造成经销商库存产品贬值；厂家市场控制不力，冲货、砸价泛滥造成价格倒挂，导致库存产品贬值。

（4）厂家频繁更换经销商。

（5）产品质量有问题。严重的质量问题可能会使经销商倾家荡产。

（6）厂家怂恿经销商大量赊销铺货，造成货款无法及时回收。

（7）不及时兑现折扣。返利、运费补贴、经销商垫付的促销费用等不能及时兑现，大量占压经销商资金，经销商没钱进货了，厂家就将其淘汰掉。

资料来源：魏庆．经销商管理动作分解培训：升级版．北京：北京联合出版公司，2017.

7.1.4 渠道控制的分类

1. 按照渠道控制的程度分类

（1）绝对控制。

绝对控制是指制造商不仅能够决定负责其产品销售的中间商的数量、类型及地理区域分布，而且能够支配这些中间商的销售政策和价格政策。绝对控制往往要求制造商具备雄厚的实力和强势的产品品牌，如日本丰田汽车公司专门把东京市场划分为若干区域，每一区域都有一名业务经理专门负责，业务经理对本区域内的每一中间商的资料都详细掌握，及时根据市场变化及中间商的表现进行政策调整，确保渠道成员的努力程度，保证制造商获得良好的经济效益。

绝对控制的优点是可以防止中间商的恶性价格竞争，保证制造商渠道政策的顺利实施，有效控制渠道成本，有利于维护产品的统一品牌形象。其缺点是容易形成完全集权，不利于形成渠道成员的对等关系。

（2）低度控制。

并非所有的制造商都能对渠道进行绝对控制，实力较弱的制造商也可以通过对中间商提供具体支持、协助来影响渠道成员，这种控制称为低度控制，也称为影响控制。大多数制造商的控制都属于这种方式，具体的控制方法如下：

1）向中间商派驻商务代表。一些较大的制造商一般都会派驻代表到中间商那里进行监督，同时帮助中间商进行产品的销售活动。

2）与中间商进行多方位的合作。制造商和中间商联手开展广告宣传、促销、公关活动，共同进行产品研发与改进，以及共同进行市场调查、售后服务等。

3）对中间商进行培训、激励。制造商对中间商进行有关销售管理、存货控制以及有关产品的专业知识的培训，奖励业绩突出的中间商或向中间商提供价格、交易条件上的优惠等。

相对而言，在这种控制过程中，制造商的议价能力较弱，对渠道的掌控能力不强，但是这种方式也会促使渠道成员间的合作更为平等和紧密，有助于信息的双向交流，民主性较高。

管理实践与引思明理

控制与自由协调统一

现代社会虽然追求大众的民主，但也不能缺乏有效的控制，否则就会乱。只有控制与自由协调统一，才能追求真正意义上的公平与效率的统一。由于各方面的影响，在商业活动中，表现更多的往往是过度控制或控制不足。过度控制会对企业员工造成伤害，可能扼杀他们的主动性、创造性与积极性，抑制他们的创新精神。反之，如果控制不足，就不能使企业活动有序地进行，还会造成对企业资源的浪费。

再如，当代很多国家或地区过度强调发展，导致过度开采，环境被污染，自然生态被破坏，生产生活失衡；在宏观与微观管理上，也经常陷入“一放就乱，一管就死”的怪圈。痛定思痛，惨痛的教训使我们更深刻地认识到我国古代“中庸之道”在今天管理控制中的深刻指导意义。

我们的管理行为应遵循“中也者，天下之大本也；和也者，天下之达道也。致中和，天地位焉，万物育焉。”什么是“中庸”？“不偏之谓中，不易之谓庸。中者，天下之正道；庸者，天下之定理。”在管理中，无论是决策还是执行，都要坚守“中”，不偏不倚，无过与无不及；遵循“庸”，符合常理常道，符合规律与规范。

渠道管理的中庸之道就是要求企业在控制范围、程度和频度等方面做到恰到好处，既能满足企业组织活动监督和检查的需要，又能充分尊重企业员工的变化和差异性，给予企业员工自由畅想发挥的空间，从而充分调动企业员工的积极性、主动性和创造性。

2. 按照营销组合因素分类

渠道控制的内容可以根据营销组合因素划分为对产品与服务的控制、对价格的控制、对促销活动的控制、对分销过程与分销区域的控制。表 7-1 从制造商和中间商两个角度，列举了渠道中控制营销组合因素的具体内容。

表 7-1　渠道中对营销组合因素的控制

控制的内容	控制者	
	制造商	中间商
对产品与服务的控制	1. 控制产品的生产制造过程 2. 落实产品的质量保证 3. 确保中间商为产品提供的各种服务能够兑现 4. 监督中间商，不使与自己有关的假冒伪劣产品通过中间商入市	1. 控制产品的订购数量、品种、规格和质量 2. 监督产品质量 3. 提供产品的安装与维修服务 4. 提供售前、售中和售后服务 5. 严把进货关，杜绝假冒伪劣产品入市
对价格的控制	1. 按照合同，监督与控制自己产品的批发和零售价格 2. 监督与控制中间商对企业折价政策的落实情况	1. 根据市场情况和供销合同，确定或建议产品的批发与零售价格 2. 落实制造商的折价政策 3. 防止制造商制定对自己不利的价格歧视政策
对促销活动的控制	1. 根据合同或实际需要，从事和控制企业产品的促销活动 2. 监督中间商对自己产品的促销方式和促销努力程度	1. 根据合同或实际需要，实施产品的售点促销，负责产品在售点的销售活动，进行售点的现场管理 2. 向制造商提供促销活动的建议
对分销过程与分销区域的控制	按照合同，控制分销过程和分销区域，避免不同成员之间或不同渠道之间发生大的冲突	防止制造商的窜货行为和其他投机行为，如产品在销售点的“体外循环”

资料来源：庄贵军．营销渠道管理．3 版．北京：北京大学出版社，2018.

3. 按照渠道控制的结果导向分类

（1）正向控制。

正向控制是指制造商本着与中间商进行协商与长期合作的原则采取一系列控制手段，

如加强培训、加大支持力度等，其目的是实现渠道成员的共赢。

（2）负向控制。

负向控制是指制造商对达不到合作与支持要求的中间商采用终止合作、收紧信用期限、产品线控制等手段来进行控制。这类控制只适用于对渠道进行调整的时候，多用则会导致渠道的不稳定甚至破裂。

7.1.5 渠道控制权力的来源

掌握渠道的控制权是众多企业梦寐以求的目标，为实现这个目标，企业之间展开了激烈的角逐。一方要做渠道的主宰者，另一方则不甘受制，奋起反击。攻守双方围绕渠道的控制权，你来我往，相互拼杀，使得商场如战场，烽烟四起。事实表明，渠道管理中的很多麻烦，皆源于企业对渠道控制权的争夺。

我们把一个渠道成员对于同一渠道中其他成员的影响力定义为渠道权力。下面借鉴心理学的研究结果，从权力来源的角度对渠道中的权力进行分类。

1. 奖励权力

奖励权力是指一个渠道成员对于遵从其影响力的其他渠道成员给予奖励的能力。对于制造商而言，奖励权力就是为各类中间商提供更大的折扣、更多的品种或优先供货的机会等。对于批发商和零售商来说，奖励权力就是为制造商提供更多的销售机会，销售更多的品种及更大数量的产品。

2. 强制权力

强制权力与奖励权力正好相反，它是指一个渠道成员对于不遵从其影响力的其他渠道成员的惩罚能力。某些渠道成员凭借自己在行业或渠道中的主导地位对其他渠道成员施加压力，迫使其他渠道成员遵从其意愿，否则就给予惩罚，这就是一种强制权力。当拥有奖励权力的一方对于不遵从其意愿的其他渠道成员取消或威胁要取消某种奖励时，就是在使用强制权力。不仅制造商可能拥有这种强制权力，其他渠道成员也可能拥有这种权力。

3. 法定权力

法定权力是指渠道中的某个成员依法拥有的影响其他渠道成员行为的权力。法定权力与强制权力之间的差别就是法定权力是有法律保障的，而强制权力并无法律保障。在一个跨组织的渠道系统中，要保证渠道系统的有效性，这种法定权力往往是必要的。特许经营体系就是特许人运用法定权力来规范受许人行为的典型的经营模式。

4. 认同权力

当某一渠道成员由于其目标或形象得到其他渠道成员的认可，成为其他渠道成员的参考群体时，它就可能影响其他渠道成员的行为，这时它就拥有了认同权力。在整个渠道系统中，那些拥有卓越品牌的制造商常常拥有很高的认同权力，它们能够对经营其产品的批发商和零售商施加相当大的影响。反过来，如果处于下游的渠道成员具有很高的市场声望，则处于上游的渠道成员也会乐于接受下游渠道成员的意见，以便利用下游渠道成员的声誉来提高自己的地位。

5. 专长权力

当某个渠道成员拥有了其他成员所不具备的某种特殊专业知识或技术专长时，它就有可能利用这些专业知识或技术专长对其他成员的行为施加影响，这就是专长权力。在特许经营中，特许人常常靠自己所掌握的某种专业知识或技术专长来维持特许经营体系，并获得受许人的加盟费。尽管这种专长权力确实是普遍存在的，但是，渠道成员想要获得并持久拥有和使用专长权力并不容易。

7.2 渠道控制的策略与方法

五大实操手段，有效掌控渠道

7.2.1 增强渠道控制力的策略

1. 利用远景掌控渠道

企业远景的制定是企业领导人所要考虑的头等大事。一家没有远景的企业是没有发展前途的。虽然某些经销商素质偏低，缺乏自己长远的规划，但是对于企业来讲，一定要有自己的远景规划。企业一方面要用市场的业绩来证明自己的优秀，另一方面要不断向渠道成员描绘自己美好的前景。渠道成员一旦认可企业的理念、发展战略和主要领导人，即使政策暂时不合适，产品暂时出现问题，也不会太计较。

进阶提示

利用远景掌控渠道的常见做法

1. 企业高层巡视和拜访

直接让企业的高层和中间商进行沟通与交流，建立联系。通过高层传达企业的发展理念和展望企业发展远景，可以让中间商更加深入地了解企业的现状和未来的发展。

2. 企业办内部刊物

定期刊登企业领导讲话以及各地市场状况。最好是开办中间商专栏，让中间商的意见和建议成为刊物的一部分。

3. 召开中间商会议

企业定期召开中间商会议，在会上对业绩好的中间商进行表扬和激励。这样使中间商具有企业一员的参与感，认为自己是企业的一部分，自己的发展和企业的发展密不可分。

2. 利用经济利益对渠道成员进行掌控

渠道成员代理产品为的就是获利，要求以一定的利益作为保障，尤其是短期的利益。因此制造商必须让渠道成员有利可图、有利可获，通过激励渠道成员来获得控制力。使用渠道内的激励资源，如独家经销权、价格优惠、提成奖励等，可以让制造商在一定程度上获得对渠道成员的控制力。需要注意，实行激励不能只考虑眼前利益，要兼顾全局，平衡短期和长期利益。具体来说，可以采取以下措施：

（1）增加产品的品牌优势；

（2）增加自己产品的销量，降低渠道成员其他产品的销量；

（3）降低渠道成员其他产品的单位利润；

（4）增加自己的返利和折扣，使自己渠道成员的单位利润加大。

3. 建立长期互信机制，提升渠道控制力

在渠道运营过程中，每个渠道成员都有自己的难处。制造商觉得自己已经给了许多优惠政策，但渠道成员的销售力度还是不够大；渠道成员抱怨制造商提供的政策支持太少，产品价格高于竞争对手。这种相互埋怨的情况在渠道成员中屡见不鲜，大大降低了合作效率。这时制造商与渠道成员建立长期互信机制就显得尤为重要，长期互信机制主要包含渠道政策、商务承诺、市场业绩三个基本要素。渠道政策指的是上游向各层级渠道成员提供的激励措施与配套项目组合。商务承诺体现了各方在执行渠道政策的过程中表达出的合作态度。除了口头上的合作意愿与表态，制造商与渠道成员还需要在价格、回款、产品质量、配送、存储、终端开发、技术及广告支出、营销活动等方面达成书面形式的协议。市场业绩是渠道合作成效的量化呈现，直接反映渠道政策的合理性与商务承诺的可靠性，是三大要素中的“底层支撑”。渠道政策与商务承诺都以市场业绩为基础，市场业绩的好坏决定了渠道政策的合理性，决定了商务承诺的可靠性。

为了更好地达成渠道共识，各方应该注意以下事项：

（1）用合同文件形式明确各方的权利、义务、责任；

（2）企业渠道管理人员定期与各级渠道成员进行沟通；

（3）严密监督渠道成员的销售情况；

（4）各方共享终端资源与商业数据。

4. 利用下游渠道成员实现渠道控制

合同往往无法全面约束渠道成员的行为，这时，如果制造商只掌握下一级渠道成员而对下游渠道成员完全不了解，一旦下级渠道成员由于利益驱使或环境变化倒戈，制造商就会损失全部销售渠道。面对这个问题，有些企业会采取逆向思维，先与当地市场的销售终端构建直接联系，直接策划和组织终端零售店的促销活动，通过一段时间的努力炒热整个市场，把新产品变成畅销产品后，再反过来用招商加盟等形式吸引优秀的渠道成员加入渠道。这也是一种构建多级渠道体系的办法，其最大的优点是能强化企业对一线销售的掌控水平。具体措施有以下几种：

（1）制作终端零售店的档案，包括地域分布图、主要店员资料、主要竞争对手资料等；

（2）把零售店纳入企业的会员体系，时常组织活动、发放福利；

（3）激励零售店积极开展促销活动，奖励其中的业务骨干；

（4）协助零售店培训店员。

5. 通过提供专业指导来掌控渠道

不少渠道成员在发展到一定阶段时会进入一个瓶颈期，突破的办法就是学习更多专业

管理知识，改变束缚自身发展的不利因素。而制造商恰恰可以借此机会组织力量给各级渠道成员当老师或顾问，指导它们怎样突破各自的瓶颈，获得更好的效益。这对企业的渠道建设团队提出了更高的要求。

在一个成熟的渠道中，制造商与渠道成员的利益是高度一致的。换言之，渠道成员碰到的问题同样是制造商要克服的困难。制造商渠道建设团队不仅要把新产品推介给各级渠道成员，还应该主动为渠道成员设计一些降低成本、提高利润、扩大销路的解决方案。如此一来，渠道成员追求自我成长的需要就能得到充分满足，对品牌的忠诚度也水涨船高，最终的受益者仍是制造商自身。

7.2.2 增强渠道控制力的方法

渠道控制力就是制造商运行和管理渠道的能力，它在很大程度上取决于制造商对渠道运行的话语权和自由支配的能力。在目前市场竞争异常激烈的情况下，制造商之间始终处于一种博弈状态，始终在进行控制与反控制的争夺。

1. 制造商如何提高渠道控制力①

制造商提高和保持产品渠道控制力的方式主要有以下几种：

（1）形成规模经济。形成规模经济的制造商往往资金雄厚，生产规模大、销量大，具有很强的讨价还价能力，同时可以通过多条渠道来分销产品，利用渠道竞争来保持对别的渠道成员的控制力。

（2）扩大市场份额。因为销量大、市场份额大、渠道成员流量大、赢利空间大，所以这样的生产商具有很强的奖励权力或强制权力。

（3）保持高品牌忠诚度。高品牌忠诚度表明制造商的产品具有很强的吸引力、市场竞争力，从而赢得了消费者的忠诚度。消费需求拉动销量的上升，制造商一方面能够增强对其他渠道成员的奖励权力，另一方面能够增强认同权力。

（4）采取特许经营方式。拥有较高市场声望和较好销售前景的制造商往往愿意采取特许经营方式。通过授予特许权方式销售，制造商在销售指导、经营店址选择、采购和人员培训等方面具有较大的发言权。

（5）建立竞争渠道或增强渠道内竞争。在同一销售区域内建立新的渠道，制造商可以增强现有渠道与新渠道之间的竞争；或者在现有渠道的内部，增加同类型渠道成员的数量，从而增强渠道内的竞争。通过这些方式，制造商减少对单一渠道或者少数渠道成员的依赖，获得控制权。

（6）提供较大数量的折扣和较高的推销费用。制造商提供较大数量的折扣可以促使渠道成员集中采购主要品牌。通过增加推销费用的方式可以保持控制力，比如某产品在消费者心中的形象不好，很难扩大销路，制造商可以增加推销费用，直接对渠道成员的销售人员进行资助和奖励，从而增强该渠道成员的销售力量。

（7）实施垂直一体化战略。通过该战略的实施，制造商可以自建渠道或合并、兼并现有渠道，获得强制权力。

---

① 朱岩，李树玲．营销渠道管理：理论与实务．北京：机械工业出版社，2017.

（8）对渠道成员进行分级管理。对销售不力的渠道成员，制造商可以通过拒绝继续供货来威胁，迫使对方采取有利于制造商的行为。对大客户，制造商可以不使用传统销售方式而进行直接管理，这样制造商可以获得奖励权力和强制权力。

（9）制造商提供较好的渠道培训和支持，获得奖励权力和专长权力。

（10）制造商通过严格的合同管理，获得法定权力。

2. 批发商如何提高渠道控制力

批发商提高和保持渠道控制力有以下几种方式：

（1）批发商提高自有品牌的影响力，使制造商提供批发商品牌产品，运作自有品牌，获得法定权力和认同权力。

（2）形成大规模销售。实力强的批发商通过实现大规模销售，能够提高与制造商的讨价还价能力，同时获得对零售商的奖励权力和认同权力。

（3）批发商培养忠诚消费者和发展消费者网络，获得对制造商的强制权力。

（4）批发商提供大批量订货折扣，获得对零售商的奖励权力。

（5）批发商成为制造商的独家代理，获得法定权力。

（6）控制信息。批发商掌握制造商以及消费者的信息，获得专长权力。

（7）提供资金。批发商通过向制造商提供预付款，能够缓解制造商的资金周转压力；通过向零售商提供商品信贷，可以缓解零售商的资金周转压力。批发商由此获得奖励权力和专长权力。

（8）实施垂直一体化战略。批发商通过前向一体化或后向一体化战略，获得渠道控制力。

3. 零售商如何提高渠道控制力

零售商提高渠道控制力的方式与批发商有部分相似，但也存在很多不同。

（1）形成大规模销售。零售商通过大规模销售，获得一定的市场份额，获得强制权力和奖励权力。

（2）发展自有品牌。有些零售商历史悠久，在消费者心目中形成了传统的产品形象和服务形象，其自有品牌具有很大的促销力。零售商使用自有品牌而不是制造商的全国性品牌，可以减少品牌管理费用和促销费用，但这也限制了制造商品牌的市场影响力，对制造商来说是一种威胁。因此，零售商发展自有品牌，可以获得对制造商的奖励权力和认同权力。

（3）培养消费者忠诚度。零售商通过培养消费者忠诚度可以获得对批发商或制造商的强制权力。

（4）发展连锁经营。零售商通过发展连锁经营，扩大产品销售，获得奖励权力和认同权力；零售商通过集中采购，可以增强讨价还价的能力，获得强制权力。

（5）提供促销服务。零售商长期与消费者接触，拥有很丰富的促销经验，比如货架摆放、产品陈列、推介模式、购物奖励等方式，对扩大产品销售有很大作用。这样，零售商能够获得对制造商的一定专长权力。

（6）签订协议。大型的零售商可以通过签订专门的协议，比如绕过批发商直接与制造商接洽，从而保证价格优势等。通过这些协议，获得法定权力，以保证终端的竞争优势。

（7）信息控制。零售商通过信息控制获得专长权力。

（8）实施垂直一体化战略。零售商实施后向一体化战略，控制产品的批发或零售，从而加强对渠道的控制力。

同步案例

宝洁和沃尔玛共谋渠道控制权

有时，制造商和零售商似乎是一对貌合神离的“对头”、互相利用的“冤家”。这也是曾经日用品制造企业宝洁和商业零售企业沃尔玛之间关系的真实写照。不过经过不断的磨合，这两家世界500强企业最终通过“协同商务模式”向广大制造商和零售商证明：只要双方放弃短期的利益追逐，克服相互之间的“控制欲”和“占有欲”，全面实施供应链全过程的商务协同运作，就能够真正满足双方的利益，并把整个产业的“蛋糕”做大，实现“双赢”。

宝洁-沃尔玛协同商务模式的形成其实并不复杂。开始时，宝洁开发并给沃尔玛安装了一套“持续补货系统”，具体形式是：双方通过电子数据交换（EDI）和卫星通信实现联网，借助信息系统，宝洁能迅速知晓沃尔玛物流中心内纸尿裤的销量、库存量、价格等数据。这样不仅能使宝洁及时制订符合市场需求的生产和研发计划，同时也能对沃尔玛的库存进行单品管理，做到连续补货，防止滞销品库存过多，或畅销品断货。

在持续补货系统获得成功的基础上，宝洁又和沃尔玛合力启动了协同计划、预测与补货（CPFR）系统。这是一个有多个步骤的流程，从双方共同的商业计划开始，到市场推广、销售预测、订单预测，再到最后对市场活动的评估总结，构成了一个可持续的循环系统。流程实施的结果是双方的经营成本和库存水平都大大降低，沃尔玛分店中的宝洁产品利润增长了48%，存货接近于零。

基于以上成功的尝试，宝洁和沃尔玛接下来在信息管理系统、物流仓储体系、客户关系管理、供应链预测与合作体系、零售商联系平台以及人员培训等方面进行了全面、持续、深入而有效的合作，宝洁甚至设置了专门的客户业务发展部，以项目管理的方式加强与沃尔玛等合作伙伴的关系，以求最大限度地降低成本、提高效率。

宝洁-沃尔玛协同商务模式的形成和实施，最终给双方带来了巨大的收益，并极大地提升了双方的市场竞争能力，巩固和增强了双方的战略联盟关系。通过分享流通渠道控制权，双方实现了渠道协同发展，取得了良好的效果。

小试牛刀

渠道控制情况调查

调查目标：帮助学生体会和了解企业在实际渠道控制中的方法与手段。

调查方法：课余时间找一家在行业里具有一定规模和实力的企业进行调研访谈，了解该企业是通过什么手段和方法对渠道成员进行控制的。

调查组织：组成学习小组，每组5～6人，推选一名组长。

调查结果：各小组上交调查报告并进行课堂展示，见表7-2。

表7-2 渠道控制情况调查报告

班级		组长		小组成员	
选取的企业					
渠道控制的来源					
增强渠道控制的方法					
保持渠道控制的方法					
对方观点的记录					
指导教师点评					

7.3 渠道控制的内容①

7.3.1 产品销售区域

企业的产品销售区域是渠道控制的重要内容之一，企业需要通过对产品销售区域的控制，来合理分配渠道成员的渠道任务，以保证和维护渠道成员的销售空间和利益回报。控制产品销售区域的具体工作包括以下两个方面。

1. 划定销售区域

销售区域通常是按地理区域及经营区域划分的。企业为渠道成员准确划定销售区域，要经过以下几个步骤：(1) 初步确定企业产品的销售区域范围；(2) 测定每个子销售区域的市场潜力；(3) 分析每个渠道成员的销售能力；(4) 最终确定各渠道成员的销售区域。

企业为渠道成员划定销售区域，既能保证渠道成员在所属市场地域内的销售，又能保证消费者的覆盖程度，使市场容量保持稳定，从而保证利润。渠道成员产品销售区域的大小会直接影响渠道成员的生意价值，如销量、销售额及利润等。渠道成员在经销某一产品时，如果其单位利润一定，销售区域小，就意味着销量小，则该渠道成员的利润总额就小，渠道成员就有可能缺乏经销该产品的积极性，或退出该企业的渠道；如果销售区域较大，则渠道成员的利润总额就可能比较大，渠道成员的积极性就会提高。

2. 防止窜货、稳定市场

企业为防止渠道发生窜货，稳定市场经营环境，必须规定渠道成员只能在指定经销区域和渠道内销售所经销的品牌或产品。例如，某企业产品的销售区域固定，甲经销商向乙经销商的销售区域销售产品，虽然扩大了甲经销商的销售范围，但却损害了乙经销商的利益，也间接损害了企业的利益。企业为防止窜货，一般需要采取以下措施：

(1) 准确划定渠道成员市场范围，使每个渠道成员都有一定容量的市场。

(2) 制定合理的销售任务，使渠道成员不需要“窜货”也能够完成目标并获得销售奖励。

(3) 应用相关技术，加大对窜货的查处力度。

---

① 王方．渠道管理．2版．北京：高等教育出版社，2019.

（4）建立严格的窜货处罚制度，并坚决执行。

7.3.2 产品销售价格

产品销售价格的管理和控制是影响渠道成员经济利益和消费者购买利益的重要因素，许多制造企业渠道网络的冲突和混乱就是源于渠道价格的失控。因此，制定正确的价格政策是维护企业利益、调动渠道成员积极性、吸引消费者购买、战胜竞争对手、开发和巩固市场的关键。控制产品销售价格的工作主要包括以下几个方面。

1. 稳定产品价格系统

产品或服务价格稳定是企业确保将其产品或服务成功推向目标市场并达到预定销售额和市场份额的关键条件之一。而一些渠道成员在经济利益的驱使下，往往会以低于市场正常价的价格侵占其他区域市场，导致企业产品价格系统和渠道网络系统出现混乱，严重损害合法渠道成员以及企业的经济利益。企业对渠道成员进行合理、科学的激励，努力平衡各方利益，有助于遏制窜货现象的发生，保持产品价格系统的稳定。

2. 合理分配渠道各个环节的利润

企业的产品通过不同等级的渠道成员进行销售，就会形成不同层次的销售价格，如出厂价、一级批发商销售价、二级批发商销售价、零售价等。各级渠道成员的产品销售价与其购进价之间的差额，形成了该渠道成员的利润空间。一个完善的价格体系应对不同层级的渠道成员，如经销商、零售商等，制定不同的价格分配方案，使每个层级的渠道成员都有利可图，愿意经营本企业产品。若渠道成员利润空间过小，会造成渠道成员销售的积极性不高或放弃销售该产品；若渠道成员利润空间过大，则容易导致渠道成员为追求更多经济利益而窜货。

7.3.3 产品品牌维护

品牌对于很多企业来说是最重要的资产。企业设计品牌的目的就是通过有效运作，使消费者信任、接受品牌及其标定的产品，进而通过销售产品占领市场，获得预期收益，品牌在产品和消费者之间起到了一个桥梁和纽带的作用。

数字赋能与渠道创新

推动中华文化更好走向世界

党的二十大报告指出：“增强中华文明传播力影响力。坚守中华文化立场，提炼展示中华文明的精神标识和文化精髓，加快构建中国话语和中国叙事体系，讲好中国故事、传播好中国声音，展现可信、可爱、可敬的中国形象。”

自 2017 年起，我国将每年 5 月 10 日定为中国品牌日。近年来，越来越多的中国品牌以高性价比、高技术含量的产品参与竞争，拥有越来越多的“粉丝”。中国产品紧紧围绕优质、精品、创新等关键词向中国品牌转变。神舟飞天创造“中国高度”，蛟龙潜海成就“中国深度”，高铁飞驰跑出“中国速度”，北斗导航展现“中国精度”。这些国家名片在推动中国发展的同时，也在造福世界。

中国品牌日的标识为由篆书“品”字为核心的三足圆鼎形中国印。“品”字一方面体

中国品牌日
CHINA BRAND DAY

现中国品牌日的“品牌”核心理念，昭示开启品牌发展新时代；另一方面蕴含“品级、品质、品位”之意，象征品牌引领经济向高质量发展。“鼎”是中华文明的见证，是立国重器、庆典礼器、地位象征。以鼎作为中国品牌日的标识符号要素，象征品牌发展是兴国之策、富国之道、强国之法，彰显中国品牌声誉大名鼎鼎，中国品牌承诺一言九鼎，中国品牌发展迈向鼎盛之时。“印章”是我国传统文化的代表，是易货的凭证、信誉的标记、权力的象征。以印章作为中国品牌日的标识符号要素，体现了中国品牌重信守诺，象征着中国品牌发展的国家意志。

品牌是生产者和消费者共同的追求，是供给侧和需求侧升级的方向，是企业乃至国家综合竞争力的重要体现。加强品牌建设，有利于推动经济大国向经济强国转变，有利于满足人们更高层次的物质文化需求，有利于弘扬中华文化、提升中国形象。发展品牌经济，就是以新发展理念为指导，全面改善影响品牌发展的质量、创新、诚信、文化、人才、营销和环境等要素，推动产业结构调整，促进经济转型升级，为实现中华民族伟大复兴的中国梦奠定更加坚实的基础。

小试牛刀

设计一场学生辩论赛，辩论主题是“现代企业营销是渠道驱动还是品牌驱动”，换句话说，在企业营销活动中，你认为“是渠道更重要还是品牌更重要”。将学生分成若干小组，自由选择正方、反方，或者抽签决定正方、反方，给一周的准备时间，在课堂上安排辩论，组建临时评委会点评和打分，最后由教师点评。辩论赛成绩作为小组平时成绩。

7.3.4　产品陈列展示

市场终端执行力的强弱会影响企业能否迅速适应市场变化以抓住商机。企业若想尽快将产品顺利传递到消费者手中、先于竞争对手抢占市场制高点，就需要渠道成员在铺货速度与铺货密度上充分配合。企业制定相关的激励措施，有助于渠道成员提高终端铺货速度，并在条件成熟时提高铺货密度，从而帮助企业获取更多的市场机会。

此外，企业产品在零售终端的展示陈列状况直接影响消费者能否方便购买，产品能否满足消费者需求，消费者能否直接做出本企业产品的选购决策。终端店铺是零售商的资源，零售商在分配商品展示位置的时候有充分的自主权，这就需要企业对零售商的陈列与展示行为施加影响。图 7-1 为×××超市各品类的陈列展示。

果蔬区

肉食区

水产区

餐饮区

图 7-1　×××超市各品类的陈列展示

数字赋能与渠道创新

数智化时代产品陈列技巧

如今，数智化技术正在对产品陈列产生深远且多维度的影响。数智化技术极大地提升了产品陈列的精准性，增强了陈列的互动性和体验感，实现了陈列的实时动态调整，使得线上线下融合的陈列模式得以实现。具体表现如下：

1. 使用数字化展示设备

通过数字化展示设备，如高清显示屏和触摸屏，产品信息得以生动呈现，吸引消费者目光。

（1）触摸屏展示。

在店铺中设置触摸屏，消费者可以通过触摸操作浏览产品的详细信息、图片、视频等。例如，在家具店，消费者可以在触摸屏上查看不同款式沙发的内部结构、材质说明以及搭配建议。商家可以设置互动游戏或问卷调查，收集消费者的喜好和反馈。

（2）高清显示屏。

利用大型高清显示屏展示主推产品、新品或促销活动。例如，在商场中庭的显示屏上播放品牌的广告视频，吸引过往消费者的注意力。此方法可以实现动态展示产品，让消费者全方位了解产品外观。

2. 虚拟现实（VR）和增强现实（AR）技术

虚拟现实和增强现实技术让消费者身临其境体验产品，增强互动性与购买欲。

（1）VR 体验区。

商家为消费者提供 VR 设备，让他们身临其境地体验产品的使用场景。例如，在房地产销售中，通过 VR 技术让客户参观未建成的样板房。对于一些难以在实体店展示的大型产品，如汽车、游艇等，VR 体验能提供更直观的感受。

（2）AR 应用。

商家开发手机 AR 应用，消费者通过手机摄像头扫描产品，即可在屏幕上看到产品的虚拟效果。例如，在美妆店，消费者扫描口红产品，就能看到涂抹在自己嘴唇上的效果。AR 应用可以增强消费者与产品的互动，提高购买意愿。

3. 智能货架与标签

智能货架与标签实时更新信息，精准洞察消费者行为。

（1）电子货架标签。实时更新产品价格、库存信息和促销内容。例如，当产品价格调整或有新的促销活动时，电子标签可以立即显示最新信息，避免人工更换标签的烦琐和错误。电子货架标签可以根据时间段或消费者流量自动切换重点推荐产品的信息。

（2）智能货架传感器。它可以监测消费者在货架前的停留时间、拿取产品的次数等行为数据。通过分析这些数据，商家可以了解消费者对不同产品的关注度，优化货架陈列布局。

4. 线上展示平台与线下融合

线上线下融合的展示平台拓展了陈列空间。

（1）线上商城同步展示。

实体店的产品陈列与线上商城保持一致，方便消费者在线下体验后在线上购买。例如，消费者在实体店看到一款喜欢的服装，但没有合适的尺码，可以通过线上商城下单。线上商城提供了更多的产品款式和颜色的选项，弥补线下店铺空间的限制。

（2）二维码链接。

在产品旁边放置二维码，消费者扫描后可以获取更多产品信息、评价、搭配建议等。例如，在超市的食品区，消费者扫描二维码就可以查看食品的营养成分、烹饪方法和评价。

5. 数据分析优化陈列布局

数据分析能优化陈列布局，实现精准营销。

（1）收集消费者行为数据。

店铺内的摄像头等设备可以收集消费者的行走路线、停留区域等数据。例如，商家分析发现某个区域消费者流量较大，但购买转化率低，可能需要调整该区域的产品陈列。商家结合销售数据，了解哪些产品受欢迎、哪些产品滞销，据此调整产品陈列位置和数量。

（2）基于数据的陈列决策。

商家可以利用数据分析结果，将热门产品放在显眼位置，将相关联的产品放在相邻位置，促进交叉销售。例如，将手机与手机配件放在相邻货架上，方便消费者同时选购。

十种常见的渠道促销方式

7.3.5 促销政策

对企业促销政策的贯彻落实，必须依靠渠道成员的配合。一般来说，新品上市、库存处理、旺季冲销量、淡季保市场时，都需要进行渠道促销。企业在制定促销政策时，要注意渠道促销的力度与频率问题。如果企业渠道促销力度太小，就会缺乏对渠道成员的吸引力；促销力度太大，又要承受人、财、物的压力。

企业可通过了解渠道成员对渠道促销的意愿，确定合理有效的渠道促销力度和频率，以实现渠道促销效果。同时，渠道促销的方式多种多样，企业要准确把握能够有效激励渠道成员的促销方式。

数字赋能与渠道创新

大智移云时代促销策略的制定技巧

1. 基于大数据的客户细分

大数据能够收集海量的客户信息，包括购买历史、浏览行为、社交媒体互动等，从而全面了解客户特征。例如，通过分析客户的购买频率和金额，可以将客户分为高频购买者、低频购买者、价格敏感型客户、品质追求型客户等不同群体。对价格敏感型客户提供直接的价格折扣；对品质追求型客户提供赠品或增值服务。

2. 精准的需求预测

企业利用时间序列分析和机器学习算法，分析市场趋势、季节变化、经济环境等因素对销售的影响。例如，电商平台通过分析历年销售数据发现，在特定节日前夕，某些产品的需求会大幅增长。企业可以根据预测结果提前准备库存，并在需求高峰期推出有针对性的促销活动。例如，在情人节前，珠宝店会加大广告投放，并推出情侣首饰套餐优惠。

3. 实时的效果评估与调整

大数据能够实时监测促销活动的各项数据，如点击率、转化率、销售额等。企业发现某项促销活动效果不佳，能够及时调整策略，如改变优惠力度、调整宣传渠道等；发现某款产品的促销广告点击率低，立即更换更有吸引力的图片和文案。促销活动结束后，企业可以继续对数据进行深入分析，总结经验教训。例如，企业分析不同促销策略的投入产出比，找出最有效的促销方式，为下一次促销决策提供参考。

4. 个性化的促销推荐

企业通过大数据分析每个客户的独特偏好和行为模式。企业可以根据客户的浏览历史和购买记录，了解其对特定品牌、风格或功能的产品的兴趣，为客户提供个性化的促销信息和产品推荐。例如，在线书店根据客户的阅读历史，向其推送相关类型书籍的折扣信息。

5. 社交媒体数据的利用

社交媒体平台上产生了大量关于产品和品牌的讨论、评价和分享。企业可以从社交媒体平台收集关于产品和品牌的讨论、评价和分享等数据，基于社交媒体的反馈制定促销策略。例如，一款新产品在社交媒体上引起了广泛关注但负面评价较多，企业可以通过限时折扣和赠品的方式来吸引客户尝试，改善口碑。

7.3.6 市场信息

随着社会经济的发展和人们收入水平的提高，消费者对产品的需求日益丰富与个性化，而且这种需求变化的速度越来越快。中间商（尤其是大型零售商）所拥有的终端市场最接近消费者，有能力收集、分析消费者购买行为的相关信息并把握这种市场变化。对此，企业可以制订相应的渠道激励计划，使渠道成员积极地为企业提供消费者的需求信息和市场的变化趋势，及时获取相关市场信息，把握消费者新需求，并调动一切资源去满足这种新需求，从而获得竞争优势。

小试牛刀

零售终端信息调研实训

某食品企业新开发了某高端饮料品牌，准备进入山东、江苏、浙江市场。由于企业前期经营的是干货食品，欠缺饮料市场的招商经验，而制定有效的渠道政策是招商工作的第一步，因此企业的营销高管很烦恼。后来，该企业的营销总监咨询了某顾问公司的一位咨询师朋友。他的这位朋友结合自身的项目经验和饮料行业的特点，提出了制定有效渠道政策的建议。在正式开发分销商前1个月，该企业派出3名销售人员前往目标省份做调研，A销售员负责山东的济南、青岛，B销售员负责江苏的徐州、南京，C销售员负责浙江的杭州、温州。

实训目的：掌握零售终端信息调研的方法和步骤。

实训步骤：

第一步：走访零售终端。

(1) 零售终端类型：KA卖场、________________等。

(2) 走访终端数量：规定单个城市走访有效门店数量不少于________家。

(3) 终端所要收集的信息：竞争产品价格信息、________等。

第二步：竞争产品渠道成员约谈。

(1) 约谈渠道成员的数量：要求每个城市不少于________个。

(2) 所要收集的信息：竞争产品的价格政策、________等。

第三步：竞争产品厂家情况刺探。

(1) 走访竞争产品厂家的数量：要求每个城市不少于________个。

(2) 所要收集的信息：竞争产品的价格政策、________等。

第四步：目标渠道成员访谈。

(1) 访谈渠道目标成员的数量：要求每个城市不少于________个。

(2) 所要收集的信息：目标渠道成员对企业________等政策的要求。

7.3.7 应收账款

应收账款的回收是保证企业获得盈利的必要条件。企业在向渠道成员赊销产品或铺货后，必然产生应收账款。如果应收账款管理不力，就会导致企业生产经营资金被占用，企业资金周转速度减慢，资金压力骤增，企业利润也随之削减，而且一旦形成坏账，会直接影响企业的经营绩效。因此，企业必须通过渠道控制来解决渠道运营中渠道成员应收账款的回收问题，以降低企业的经营风险，保证企业能够正常运营，顺利发展。应收账款的控制措施具体包括以下几个方面：

（1）制定合理的信用政策。

（2）健全企业应收账款内部控制制度。

（3）强化应收账款的日常管理。

（4）掌握加快应收账款回款的方法。

7.4 渠道的生命周期管理

任何事物都有一个产生、发展、成熟及至衰退的演变过程，渠道的运行也体现了这一系列的阶段性变化。企业、行业、产品以及渠道的发展都遵循生命周期的规律。渠道的生命周期一般可以划分为以下五个阶段。

7.4.1 进入期

刚进入某个市场不久，企业力量主要集中于吸引中间商成为自己的渠道成员，保证渠道可以满足对终端消费者的覆盖，满足终端随时获得货物的要求。这个阶段是探索和试验阶段。在这一阶段，企业要考虑双方潜在的责任、义务和利益，中心目标是降低交易的不确定性和评价可能的潜在价值。

产品在进入期时名气还没打响，购买数量不多，消费群体尚未完全成形，订货交易具有不稳定性。库存高会增加企业和渠道成员的经营压力，库存低往往难以保证货物的供应，因此进行科学布货、合理管理库存极其重要。企业应该根据产品的特点与渠道成员的实力来设计渠道，让渠道长度更短、渠道覆盖面更广、配送流程更便利。

7.4.2 成长期

当企业渠道挺过了最初的进入期后，就进入了一个发展速度较快的成长期。这个阶段渠道成员的利益和相互间的依赖性不断增加，逐渐意识到对方有能力提供令自己满意的价值和履行其在关系中的职责，因此愿意承诺一种长期关系，承担一定的风险。

本阶段的产品需求处于稳定增长状态，渠道成员已经能确保不断货，于是会选择最低库存的管理模式。随着市场占有率的提高，企业产品会遇到更多同类产品渠道的竞争。这意味着企业要想办法扩大销售规模，降低产品成本。所以，企业在渠道成长期要注意以下几点：

（1）培养优质经销商，扶持它们做大做强；

（2）把优秀的经销商发展为一级或二级经销商，构建一个多层级且较为密集的分销体系；

（3）对市场进行细分，提高渠道的宽度和广度，用多元化渠道向更多细分市场渗透；

（4）想办法把规模效益发挥到最大，关键是把物流环节设计好，把物流过程中省下的成本作为企业的第三利润源；

（5）与渠道成员共建供应链与物流网络支持系统，并提高终端市场需求信息在渠道中的传播效率，以便企业能及时了解市场的最新需求变化。

7.4.3　成熟期

经过成长期之后，市场需求趋于饱和，渠道越来越稳定，进入了成熟期。这个阶段的特点是企业和渠道成员对关系做了大量的有形或无形的投入，并且双方都得到了较高的满意度和可观的利益。

这时候的销售网络已经完全稳定下来，企业与渠道成员的合作已经非常深入，企业产品品牌也在目标市场中具有了一定的影响力。渠道的结构相对稳定，产品销售状况也趋于平稳，整个渠道的活力不如前两个阶段。企业要想办法再次激发渠道的活力，以释放更多的销售潜力。企业在渠道成熟期的工作重心有以下几点：

（1）守好现有的销售网点，利用先进的技术来了解各个销售网点的需求量与配送中心的发货量，以求实现对渠道的精准化管理；

（2）巩固与渠道成员的合作关系，设法提高核心渠道成员对渠道的忠诚度，这需要企业为渠道成员提供更多的服务与优惠政策；

（3）努力做到全渠道的产品销售，并注意根据不同区域市场的情况提供差异化的渠道服务；

（4）把服务竞争与价格竞争作为渠道竞争的焦点，重新整合现有的服务体系与价格体系，促进渠道品牌化发展。

7.4.4　衰退期

进入衰退期，早已高度饱和的市场对产品的需求量急剧下降，企业与渠道成员越来越难以完成销售指标。在这个阶段，至少有一方会对合作关系感到不满意，希望终止关系，并且开始考察可替代关系，而且开始向对方传递终止关系的意图。

当然，也有一些企业不愿放弃经营多年的旧产品，积极思考延长旧产品市场寿命的办法，如改变原有的市场定位、重新包装旧产品、用更优惠的价格与更多的增值服务来挖掘旧产品最后的市场潜力。不过，这种做法通常只是权宜之计，难以完全让旧产品起死回生。最终，企业还是会用新产品来代替旧产品的市场地位，通过不断的产品创新来激活整个渠道的生命力。

7.4.5　离开期

旧产品潜力完全耗尽而新产品又迟迟打不开市场时，企业就应该考虑放弃这个市场，渠道成员也随之进入离开期。企业在离开期时会采取大降价促销的形式来赚取最后一点利润，然后淘汰掉那些销售能力弱、管理水平低的渠道成员，精简渠道结构，只保留少数优秀的渠道成员，以便等待机会重建一条新的渠道。

课堂实训

控制校园文创产品营销渠道

● 实训目标

通过本次实训，学生可以理解营销渠道控制的概念、策略及渠道的生命周期管理要点；培养团队协作、沟通及实践应用能力。

● 背景资料

假设你是某高校校园创业团队成员，团队设计生产了一批具有校园特色的文创产品（如书签、笔记本、钥匙扣等）。目前已开拓了线上（微信公众号、校园二手交易群）和线下（校园文创店、宿舍直销）两种营销渠道。但在产品销售过程中，出现了线上渠道订单处理不及时、线下校园文创店压价销售和宿舍直销渠道窜货等问题，严重影响产品销量和品牌形象。现需要运用营销渠道控制的相关知识，对渠道问题进行分析和处理，实现渠道有效控制和产品良好销售的目标。

● 实训步骤

1. 分组讨论：学生 5～6 人一组，分析情景中渠道存在的问题，运用所学知识分析当前线上、线下营销渠道存在的问题及原因。

2. 策略制定：针对不同渠道问题，分别制定控制策略与方法。

3. 方案设计：结合渠道现状和未来发展，设计渠道生命周期管理方案，规划渠道未来发展。

4. 报告撰写：撰写营销渠道控制方案，明确问题、策略、方法等内容。

5. 成果展示：每组派代表展示报告，进行团队间交流与互评

● 实训成果展示

● 任务执行评价

任务执行评价标准

评价指标	评价标准	分值	得分
完成情况	是否在规定的时间内完成任务并按时上交	30	
成果质量	合理性、协作性、创新性评价	70	
总分		100	
指导教师： 日期：　　年　　月　　日			

● 实训总结

● 指导意见

课后提升

相宜本草：多渠道协调平衡

相宜本草虽然没有机会搭乘 20 世纪 90 年代国内美妆品牌野蛮生长的“高速列车”，但是能够成为占据一席之地的后来者，靠的是这两点：渠道上实施以 KA 为核心的多渠道战略；功效上定位“中药本草”，填补当时的市场空白。近年来，随着线上购物规模的不断扩大，美妆品牌也纷纷加码电商业务，但随之而来的是线上线下渠道交叉、经销商窜货等乱象频频出现。相宜本草的做法是，将渠道完全分开，为各个渠道设计专供产品，这一做法有效地避免了线上线下互相干扰。

1. 强势拓展商超渠道

相宜本草另类的渠道切入点至今仍为许多业内人士津津乐道。不同于许多本土化妆品品牌一开始从专营店入手，强势崛起后再自下而上“跨界”进入商超等渠道的发展路径，相宜本草从创立之初便瞄准了更为高端的 KA 渠道。在这一渠道体系中，丁家宜、东洋之花、佳雪等品牌都曾作为本土化妆品企业的代表与外资品牌分庭抗礼。

相宜本草的突出之处在于对销售终端的高度重视和精细化管理。相宜本草采取了分段考核制度，将各项具体费用消耗标准量化落地。另外，分布在全国卖场内的数千名化妆品导购员也是相宜本草终端销售的保证。据了解，相宜本草对这些导购员进行无中介直接管理，不仅专门成立导购培训中心，还设置了多种激励方式。为避免不同渠道产品造成消费者认知的混乱，相宜本草更是酝酿新一轮渠道产品明星代言计划，即为每个系列产品设置一名代言人，以此向消费者明示某系列产品属于特定渠道。

2. 多渠道协调平衡

现在，相宜本草的渠道不仅包括其赖以崛起的大型商超，还有线上销售和专营店等其他渠道，“三驾马车”共同构成了相宜本草的多渠道发展格局。

事实上，进货渠道五花八门、终端定价参差不齐几乎是每一个选择多渠道策略的企业都会面临的难题，但相宜本草有自己的解决方案。在中间商网络体系管理方面，相宜本草按地区进行渠道分线，每个省在三大渠道都分设代理商。在此基础上，进一步严格规定每个代理商只能选择一个单一渠道，其他渠道不得涉足。为了进行相应的监督，相宜本草还在产品上配备了明码和暗码系统。而在价格管控上，相宜本草将定价权收回并强势推行线上线下统一价格，从根源上遏制了价格的多样化。另外，针对同一品牌在不同渠道销售可能引发的价格体系和消费者认知混乱，相宜本草还为各个渠道研发了相对应的产品。

3. 深度渗透低线市场

向二三线城市甚至周边县城、乡镇下沉是近年来美妆品牌的大势所趋，对于优势一向在一线城市大型卖场的相宜本草来说也不例外。公司总裁说，要趁着国际品牌还没大力布局低线市场的时候迅速出手。相宜本草的应对方式是深度渗透，在低线市场，没有“大牌”压力的相宜本草可以自如地将终端渠道开进社区店、小型日化店和偏远的便利店。相宜本草很清楚，从单店平效来看，一线城市的布局属于“少网点多产出”；而低线市场则是“多网点少产出”，越往下走，单店产出越少，网点数量相应就会越多，必须借助广大本地经销商的力量来拓展市场。

但不可否认的是，越往低线市场走，品牌对经销商的依赖程度会越高。随着渠道下沉，对代理商的有效管理或许将成为其快速扩张过程中无法绕过的难题。

问题讨论：

1. 怎样理解相宜本草的多渠道组合设计？

2. 相宜本草是怎样实现多渠道协调平衡的？

同步测试

一、单选题

1. 某公司在进行渠道控制的过程中，为了保证自身利益的最大化，设立了对中间商不利的规定，最终导致中间商集体放弃与之合作，由此可见渠道控制（　　）。

A. 具有相互性　　B. 基础是平等
C. 具有风险　　D. 体现为制度控制

2. 独家经营权、提成奖励等渠道控制方法属于（　　）。

A. 利用优质服务进行控制　　B. 利用品牌进行控制
C. 利用经济利益进行控制　　D. 利用强制权力进行控制

3. 某制造商希望成功地影响其渠道成员的某种决策的行为是（　　）。

A. 渠道控制　　B. 渠道选择　　C. 渠道评估　　D. 渠道激励

4. 制造商不仅能够决定负责其产品销售的中间商的数量、类型及地理区域分布，而且能够支配这些中间商的销售政策和价格政策，这种控制属于（　　）。

A. 正向控制　　B. 绝对控制　　C. 负向控制　　D. 低度控制

二、多选题

1. 从渠道控制的重要性来看，渠道控制是（　　）。

A. 建立渠道的最终目的　　B. 渠道成员沟通的桥梁
C. 实现渠道功能的基础　　D. 维持渠道生存和发展的前提条件

2. 渠道控制的特点有（　　）。

A. 控制对象的相互性　　B. 以协调多方利益为目的
C. 是强制性的指挥控制　　D. 市场控制与制度控制的结合

3. 按照渠道控制的程度分类，渠道控制可分为（　　）。

A. 绝对控制　　B. 低度控制　　C. 相对控制　　D. 中度控制

4. 按照渠道控制的结果导向分类，渠道控制可分为（　　）。

A. 正向控制　　B. 反向控制　　C. 负向控制　　D. 低度控制

三、判断题

1. 渠道是一个系统，渠道控制是渠道生存和发展的必要前提。（　　）

2. 当某一渠道成员由于其目标或形象得到其他成员的认可，成为其他成员的参考群体时，它就可能影响其他渠道成员的行为，这时它就拥有了强制权力。（　　）

3. 渠道政策是企商双方在执行渠道政策的过程中表达出来的合作态度。（　　）

4. 渠道成员之间的控制既可以利用市场机制来实现，也可以利用组织内的层级制度来实现。（　　）

5. 制造商对达不到合作与支持要求的中间商往往采用正向控制。（　　）

项目8　渠道冲突与管理

知识目标

1. 掌握渠道冲突的含义、影响，构建冲突认知基础框架；
2. 明晰渠道冲突的类型、产生的原因，理解冲突发生的内在逻辑；
3. 熟悉渠道冲突的管理策略与管理方法，形成系统化冲突解决知识体系；
4. 了解窜货的含义、类型及原因，把握窜货的本质与规律；
5. 掌握窜货预防的方法，完善渠道管理知识储备。

技能目标

1. 能够准确识别渠道冲突类型，分析冲突产生的原因并提出初步解决方案；
2. 能够运用渠道冲突的管理策略与方法，妥善处理渠道冲突事件；
3. 能够辨别不同渠道窜货类型，快速定位窜货根源；
4. 能够制定有效的渠道窜货预防措施，维护渠道市场秩序；
5. 能够整合冲突管理与窜货预防手段，优化渠道运营管理。

素养目标

1. 培养敏锐的市场洞察力，及时察觉渠道冲突与窜货潜在风险；
2. 提升应变能力，在复杂渠道冲突情境中保持冷静、灵活应对；
3. 塑造全局观念，从企业整体利益出发协调处理渠道矛盾；
4. 树立诚信经营理念，自觉抵制窜货等不正当市场行为。

知识图谱

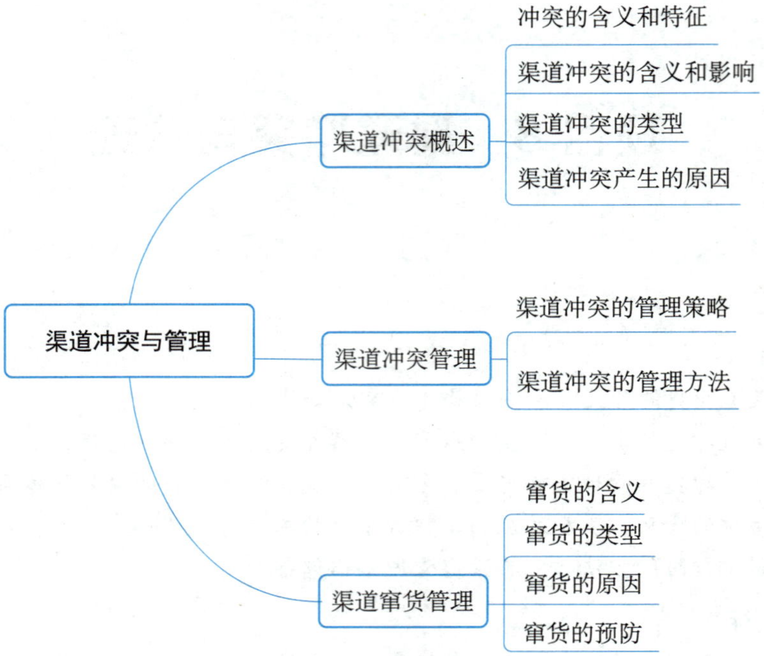

导入案例

格力与国美、苏宁重新合作，昔日美景可否再现？

格力与国美重新合作，又快速与阿里巴巴、京东达成战略合作协议，并与苏宁继续合作，主要原因是，从 2015 年开始，市场上的格力空调窜货行为多了，价格也乱了，导致格力空调的销量受到了影响。种种迹象表明，格力迫于库存清理的压力，正一步步亲手拆掉自建的渠道网络。

1. 电商冲击，专卖店的风光已不再

专卖店也称专营店，是指专门经营或授权经营某一主要品牌（制造商品牌和中间商品牌）商品的零售业形态。长期以来，专卖店模式被誉为格力电器两大核心竞争力之一（另一大核心竞争力是技术），但是今天，这一核心竞争力随着电商的迅速崛起而急速下降。在互联网渠道中，中间商的地位受到冲击，即使是最小的制造商也能在互联网上向广大消费者提供信息；数以万计的消费者通过互联网与制造商直接联系，在网上购买。这在某种程度上已经成为格力企业转型的阻碍因素。

自空调市场进入饱和期，市场已经难有增量，主流企业的增长主要靠从竞争对手那里抢，也就是我们常说的“切蛋糕”。

电商时代的到来，对专卖店的生存造成很大的威胁。过去，专卖店只需和大卖场竞争，现在，专卖店不仅要和大卖场竞争，还要和电商竞争，多了竞争对手，少了生存空间。

2. 库存压力，寻求昔日伙伴再帮忙

格力是“淡季预打款”模式执行力度最大的家电企业，每年的第四季度都能把当年的任务完成，至于第二年这么多的库存怎么消化到时候再想办法。格力空调的高库存压力，在整个家电行业都不是什么秘密。

在短时间内，格力为了消化库存，开始从自己的自建渠道进入公共渠道，实现多渠道销售。从表面上看，从自建渠道进入公共渠道，给格力空调带来的将是销售渠道和网点的成倍增加。从消化库存的角度来看，格力无疑可以在短期内迅速依靠国美、苏宁、京东、阿里巴巴的渠道和平台影响力，实现增长。而现实情况是，渠道是动态的，渠道之间也是兵刃相见下的市场相斗，无论是国美、苏宁，还是阿里巴巴、京东，在当前的家电市场格局之下，都是在相互抢蛋糕、抢地盘。对于格力来说，将面临自建渠道与公共渠道之间相互倾轧，以及自建渠道内部、公共渠道内部的左右手互搏等问题。

资料来源：何亮，陈锐，李剑虹．市场营销案例分析及实践实训．成都：西南财经大学出版社，2019.

思考：格力与苏宁、国美能够重新合作的原因是什么？格力该如何解决渠道冲突问题？

任何渠道都是冲突与合作并存的。企业与中间商的利益既有共同点，也存在分歧点。渠道冲突是把“双刃剑”，运用恰当，可以带来活力与积极性；如果不加以控制与协调，带来的后果也将是不堪设想的，尤其是在新兴分销渠道和传统分销渠道并存的模式下，渠道冲突一旦处理不好，爆发渠道灾难不可避免。

8.1 渠道冲突概述

8.1.1 冲突的含义和特征

1. 冲突的含义

冲突是指矛盾表面化，发生激烈争斗。我们所处的世界，恰恰是充满了矛盾变化、充满了激烈争斗的。然而，冲突必有因，它的产生、发展和解决是有一定规律可循的，企业需要尽可能将恶性的冲突转化为良性的竞争。

2. 冲突的特征

（1）冲突无处不在。

现实生活中，冲突可谓无处不在、无时不有。尤其是在管理活动中，冲突的发生更为频繁。试想，如果所有渠道成员都能为一个共同的目标而和谐一致、按部就班地奋斗，那么也就不再需要大量复杂、艰巨的沟通与协调工作，管理人员的工作恐怕就要减轻一大半了。

按照传统意义上的理解，冲突一般都具有对抗性，总以一方胜利，另一方失败告终，甚至常常出现两败俱伤的结果。因此无论何时何地，出现冲突总不是件好事。对企业来说，虽然日常的冲突不至于导致流血、减员事件，但它无疑会使组织出现严重的“内耗”，导致战斗力减弱。因为企业间的竞争更多的是“一种游戏”“一种竞赛”，而不是“一场战争”（以消灭对手为目的），所以企业所面临的种种冲突大多是“竞争性”的，而不是“战争性”的，解决的办法也应该是“和平解决”，而不是“消灭”。

（2）冲突具有两面性。

发生冲突虽然不是好事，但它也有积极的一面。冲突有时可以激发活力，转化为事物发展的动力。组织内部的潜在矛盾转化为冲突，总比它被长久地掩盖起来要好。任何事物总是在斗争中得以成长的，如果对冲突处理、引导得当，就可以使它转化为组织发展与变革的动力，并达到更新观念、拓展事业的效果。由此可见，冲突对于企业而言，也是有利有弊的，不可一概而论。从积极意义上说，适度的冲突可以激发渠道成员的竞争意识，促进创新。企业可以有意识地设计一些良性冲突，作为渠道经营策略的一部分，以增强渠道活力和竞争力。

8.1.2 渠道冲突的含义和影响

1. 渠道冲突的含义

渠道冲突指的是渠道成员发现其他渠道成员从事的活动阻碍或者不利于本组织实现自身的目标，从而发生的种种矛盾和纠纷。例如，某公司区域代理商发现在互联网上该产品零售价远低于其市场零售价，导致其生意大减，于是公司与区域代理商矛盾爆发。

2. 渠道冲突的影响

（1）渠道冲突的正面影响。

1）有效遏制中间商的过分膨胀，均衡企业和中间商的力量，促进全面合作局面的形成。

2）有利于不断改善渠道环境，增加企业的渠道权力，同时可引起渠道各个因素的变动，最终推动渠道模式的变革朝集约化、扁平化方向发展。

3）推动中间商转型，促进其发展。中间商迫于生存的压力，不得不快速转变观念，发展或者转变职能，以适应企业和市场的要求而避免被淘汰的命运。

4）可推动新兴分销渠道和传统分销渠道各自的发展，给消费者带来更大的利益。

（2）渠道冲突的负面影响。

1）新兴分销渠道不可避免地要从传统中间商处争夺消费者，挫伤中间商的积极性，导致中间商的集体对抗。

2）各销售渠道利益分配难以均衡，易引起中间商的不满，导致销售策略难以执行，市场和价格混乱，企业形象受损。

3）中间商忠诚度大幅下降，会尽一切办法阻碍直销渠道的发展，增加了企业改善渠道环境的成本。

4）通路不畅，矛盾重重，将消耗企业极大的精力和巨额的资金。

8.1.3 渠道冲突的类型

渠道成员之间的联系、活动非常多，每一项活动都存在发生冲突的可能性。当渠道成员对渠道活动有不同的理解或看法时，冲突就会产生。按照渠道成员的关系类型，可以将渠道冲突划分为以下几种类型：水平冲突、类型间冲突、垂直冲突和渠道系统冲突。

1. 水平冲突

水平冲突又称横向冲突，是指同一类型渠道成员之间的冲突。例如，一家汽车制造商和另一家汽车制造商、一家木材供应批发商和另一家木材供应批发商，或者一家超市和另一家超市之间的竞争冲突是水平冲突。这是最直观也是最常见的冲突类型之一。

2. 类型间冲突

类型间冲突，是指同一渠道级别中不同类型的渠道成员间的冲突。例如，折扣店和百货店之间，或者中间商之间的冲突，还有以电商为代表的新兴渠道与传统渠道之间的冲突是类型间冲突。

3. 垂直冲突

线上线下渠道冲突管理策略

垂直冲突即纵向渠道冲突，是指在同一渠道中不同级别渠道成员之间的冲突。一方面，越来越多的企业从自身利益出发，采取直销与分销相结合的方式销售产品，这就不可避免地要同下游中间商争夺消费者，大大挫伤了下游中间商的积极性；另一方面，当下游中间商的实力增强以后，不满足于目前所处的地位，希望在渠道系统中获得更大的权利，便向上游中间商发起了挑战。在某些情况下，企业为了推广自己的产品，会越过一级经销商直接向二级经销商供货，使上下游渠道间产生矛盾。

4. 渠道系统冲突

渠道系统冲突，是指一个完整的渠道与另一个完整的渠道之间的冲突。渠道成员必须是有组织的、密切关联的机构，这样它们才能作为整体组织参与冲突。

同步案例

七匹狼对线下渠道的保护

在淘宝网迅速崛起的时候，七匹狼品牌也在淘宝开设了属于自己的官方旗舰店。然而，当时的情形却并不乐观。虽然七匹狼的产品已经在网上遍地开花，但那些店主大多是七匹狼线下的各地经销商。如此庞杂无序的市场，不仅会导致假货、尾货充斥网络，且在价格和质量方面也都难以统一，严重影响了七匹狼的品牌形象。为了溯本清源，七匹狼采用五步棋：

第一步，招安授权：将线下规模较大、销售能力较强的经销商招安，在价格、形象、推广、产品结构、服务标准等方面按照公司统一规范实施的前提下，给予官方授权，允许进行线上发展。线上经销商可享受公司的返点和激励政策，得到正式授权后还能参与淘宝内的广告投放、直通车等营销活动。

第二步，扶持终端：加大对线下门店以及经销商的扶持，包括加大退换货力度、提供一些装修支持等，与终端共渡难关。特殊时期加速拥抱“新零售”，将“直播”“小程序”“全员营销”等运营手法推广到每个店铺，促进线上线下融通。同时，公司继续推动线下渠道的优化，重点突破中高端百货和优质购物中心，优化门店结构，升级运营标准和终端形象标准，通过直营化管理加强对终端店铺人、货、服务的管控，全面提升消费者购物体验。公司利用数字化信息系统分析消费者行为数据，形成用户画像，提升产品投放的精准度和库存管理效率。

第三步，价格策略：线下和线上基本实施统一的价格策略，品牌商属性使公司可以较好地掌控价格。线上经销商与线下经销商在同一时间参与集团订货会。

第四步，抓大放小，ABC 管理：采取“抓大放小”的渠道管理策略，电子商务部聚焦管理营业额超过一定标准的核心经销商，将所有线上经销商按照信用度分成 ABC 三类，根据其上报的第二年销售预期来供货，信用最好的 A 类经销商可获得 100%供货，B 类为 80%，C 类为 60%。同时，公司直接管理的经销商规模也会根据实际情况进行调整。

这些措施有助于规范线下渠道秩序，减少线上业务对线下渠道的冲击，同时充分发挥线下渠道的优势，提升品牌的整体市场竞争力。

8.1.4 渠道冲突产生的原因

渠道成员之间目标不一致、角色不明确、库存处理不当、冲销量降价、压货或产品滞销造成库存积压、经销商货款拖欠、企业渠道政策不公、企业渠道支持力度不够、渠道售后服务不周、成员间沟通不畅造成误解等，都会引起渠道成员之间的不满，引发渠道冲突。渠道冲突产生的原因可以归纳为以下几个方面。

1. 资源稀缺

在渠道运行过程中，渠道成员为了实现各自的目标，往往会在一些稀缺资源的分配问题上产生分歧，从而导致渠道冲突。例如，某些企业在一个地区实行直接分销和间接分销相结合的多渠道组合策略，把一些好客户、大客户留给直接销售机构，其他分销机构只能去寻找、开发小客户，开发偏远的、基层的市场，付出更多的成本和努力还得不到很好的回报，这会引起分销机构的不满。

2. 感知差异

感知是指人对外部刺激进行选择和解释的过程。由于背景、知识、个性等方面有差异，因此人们在对相同刺激物的感知方面存在差异。

例如，在旺季进行折扣促销时，企业可能觉得 3%的折扣是合适的，因为该折扣率已经占到其销售毛利的 20%，但作为购买者的中间商则觉得 3%的折扣太低，不能充分弥补它们在组织销售的过程中所支付的宣传和促销费用。企业可能认为中间商在销售中的宣传和促销都是中间商应该做的，费用不能由企业来负担。从这里可以看出，企业与中间商就折扣率高低的决策存在不同的意见。这样的观点差异也是一种冲突，它将影响其中一方参与合作的积极性。

3. 期望差异

渠道成员往往会对其他渠道成员的行为有所预期，并根据这种预期采取相应的行动。例如，企业预测近期经济前景良好，要求中间商的存货水平高一些，而中间商却可能认为经济前景不容乐观，不愿保留较多的存货；又如，中间商可能认为企业所定的销量目标过高，导致自己无法获得期望的返利额而不满，而企业则认为中间商对目标的重视和努力程度不够，因此对中间商采取惩罚性措施。

4. 角色界定不清

在渠道中，每个成员都担任着一定的角色，例如，企业的角色行为是提供优质的产品、不断进行产品创新、开展品牌推广以提升品牌影响力、为中间商提供必要的市场支持。而中间商的角色行为是做好市场的开发和维护、做好产品的销售、做好售后服务等。如果中间商总是热衷于参与品牌、广告等事务，就会引起企业的不满；反之，如果企业经常干预中间商在区域的具体经销工作，也会引起中间商的反感。不同渠道层次渠道成员之间可能会因为角色界定不清而争抢对方的消费者，同一渠道层次渠道成员之间因为地域划分不明确而争抢消费者也会引发渠道冲突。

5. 目标不一致

同一市场渠道中的所有成员都有着共同的目标，那就是效率和效益最大化。同时，渠道中每个成员又都有自己的目标，这些目标的某些方面可能会重叠，另一些方面则可能与其他成员的目标背道而驰，从而形成冲突的深层原因，并最终导致冲突的发生。例如，企业希望占有更大的市场、获得更大的销售增长额及市场份额，因而希望中间商薄利多销，但是大多数中间商追求的是利润最大化，不赞同薄利多销，会加上较高的毛利，价格高则影响销量；企业希望中间商只销售自己的产品，但是中间商只要有钱赚就不关心销售何种品牌；企业希望中间商能为它的产品做推广，而中间商则要求企业负担广告费用。如此种种，因目标不一致导致渠道冲突是理所当然的。

小试牛刀

电商是如何导致渠道冲突的？电商会引起哪种渠道冲突？针对不同的冲突类型，分别提出一个解决这种渠道冲突的方案。将学生分成两组，分别从不同渠道成员的角度分析渠道冲突。

8.2 渠道冲突管理

8.2.1 渠道冲突的管理策略

1. 确立共同目标

渠道既然是一个合作系统，那么一定需要合作者确立共同的奋斗目标以及共同的合作价值观，这通常是渠道管理中重要的内容，也是处理渠道矛盾与冲突的主要方法。共同目标可以使每个渠道成员把合作作为自己的权利和责任予以认可和接受，一旦全体渠道成员都有了合作的意愿，就要有效地开展有助于合作的行动，包括组织共商、共议活动，让渠道成员都有参与渠道建设的机会，提高渠道成员的地位。这种方法尤其适用于渠道成员面临环境威胁时，如出现强有力的竞争性渠道、市场竞争日益激烈、消费者需求发生变化或者法律环境发生变化时，渠道成员确立共同目标，能够较为有效地缓解渠道矛盾，遏制渠道冲突。

2. 互动式合作

渠道中的合作通常并不是由资本渗透促成的，而是由一定的人际关系引起的。渠道成员之间的良好关系，主要表现为有关销售人员、管理人员之间的良好关系。彼此尊重、经常沟通是渠道合作的基础。在管理渠道冲突问题上，有关渠道成员相互咨询意见，如召开咨询会议，邀请有关人员参加董事会、专题讨论会等，可以使合作伙伴感受到它们的意见得到了倾听、受到了重视，因而对对方更加信任和尊重。成员之间经常交流意见，还可以达到不断改进营销工作、提高营销效率的目的。

3. 发挥渠道领袖的调解作用

如果渠道成员凭借实力强大和办事公道而赢得了其他渠道成员的尊重和信任，取得了渠道领袖地位，就能充分发挥它们在渠道协调和冲突调解方面的作用，从而减少渠道冲突，巩固渠道系统。

4. 激发中间商的销售热情

中间商对企业产品销售的不重视既是大多数企业都会面临的问题，也是企业与中间商发生冲突的主要原因所在。为解决这个问题，企业可以采取以下几种方法：

（1）建立有足够诱惑力的销售奖励机制。

（2）协助中间商进行促销活动，提高它们的销售业绩，让它们从企业的产品销售中得到足以与销售其他品牌产品相媲美的实惠，让它们感受到企业对它们的关注。

（3）为它们提供必要的服务支持，如售后服务支持、及时供应合适数量和合适质量的产品和服务等。

（4）提供销售管理方面的专业知识，如产品陈列、人员训练、库存管理、店面管理、订货系统等。

5. 调整渠道运行结构

再好的渠道系统都需要随着环境的变化进行或多或少的改进与调整，更何况当渠道冲突成为摆在桌面上的问题时，渠道调整更如箭在弦上，不得不发。传统渠道呈金字塔式，具有强大的辐射能力，为产品占领市场发挥了巨大的作用。但在供过于求、竞争激烈的市场营销环境中，传统渠道存在许多难以克服的缺点：（1）企业难以有效地控制渠道；（2）多层结构阻碍效率的提高，且臃肿的渠道不利于产品形成价格竞争优势；（3）单向式或多层次的流通使得信息不能准确、及时反馈，这样不但会错失商机，而且会造成人员和时间上的资源浪费；（4）企业的销售政策得不到有效的落实执行。

因此，许多企业正将渠道改为扁平化的结构，即渠道越来越短、销售网点越来越多。渠道短，增加了企业对渠道的控制力；销售网点多，增加了产品的销量。例如，一些企业由多层次的批发环节变为一层批发，即厂家—经销商—零售商；一些企业在大城市设置了配送中心，直接向中间商提供服务。

进阶提示

如何避免线上线下的渠道冲突？

多渠道运作，易导致渠道之间冲突加剧，经销商利益受损。例如，网络销售火热，企业也匆匆忙忙在线上低价销售，或者中间商也在线上低价销售，导致线上渠道与线下渠道冲突，中间商销量下降，信心受损。要想避免线上线下的渠道冲突，有这样几点建议：

(1) 由企业控制网上分销渠道，绝对不允许中间商在线上销售。

(2) 线上线下销售的产品必须同价。

(3) 线上线下销售的产品品牌相同，但品类不同。

(4) 线上销售产品，该消费者所在区域的中间商提供线下服务，并享受企业提供的服务返利。例如空调，企业线上销售产品，线下中间商负责售后，如空调安装、日常维修等。

(5) 企业线上销售产品，该产品的销售额划归该区域所属中间商，中间商享受产品销售的返利。

(6) 线上进行产品展示或企业形象宣传，不直接销售产品。

6. 遵循互利互惠原则

互利互惠，是指渠道中的一名主要成员，主动向其他有关渠道成员提出建议，表示自己愿意为了渠道的稳定而做出某些让步，并希望对方也重新考虑自己的立场。运用互利互惠原则解决渠道冲突时，企业要选择与对方有过交往的人作为代表，以取得对方的信任；同时提出对双方都有吸引力的条件，才能起到事半功倍的效果。

总之，在设计解决渠道冲突的策略时，常常会遇到相当大的阻力，甚至需要对渠道进行改组或重建。上述各种解决渠道冲突的策略，实际上包含这样一个假设，即渠道冲突是可以控制的。如果不具备这个假设条件，采取上述策略不仅于事无补，而且会加快渠道的瓦解，造成“鸡飞蛋打”的后果。

文化传承与时代精神

和为贵

《论语·学而》中说：“礼之用，和为贵。先王之道，斯为美，小大由之。有所不行，知和而和，不以礼节之，亦不可行也。”

在生意场上，想要达成交易，做成买卖，各方必须本着合作的精神追求一致的利益，如果只想独占利益，就会让自己成为孤家寡人。

商品即人品，商道即和道。小生意做“事”，中生意做“市”，大生意做“和”。“和”为至高境界。于世、于人、于商，“和”蕴含着中华文化之精髓。“和”则生聚，“散”则消亡；“和”则兴旺，“散”则衰萎。从商之道，和为上；为人之道，和为贵。凡事得天时、地利、人和者，方可谋势作局，否极泰来。

小试牛刀

学生分小组调研超市或者超市连锁店的收费情况，了解以下内容：

(1) 有关产品上架费或其他向制造商收取费用的情况；

(2) 这些收费是否曾引发渠道冲突，超市连锁店如何处理这些冲突；

(3) 是否有制造商拒付上架费，连锁店是否曾免除上架费。

8.2.2 渠道冲突的管理方法[①]

1. 换位思考

对合作伙伴缺乏了解与沟通是渠道冲突产生的重要原因。彼此都站在自己的角度去抱怨对方的不是，以猜忌为源头的对立情绪很容易造成误会，误会又因为双方沟通不畅而进一步加深，导致冲突不断升级。

这种矛盾的解决之道就是换位思考。换位思考法并不依赖一两次谈心，而是要通过互换工作岗位来亲自体验对方的难处。具体做法是让冲突双方选派同等级别的管理人员做代表，进驻对方单位以观察对方的工作流程。通过一段时间的观察，互换岗位的“特使”都会对彼此的酸甜苦辣有深切的感性认识。发生冲突的渠道成员在掌握了更全面的信息后，会主动反思此前的冲突行为，与对方求同存异、相互妥协，在目标一致的基础上协商解决纠纷的细节。

2. 领导劝解

领导劝解法是最常见、最基本的冲突调解手段之一。这种解决办法主要靠企业的渠道管理人员发挥自己的领导力，劝说冲突双方不要继续针锋相对。通过领导耐心的劝导让各渠道成员意识到自己的错误，履行各自的义务，承诺不再做出危害渠道的恶性竞争行为，这对渠道管理人员做思想工作的水平提出了非常高的要求。假如没有令渠道成员信服的人格魅力，没有在整个渠道中一言九鼎的威信，没有打动人心、鞭辟入里的口才，领导劝解法的实际效果往往不会尽如人意。

3. 谈判协商

当渠道冲突无法以劝解的方式平息时，渠道管理人员可以考虑采用谈判协商法，让冲突双方在自己主持的谈判协商会上共析疑义。调解的本质是相互让步和妥协，但有时候妥协只是延缓了利益冲突，并未彻底消除冲突。谈判协商法虽然也包括一定的妥协与让步，但更多的是让冲突双方直面问题，在谈判中不断提出解决方案，经过激烈争论后选择在哪些地方坚持立场、在哪些地方让步，反复磋商，直到双方找到利益平衡点。谈判协商耗费的时间与精力相对较多，但可以形成比较完整的解决方案，以解决引发渠道冲突的根源问题。从长远来看，使用这种方法解决冲突的效果可能更好。

4. 第三方仲裁

渠道成员发生冲突时会不可避免地带上更多主观情绪，以偏颇、片面的角度看问题。这对解决渠道冲突非常不利，可能会导致谈判协商破裂，让彼此的矛盾变得更加不可调和。在这种情况下，渠道管理人员可以申请非渠道成员的第三方介入进来，从中调停仲裁。第三方与渠道没有直接利益瓜葛，可以站在更加客观的角度来发表意见，因此更容易取得冲突双方的信任，从而接受第三方的仲裁意见。当渠道管理人员无法内部消化渠道冲突的时候，就可以考虑申请第三方仲裁。

第三方仲裁的优势在于程序简便、结案较快、费用开支较少，能独立、公正和迅速地解决冲突，并给予当事人以充分的自治权，同时它还具有灵活性、保密性、终局性和仲裁易于得到执行等优点，从而为越来越多的当事人所采用，尤其是在国际分销事务中适用范

① 武永梅. 销售就是做渠道. 苏州：古吴轩出版社，2017.

围更大。每个地区都有经济仲裁机构，专门解决经济纠纷。若是真到了第三方仲裁这一步，说明渠道冲突已经影响整个渠道的运营安全。

5. 法律诉讼

当发生冲突的渠道成员既不接受渠道管理人员的内部调解，又不服从第三方仲裁时，就只能借助法律途径来解决问题。例如，在特许经营体系中，特许商认为特许总部不断新添加盟商侵蚀了它们的利益，违反了加盟合同中的地理区域限定，这时就可能采用法律手段来解决这一问题。当一方向有管辖权的法院起诉时，另一方就必须应诉。法律诉讼是有一定强制性的，在解决矛盾时，双方成员关系紧张，有伤和气，易导致双方的冲突不断升级，关系日益恶化。法律是一个社会的底线，法庭审判虽然能对渠道冲突做出最终的权威裁判，但这必然会伤害渠道成员之间的合作关系。以诉讼形式解决问题，可以说是没有办法的办法。采取这个手段的时候，要做好与渠道冲突对象结束合作关系的思想准备。

6. 退出渠道

企业对于那些由于当初考察不慎，实践证明未达到合作资格和标准的渠道成员，以及那些不遵守渠道游戏规则、恶性销售屡犯不改的渠道成员，都应该重新审查，必要时将其清除出渠道队伍。例如，对那些肆意跨地区冲货、打压价格、制造价格混乱和恶性争抢客户的中间商，或长时间未实现规定销售目标又消极对待而没有改进空间的中间商，企业都可以采取清理的解决方法。

总之，化解渠道冲突要多管齐下，各方渠道成员共同努力，做到预防与治疗相结合。平时要健全渠道制度，加强管控力度，保持沟通顺畅，从源头上减少冲突，这样才能减轻渠道冲突管理的负担，让全体渠道成员继续保持和睦的关系，维护整个渠道的健康运转。

8.3 渠道窜货管理

8.3.1 窜货的含义

渠道中的中间商为了提高销售业绩，跑到企业为其划分好的区域以外的市场推销产品，从而导致渠道产品流向脱离了正常秩序，这种恶性竞争行为就叫作窜货，又名倒货、冲货。

窜货现象会导致企业的价格体系发生混乱，中间商因利润损失而失去对企业的信任。与此同时，消费者发现同类产品的地区差价非常悬殊，就会误以为廉价促销的产品都是假冒伪劣产品。最终，企业的品牌形象与商业信誉会受到严重损害，以致整个渠道都岌岌可危。

8.3.2 窜货的类型

按照性质的好坏，窜货一般可分为自然性窜货、恶性窜货、良性窜货。

1. 自然性窜货

自然性窜货是指中间商在正常价格范围内无意识地将产品销往企业为其划定的销售区域以外的现象，一般发生在销售区域交界区、物资流通中心或物资集散地。企业一般以城市或区域经济中心划分销售区域，处在城

不同类型窜货的管理方法

市和区域经济中心之间的中间商或消费者在采购过程中，会综合考虑采购价格、运输成本等各种因素，选择空间距离最近或综合成本最低的采购和购买方案，从而突破企业的销售区域划分，出现自然性窜货现象。此外，连锁企业在集中采购和统一配送过程中，也可能出现产品的跨区流动现象。

2. 恶性窜货

恶性窜货是指为获取非正常利润，中间商蓄意向自己辖区以外的市场倾销产品的行为。中间商向辖区以外倾销产品常用的方法是降价销售，主要是以低于厂家规定的价格向非辖区销货。恶性窜货给企业造成的危害是巨大的，它会扰乱企业整个经销网络的价格体系，易引发价格战，降低通路利润；使得中间商对产品失去信心，丧失积极性并最终放弃经销该企业的产品；混乱的价格将导致企业的产品、品牌失去消费者的信任与支持。

3. 良性窜货

良性窜货是指企业在市场开发初期，有意或无意地选中了流通性较强的市场中的中间商，使其产品流向非重要经营区域或空白市场。这种窜货对企业是有好处的，是一种良性窜货。在市场的开发初期，这种窜货是很必要的，一方面，在空白市场上企业无须投入，就提高了其知名度；另一方面，企业不但可以增加销量，还可以节省运输成本。

8.3.3 窜货的原因

产品流通的基本规律总是从低价地区向高价地区流动，从滞销地区向畅销地区流动。对于同一种产品，只要存在地区价格差异，或者不同地区间畅销程度不同，很可能就会出现窜货现象。从渠道层级来看，渠道窜货可以有以下几种情况，如图 8-1 所示。

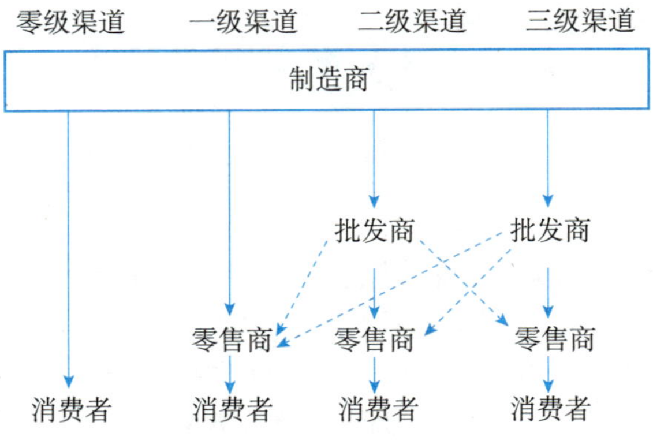

图 8-1 渠道窜货示意图

注：图中实线代表正常流向，虚线代表窜货产品流向。

1. 制造商方面的原因

尽管很多窜货都是由中间商引起的，但是窜货的根本原因还是在于企业。很多时候，企业在渠道设计和渠道管理方面有失误或考虑不周，导致中间商利用这些漏洞窜货。具体地讲，企业方面导致窜货的原因有如下几类：

（1）企业的价格管理漏洞。

窜货发生的主要原因就是市场中的产品存在价格差异，这种差异对于中间商来说就是一种趋利的原动力。在经营中，企业针对不同的中间商会制定不同的价格，有出厂价、团体价（大宗订购价格）、批发价和零售价；针对不同的区域又有地区差价；针对市场的准入难易程度又有推广价等。这就给企业的价格管理提出了很高的要求，如果在价格管理中出现漏洞或把关不严，就会在产品出厂时为窜货行为提供可乘之机。

（2）营销区域划分不合理。

目前，大部分企业都会采取区域分销的办法。这种做法的一个好处是可以缩短渠道，便于对下级中间商进行管理。这种做法同时要求制造商对中间商的区域划分要合理。当企业划定的各中间商的经营区域或渠道领域模糊不清，或存在交叉和真空部分时，往往就会出现中间商之间以低价冲货、争抢地盘和争抢消费者的现象。

（3）管理制度有漏洞。

有些企业根本没有窜货方面的管理制度或者虽有制度但执行不力，对中间商以及营销人员没有严格的限制，缺少必要的奖罚措施。当出现窜货行为时，企业无规可依，只能批评一下或象征性地罚款了事，那么某个渠道成员即使冒险也会窜货，因为一旦成功就可以获得相对丰厚的利润，即使不成功也不会受到严厉的处罚。

（4）渠道目标和奖励政策不合理。

企业如果对某个区域的市场销量究竟能达到多少缺乏正确认识，给中间商制定一个根本不可能完成的任务，就会迫使中间商把产品销售到其他地区去，造成窜货。为了促使中间商更多地销售自己的产品，企业会制定一系列的奖励政策，如果奖励政策制定得不合理，就很容易导致窜货。

2. 中间商方面的原因

（1）冲销量。

企业给中间商下达的销售任务太难完成，迫使其为了完成目标而违反规则跨区销售，因为完不成销售目标不但有损颜面，而且在渠道中的地位也会受到影响，甚至会危及经销权，更谈不上获取优惠政策了。

（2）博回扣。

企业在渠道促销、年终返利等方面力度过大也会诱使中间商为博高额返点而大肆窜货。奖励政策中对窜货影响最大的就是返点政策了。返点政策的出发点是保障渠道成员的基本利润，并保证价格体系完整，避免渠道体系内部的价格战。但是，由于返点数是按实际销量来计算的，为了鼓励中间商的销售，返点政策总是规定销量越大，返还利润的百分比越高。这项政策自然会引诱甚至迫使渠道成员为获得更大销量而窜货。

（3）清库存。

企业销售管理不严、品类管理不当，拼命压货至渠道，也会造成中间商部分产品积压、滞销，如果企业不能及时帮助中间商消化库存，那么，中间商必然铤而走险，低价抛货以化解库存风险，这种现象非常多见。

3. 营销人员违规

如果企业以结果导向对营销人员进行单一销量考核，营销人员的收入始终与业绩挂钩，那么营销人员出于自身利益考虑，会默许、纵容甚至协助中间商违规操作，向其他地区窜货。

同步案例

娃哈哈控制窜货的八把利剑

娃哈哈是中国老牌食品饮料企业。娃哈哈的产品没有很高的技术含量，不存在技术壁垒，但却步步领先，一枝独秀，这与其牢不可破的分销网络是密切相关的。娃哈哈也曾经出现过严重的窜货现象，却基本上有效地控制住了。那么，娃哈哈是怎样整治分销渠道这个“顽疾”的呢？

1. 经销商先交保证金

娃哈哈在全国选择了 1 000 多家能控制一方的经销商，组成了几乎覆盖每一个乡镇的联合销售体系，形成了强大的销售网络。娃哈哈对经销商的选择和管理十分严格。近年来，娃哈哈放弃了以往“广招经销商、来者不拒”的策略，开始精选合作对象，筛除那些缺乏诚意、职业操守差、经营能力弱的经销商，为防止窜货上了第一道保险。

娃哈哈采用缴纳保证金的方式，要求经销商先打预付款。娃哈哈公司认为，经销商打款的意义是次要的，更重要的是维护一种厂商之间的信用关系。经销商先付款再发货，公司给经销商利息，让经销商的利益不受损失，每年还返利给经销商。这样，公司的流动资金十分充裕，没有坏账，双方都得了利，实现了双赢。娃哈哈的政策使经销商意识到：市场是大家的，品牌是共有的，利益是共同的，窜货会损害双方的利益。这对防止窜货具有重要的意义。

2. 严格的价格管理体系

为了从价格体系上控制窜货，保护经销商的利益，娃哈哈实行了级差价格体系管理制度。娃哈哈为每一级经销商制定了灵活而又严明的价格，根据区域的不同情况，分别制定了总经销价、一批价、二批价、三批价和零售价，使每一层次、每一环节的经销商都能通过销售产品取得相应的利润，保证各个环节有序的利益分配，从而在价格上堵住了窜货的源头。

3. 实行产品代码制度

娃哈哈给每个销售区域编上一个唯一的识别号码，印在产品的内外包装上，便于对窜货做出准确判断和迅速反应。娃哈哈和经销商签订的合同中给特约经销商限定了严格的销售区域，实行区域责任制。发往每一个区域的产品都在包装上打上了一个编号，编号和出厂日期印在一起，不能被撕掉或更改，除非更换包装。这种产品包装差异化能帮助企业更准确地监控产品的去向。营销人员一旦发现了窜货，就可以迅速追踪产品的来源，为企业处理窜货事件提供真凭实据。

4. 成立反窜货机构，建立市场巡视制度

娃哈哈专门成立了一个反窜货机构，巡回全国，严厉稽查经销商的窜货和市场价格，严格保护各地经销商的利益。娃哈哈把制止窜货行为作为日常工作常抓不懈，反窜货人员经常检查巡视各地市场，及时发现问题并会同企业各相关部门及时解决。有时娃哈哈董事长及各地的营销经理也会到市场检查，第一要看的便是编号，一旦发现编号与地区不符，便严令彻底追查，一律按合同条款严肃处理。

5. 惩罚严厉

为制止窜货行为，娃哈哈建立了严厉的惩罚制度，并将相关条款写入合同内容。娃哈哈对越区销售行为严惩不贷，绝不讲任何情面，而且娃哈哈在处理窜货上的严格程度，为业界所罕见。年底时，对于没有遵守协议的经销商，娃哈哈将扣除其保证金用以支付违约损失，情节严重的甚至取消经销资格。

6. 返利间接激励

很多企业将销量作为返利的唯一标准，销量越多，返利就越高，导致那些以做量为根本、只赚取年终返利就够的经销商不择手段地向外地市场窜货。娃哈哈也有返利激励，但实行的并不是单一的销量返利这种直接激励，而是采取包括间接激励在内的全面激励措施。间接激励，就是通过帮助经销商进行销售管理，以提高销售效率和效果来激发经销商的积极性。

7. 企业控制促销费用

一些经销商和企业的营销人员往往从促销费用中拿出一部分用于窜货，以提高销量。因此，促销费用由经销商和营销人员掌握，这就给经销商和营销人员窜货创造了机会。娃哈哈经常开展促销活动，但促销费用完全由娃哈哈自己掌控，从不让经销商和营销人员经手操作。

8. 注重培养营销队伍

企业内部的销售人员参与窜货的现象也并不鲜见，有些营销人员由于缺乏职业道德、操守不正，置企业的销售政策和利益于不顾，参与窜货。而娃哈哈注重对营销队伍的建设和培养，定期对营销人员进行考核，一旦发现违纪行为，马上进行严肃处理。因此，娃哈哈的营销人员不会挖空心思去冒险窜货。

8.3.4 窜货的预防

再完美的渠道管理制度也不能100%杜绝窜货现象。企业与其为怎样适度、适当地引导良性窜货行为而绞尽脑汁，不如从根源上预防窜货，加强渠道制度建设与管控力度。

预防窜货的技巧

具体而言，渠道管理人员可以参考以下方法来预防窜货现象。

1. 设计合理的价格体系

窜货的发生，最主要的根源是各级中间商之间的价差太大。由于市场容量与中间商销售能力的差异，企业对不同级别的中间商采取不同的报价是理所当然的。但这个价差应该控制在合理的范围内，价差太小起不到激励优秀中间商的作用，价差太大又会导致中间商与企业离心离德。

进阶提示

价格体系设计原则

（1）渠道层级从上到下，越是接近终端的中间商对价差的要求越高。

（2）每一层级的价差要符合行业和消费者的通行标准，虽然各地、不同级别的中间商对毛利点的要求不甚一致，但是综合分析全国的情况，还是可以找寻到其中的规律，如一级中间商通常有5%～8%的毛利点，二级中间商通常有8%～10%的毛利点等。

（3）很多企业为了促进订货和快速回款，都会制定有差异的价格政策，批量政策需要考虑中间商的历史销量和市场规模，需慎用。

（4）产品属性和生命周期不同，产品的价差也不一样。

2. 运用技术手段防止窜货

在过去，产品批号、专用字样、特殊防伪码等都是企业用来防止窜货现象发生的常用手段。随着互联网技术的进一步发展，预防窜货的技术比以前更加先进，大大提高了窜货管理的效率。企业已经可以给每一件产品打上单一的身份识别编码（监管码），如同唯一的身份证一样，在向各级中间商发货时，企业的条码机只要扫描产品包装箱上的编码，就能自动向大数据库上传该产品销往地区的记录。每一件产品在市场上销售时，系统都会根据包装上的相关标识进行产品身份查验，从而把产品出货、流通、最终用户等环节的数据都自动记录并上传到企业的数据库中。这样企业就能很方便地检查出是否有窜货现象发生。

数字赋能与渠道创新

智能时代防窜货技术的升级

1. 建立数字化分销管理系统

企业可以要求中间商通过系统实时上传进货、销售和库存数据。据此集中管理中间商的销售数据和库存信息，实现信息透明化。系统要具备数据分析功能，自动比对不同地区的数据差异，这样企业可以及时发现异常的库存变动和销售流向。

2. 运用地理信息系统和定位技术

企业利用定位技术准确获取产品销售的地理位置。营销人员或中间商在销售时通过手机定位功能记录销售地点。系统将销售地点与授权销售区域进行对比，迅速判断是否存在跨区域销售的现象。

3. 产品编码与追踪技术

企业可以采用二维码、条形码或RFID标签等对产品进行编码，在生产、仓储、物流和销售环节扫描编码，记录产品的流通轨迹，一旦发现窜货，企业能够精确追溯到具体的产品批次和流通环节。

4. 大数据分析与预警模型

企业可以收集包括产品价格、数量、时间、地点等多维度的数据，运用数据挖掘算法建立预警模型，设定阈值，从海量的销售数据中挖掘潜在的窜货模式和趋势。当销售数据出现异常波动，如价格过低或销量异常集中在非授权区域时，系统自动发出预警。

【示例】

工厂批号登记、打码跟踪

1. 仓库核查法

仓库核查单见表8-1。

表8-1　仓库核查单

省份	地区	客户	仓库到货的产品	外箱生产批号	该批号涉及的发货分厂	该批号经企业门户查询结果	该批号可见的大致库存数量	外箱打码标识情况

2. 到货跟踪法

到货跟踪单见表8-2。

表8-2　到货跟踪单

<table>
<tr><th rowspan="2">卸货时间</th><th colspan="5">出库登记信息</th><th colspan="3">实际接收情况</th><th rowspan="2">出库单登记批号、数量是否与实际出货一致</th><th rowspan="2">该车货的打码情况</th></tr>
<tr><th>发货分厂</th><th>该车货的出库单号</th><th>产品</th><th>批号</th><th>发货数量</th><th>产品</th><th>批号</th><th>到货数量</th></tr>
<tr><td></td><td></td><td></td><td></td><td></td><td></td><td></td><td></td><td></td><td></td><td></td></tr>
<tr><td></td><td></td><td></td><td></td><td></td><td></td><td></td><td></td><td></td><td></td><td></td></tr>
<tr><td></td><td></td><td></td><td></td><td></td><td></td><td></td><td></td><td></td><td></td><td></td></tr>
<tr><td></td><td></td><td></td><td></td><td></td><td></td><td></td><td></td><td></td><td></td><td></td></tr>
</table>

资料来源：肖建玲．渠道开发与管理．2版．北京：中国人民大学出版社，2017.

3. 保持渠道政策的合理性与严密性

渠道政策是各级中间商的行为准则。企业主要用年度销售协议与购货合同来约定中间商的销售行为，包括产品的购销价格、中间商负责销售的区域范围、恶意窜货时的处罚等细则等。只有渠道政策合理而严密，才能最大限度地避免中间商钻政策的空子来进行恶意窜货。所以，企业在制定渠道政策时应该注意以下几点：

(1) 在协议合同上注明中间商既不得随意改变约定的产品分销价格，也不能以其他形式变相降低分销价格进行恶意倾销。

(2) 最好采用年终返利和赠品返利之类的激励措施，尽量减少一次性返利与价格直降让利。

(3) 当二级中间商发生窜货行为时，企业要对一级中间商追究连带责任。

(4) 要求各级中间商提供真实而清晰的产品流向。

(5) 尽量让企业直接制定二级中间商的促销政策，而不是通过一级中间商来给二级中间商制定政策。

【示例】

×××系列产品价格联盟协议

签订地点：________________

甲方中间商：________________

乙方中间商：________________

为维护区域销售责任，维护价差体系，共同制止窜货、冲货，甲、乙双方经友好协商，特签订×××系列产品价格联盟协议，以资共同遵守。具体内容如下：

1. 甲方、乙方根据市场实际情况，自______年______月______日起执行×××系列产品价格体系，具体价差规定见表8-3。

表8-3　价差规定

中间商名称	执行区域	产品名称	出售给二批折底价（元/箱）	出售给三批折底价（元/箱）	终端折底价（元/箱）	终端零售价（元/箱）
甲方						
乙方						

2. 甲方、乙方单方面价格变动调整或开展价格促销活动时，双方必须及时沟通并控制货源的流向，避免因为价差不一致形成窜货。

3. 双方市场需要联防的“倒爷”名单：________________

4. 处罚标准：若甲方窜货到乙方责任区域或乙方窜货到甲方责任区域，经×××公司业务员或×××公司督查组或监管员核查属实的，必须接受×××公司的处罚，处罚标准按照甲方或乙方同×××公司签订的××××年联销体协议以及×××公司窜货管理的有关规定执行，或双方协商按照以下处罚标准处理，具体如下：

(1) ________________

(2) ________________

(3) ________________

5. 本协议一式四份。本协议为甲方、乙方同×××公司签订的××××年联销体协议的补充协议。有效期自______年______月______日起至______年______月______日止。

6. 其他补充规定：________________

____

甲方名称（盖章）：　　　　乙方名称（盖章）：

甲方代表（签名）：　　　　乙方代表（签名）：

甲方地址：　　　　乙方地址：

联系电话：　　　　联系电话：

签约时间：　　　　签约时间：

甲方市场客户经理（签名）：　　　　乙方市场客户经理（签名）：

甲方市场区域经理（签名）：　　　　乙方市场区域经理（签名）：

资料来源：肖建玲．渠道开发与管理．2版．北京：中国人民大学出版社，2017.

4. 制定可行的销售目标

企业一般会根据销售指标的高低来制定阶梯式返利政策，中间商完成的销售业绩越好，返利收益就越高。但有些企业制定的销售指标过高，再加上市场行情瞬息万变，更加难以确保任务能顺利完成，于是，中间商得不到很好的返利，甚至不得不把返利计入运营成本里，为了完成销售目标以获得高额返利，一些中间商就会走上窜货的不正当竞争道路。这就要求企业在制定销售目标时注意以下几个方面：

差异化窜货管理——不同市场不同力度

（1）要立足于市场现实，制定实事求是、可以实现的目标；

（2）要对市场有充分的了解，不能只听中间商一面之词；

（3）在制定指标时不能冒进，强压给中间商任务指标，中间商在不完成指标和不签订协议之间通常都会选择前者；

（4）指标制定后不代表能够完成，不能签订协议后就万事大吉，不重视指标的实现过程；

（5）可以在年中对中间商的销售指标进行一次分析、修订。

5. 加强内部管理，严明奖惩措施

不少窜货现象是企业内部人员与部分中间商相互勾结的结果。所以，企业不能只盯着各级中间商，还要加强对内部人员的管理，建立内部处罚机制与内部举报机制。对于窜货的中间商，除使用多种处罚措施外，还应该注意教育和引导，把打击窜货作为员工培训与中间商培训的重要内容，对遵守渠道政策、维护正常市场秩序的中间商给予一定的物质与精神奖励，在年终返利时对没有窜货行为的中间商稍微增加一些返利。打击窜货要内外两手抓、赏罚两手硬，才能取得良好的综合效果。

【示例】

窜货调查报告单

1. 调查时间：
2. 调查地点：
3. 调查走访人员及身份。

   举报方：

   被举报方：
4. 双方调查人员共同看到的窜货事实（填入表 8-4）。

表 8-4　窜货事实记录表

双方人员走访地点、店名	走访地点、店名、属性（一批或二批门店/仓库/商超/传统小店）	产品（规格、口味等）	生产批号	外箱客户打码标识（如果没有则标注“无”）	出售价格	可见窜货产品数量（箱）

5. 生产批号门户查询结果（填入表 8-5）。

表 8-5　生产批号门户查询结果

生产批号	生产批号对应的门户显示的所在市场以及发货中间商 （格式：××市场××中间商）

6. 双方营销人员或中间商代表对以上发现的事实签字确认。

举报方营销人员：________________被举报方营销人员：________________

举报方中间商代表：________________被举报方中间商代表：________________

7. 补充说明：____

8. 企业核查结果：____

资料来源：肖建玲．渠道开发与管理．2 版．北京：中国人民大学出版社，2017.

课堂实训

娃哈哈渠道冲突与控制分析

● 实训目标

通过本次实训，学生能够根据案例情境和市场调研，在制定约束政策之前对渠道成员之间的冲突进行分析，针对不同的冲突采用不同的约束手段。

● 案例描述

娃哈哈构建联销体模式

传统上，娃哈哈并不直接掌控终端，而是组建多层级渠道，逐级进行利润分配，这种模式称为联销体。娃哈哈的早期成功很大程度上源于此种模式。有人认为，商家角逐天下，说到底就是一个控制与反控制的过程。作为企业的战略决策者，其市场能力则全面地体现在“控制什么”以及“怎么控制”上。娃哈哈的渠道控制秘诀在于价差、区域、品种和节奏。

1. 价差控制

价差指的是产品从企业到消费者手中经过的所有批零通路之间的利益分配。有序地分配各级中间商的利益空间，不但是企业的责任，更是其控制市场的关键所在。

与大多数企业往往把促销措施直接针对终端消费者不同，娃哈哈的促销重点是中间商，企业会根据一定阶段内的市场变动、竞争对手的异动以及自身产品的配备，而推出各种各样的促销政策，常年循环，月月如是。针对中间商的促销政策，既激发各级中间商的积极性，又保证利润，因而可以形成促进销售而不扰乱整个市场的价格体系。

为了扩大销售而引进竞争机制，很多企业喜欢在一个区域内选择 3～4 个中间商，希望通过它们之间的竞争来拓展市场，保持销售额的增长。而娃哈哈的策略却是选择一家中间商进行授权经销，企业委派人员无偿地帮助其开展销售，并保证没有外来货物冲击到本区域，而中间商则必须向娃哈哈预付货款，不折不扣地实施总部下达的各种促销政策和活动，努力完成年初既定的销售任务。

2. 区域控制

跟所有的营销人员一样，娃哈哈谋划市场最头痛的问题之一，是各区域市场之间的冲货。中国市场幅员辽阔，各省份之间由于经济状况、消费能力及开发程度的不同，产品的销量差异极大，如浙江与江西、安徽毗邻而居，经济总量却相差几倍，娃哈哈在三省的销量各有不同。为了激活市场，总部对各省的到岸价格、促销配套力度和给予中间商的政策也有所差异，中间商偷偷地将一地的产品冲到另一地销售的情况难免发生。这种情况频繁出现，必将造成市场之间的秩序紊乱，往往在不经意间令一个有序的市场体系毁于一旦。在过去的 10 多年中，已有无数企业因此一蹶不振。

娃哈哈成立了一个专门的机构，巡回全国，查处冲货的经销商，其处罚之严为业界少有。

3. 品种和节奏控制

品种和节奏的控制，体现出作为一家成熟的市场强势企业的自信和能力。一家企业在一定阶段的营销策略设定，无非主要考量以下几种要素：消费者的需求、本企业的开发、竞争对手的举措。

娃哈哈的纯净水、果奶、八宝粥等产品的市场占有率，一度均居全国第一，因此它常常成为其他企业设定营销策略的“假想敌”。娃哈哈对此的策略基本上是：以我为主，进行适度调整，避其他企业的锋芒，以持久取胜。娃哈哈往往会避开直接的对抗，而利用自己的广告和品牌优势，在别的产品上进行推广。当竞争对手抢得一定市场，实力耗尽并开始把价格提上去之后，娃哈哈则迅速作出反应，突然开展强有力的促销。竞争对手的综合实力和市场基础原本就稍显逊色，如此一来一往、一纵一收，主动权和控制权很快便又回到娃哈哈手中。

续表

● 实训内容

教师将学生分组，一般每组 6 人以下，学生以小组为单位调查娃哈哈的渠道冲突现状，对调查的内容进行整理、汇总、分析。结合案例描述，对娃哈哈渠道成员之间的冲突进行分析，然后针对不同的冲突制定不同的约束手段。

● 实训步骤

1. 学生分成若干小组，以小组为单位进行调查。
2. 组织学生到当地的批发商、零售店进行调研，了解娃哈哈产品销售现状，并获取相关资料，填写调查表。
3. 各小组根据调查结果，结合所学知识，撰写娃哈哈渠道冲突与管理报告，通过 PPT 的形式，分组进行成果展示。
4. 相互点评，教师总评。

● 任务执行评价

任务执行评价标准

评价指标	评价标准		分值	得分
讨论发言	内容	逻辑性	10	40
		准确性	10	
	现场表现	语言流利	10	
		表现自如	10	
书面报告	内容	合理性	25	60
		完整性	20	
		创新性	15	
总分			100	

指导教师：

年　　月　　日

● 实训总结

● 指导意见

课后提升

小王的难题

新年伊始，小王就被市场上突如其来的窜货搞得晕头转向。第一个月任务没能完成，经销商埋怨小王无能，公司批评小王玩忽职守，小王自己也搞不清楚这么多的窜货是从什么地方钻出来的。公司给小王下了死命令，第二个月完不成任务就走人。经销商要求小王尽快查明真相，否则要求公司换业务员。

面对尴尬的局面，小王如何开展工作？

小王开始对区域内的窜货原因进行调查。原来在年前的时候，邻近的区域市场为了完成任务，给经销商制定了较高的任务，并设置了可观的超额奖。经销商为了拿到超额奖，对小王管理区域内的市场进行了低价窜货的行为。

小王如实向公司做了汇报，公司对窜货区域经销商和业务员进行了处罚。但是面对大规模低价窜货造成区域价格混乱的局面，小王应该如何应对呢？

小王对区域内的窜货现象进行了总结：这次低价窜货影响比较大的是流通渠道的大批发商，终端商店、小超市等销售终端没受影响，这些销售终端也是该区域经销商的销售盲点。通过这次市场调查，小王认识到：一次窜货可以制止，难的是长期控制窜货，而真正控制窜货的关键就是控制销售终端。

小王把自己的想法跟经销商进行了沟通，经销商认可他的观点，加大了对销售终端的铺货力度。通过控制销售终端，不仅销量提高，产品群也得到丰富，整体利润有所提高。更重要的是销售终端控制的加强在一定程度上削弱了大批发商的销售数量和在本区域内销售本公司产品的势力，窜货现象得到良好控制。

但是，大批发商的存在也不容忽视。小王开始对市场上的大批发商进行统计总结，并与影响力较大的大批发商签订特约经销商协议以加强对产品价格的维护。尽管还有少数的大批发商窜货，但是市场总体价格体系得到控制，市场进入良性发展，销量也得到快速增长。

问题讨论：

1. 此次市场窜货的根源在哪里？

____

____

____

2. 根据本案例，谈谈你对窜货的初步认识？

____

____

____

同步测试

一、单选题

1. 某厂商在某地区通过多家中间商销售同类产品，其中一家中间商认为其他中间商通过降低价格、大力促销等措施抢占了自己的市场份额，这种冲突属于(　　)。

A. 多渠道冲突　　B. 垂直冲突　　C. 水平冲突　　D. 简单渠道冲突

2. A 区经销商销售的某一品牌饮料进入了 B 区销售，但是 B 区没有这一品牌饮料的经销商，这类窜货属于(　　)。

A. 恶性窜货　　B. 良性窜货　　C. 自然性窜货　　D. 随机窜货

3. 以电商为代表的新兴渠道与传统渠道之间的冲突属于(　　)。

A. 水平冲突　　B. 渠道系统冲突　　C. 类型间冲突　　D. 垂直冲突

二、多选题

1. 根据窜货的性质，窜货分为(　　)。

A. 自然性窜货　　B. 恶性窜货　　C. 良性窜货　　D. 跨区域性窜货

2. 按照渠道成员的关系类型，渠道冲突分为(　　)。

A. 水平冲突　　B. 渠道系统冲突　　C. 类型间冲突　　D. 垂直冲突

3. 下列属于中间商窜货的原因的有(　　)。

A. 冲销量　　B. 清库存

C. 博回扣　　D. 营销区域划分不合理

三、判断题

1. 一家木材供应批发商和另一家木材供应批发商，一家超市和另一家超市之间的竞争冲突属于类型间冲突。(　　)

2. 一个完整的渠道与另一个完整的渠道之间的冲突属于水平冲突。(　　)

3. 领导劝解法是最常见、最基本的冲突调解手段之一。(　　)

4. 当渠道冲突无法以劝说调解的方式平息时，渠道管理人员可以考虑采用谈判协商法，让冲突双方在自己主持的谈判协商会上共析疑义。(　　)

5. 发生窜货最根本的原因是营销人员的违规操作。(　　)

项目9　渠道绩效评估与创新

知识目标

1. 掌握渠道绩效评估的概念与步骤，构建系统的绩效评估知识体系；
2. 理解渠道管理组织、运行状况、服务质量及经济效益的评估要点；
3. 掌握渠道调整的时机和基本方式；
4. 熟悉移动互联时代全渠道零售及其创新策略，紧跟行业发展趋势。

技能目标

1. 能够运用评估步骤与方法，对渠道整体绩效进行科学全面评价；
2. 能够通过经济效益分析，判断渠道的盈利能力和优化方向；
3. 能够根据渠道评估结果，准确判断渠道调整时机并选择合适的调整方式；
4. 结合移动互联时代特点，制定全渠道零售的创新实践方案。

素养目标

1. 培养严谨细致的工作作风，确保渠道绩效评估数据真实可靠；
2. 增强创新意识，在渠道调整与全渠道零售中积极探索新路径；
3. 提升战略思维能力，从宏观角度规划渠道的可持续发展；
4. 树立协作精神，在渠道绩效评估与创新过程中促进团队高效配合。

知识图谱

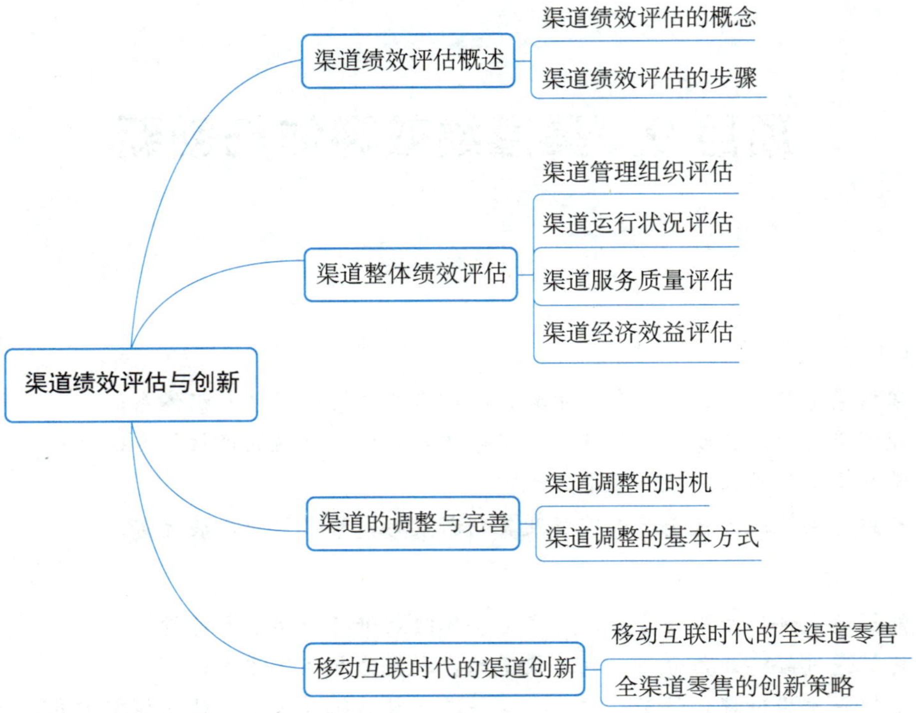

导入案例

苏宁易购全渠道绩效评估

苏宁易购作为中国O2O智慧零售的标杆企业，其发展历程与中国零售业渠道变革深度绑定。企业发轫于传统家电连锁零售，凭借“苏宁电器”品牌在全国一二线城市构建起庞大的实体销售网络。随着电商行业的迅猛发展和消费者购物习惯向线上迁移，苏宁易购启动全面战略转型，通过整合线上平台（苏宁易购App、PC端商城）、线下门店（苏宁易购广场等）及物流配送体系，逐步打造出全渠道融合的数字化零售生态。在激烈的市场竞争中，苏宁易购通过构建科学的渠道绩效评估体系，持续优化运营策略，实现线上线下协同发展。

一、苏宁易购渠道绩效评估体系

（一）经济性评估

苏宁易购运用多维度成本效益分析模型，系统评估各渠道运营效率。在成本层面，苏宁易购重点监控自营门店的租金、人员薪酬、水电能耗等固定成本，以及加盟店的管理费、分成比例；在收入层面，通过单店坪效（单位面积销售额）、线上平台流量转化率、物流配送成本占比等指标，苏宁易购量化各渠道盈利能力。例如，经数据分析发现，三四线城市小型自营门店坪效低于行业均值，苏宁易购随即调整策略，将低效门店转型为“苏宁易购零售云”加盟店，有效降低运营成本。

（二）可控性评估

依托自主研发的ERP（企业资源计划）系统与CRM（客户关系管理）系统，苏宁易购实现全渠道运营的实时监控。ERP系统整合库存、采购、销售数据，达成库存可视化管理，有效杜绝区域间窜货；CRM系统则基于用户消费行为数据，实现精准营销与价格管控。如在“618”“双11”大促期间，苏宁易购系统自动监测各渠道商品价格，一旦出现违规低价销售，立即触发预警机制，保障市场价格体系稳定。

（三）适应性评估

苏宁易购建立动态市场响应机制，通过消费者需求调研、行业趋势分析及竞争对手动态监测，评估渠道对市场变化的适应能力。针对社区消费需求激增，苏宁易购快速上线“社区团购”业务，并联合线下苏宁小店开展“无接触配送”服务；同时积极布局直播电商赛道，开展专场直播，展现出强大的渠道适应性。

二、渠道优化策略与实施

（一）全渠道深度融合，提升协同效应

1. O2O模式创新

苏宁易购推行“线上下单＋线下自提/配送”无缝衔接模式，用户可通过苏宁易购App下单，选择附近门店自提或享受30分钟达、次日达配送服务。依托全国数千家线下门店与苏宁易购物流网络，实现“最后一公里”高效配送。例如，在“家电以旧换新”活动中，用户线上预约回收，线下门店同步完成新家电配送安装。

2. 数据驱动精准运营

苏宁易购基于大数据分析用户画像与消费偏好，优化门店选址与商品配置。苏宁易购在一线城市核心商圈开设高端家电体验店，陈列智能家电、定制化商品；在社区密集区布局苏宁易购小店，聚焦快消品与生活服务类商品。通过“千店千面”策略，苏宁易购根据客群特点动态调整陈列与促销活动，提升销售转化率。

（二）强化终端管理，优化渠道生态

苏宁易购建立加盟商星级评定体系，从销售额、服务质量、库存周转率、价格合规性等维度综合评分，划分为钻石级、金牌级、银牌级、普通级。不同等级加盟商享受差异化支持：钻石级加盟商获更高返利、优先铺货权及定制营销方案；普通级加盟商接受专项培训与运营指导。

（三）创新渠道模式，开拓增长新路径

1. 直播电商生态构建

苏宁易购打造“品牌自播＋达人合作”双轮驱动模式，鼓励品牌商在平台开设直播间，并提供流量扶持与运营培训；同时与头部主播合作开展专场直播。

2. 私域流量精细化运营

苏宁易购以微信社群、小程序为核心构建私域流量池，通过“拼团秒杀”“会员专属福利”吸引用户；配备专业运营团队，定期推送个性化商品推荐与生活服务资讯。

通过建立多维度的评估指标体系和动态优化机制，苏宁易购实现了渠道资源的精准配置和运营效率的持续提升。其创新性的“线上＋线下＋物流”全渠道融合模式，不仅提升了消费者体验，更构建了差异化的市场竞争优势。

思考：当线上流量成本持续攀升，线下实体门店客流量波动加剧时，苏宁易购如何通过优化渠道绩效评估体系，精准识别线上线下渠道的互补优势，从而制定更具竞争力的全渠道营销策略？

渠道绩效评估是渠道管理的一项重要工作。建立渠道的目的是发挥渠道的功能，实现销量的增长。随着外界市场营销环境的不断变化、企业自身资源条件的变化，企业要适时对现有的渠道策略做出调整，因而对渠道的评估与创新是必不可少的。

9.1 渠道绩效评估概述

9.1.1 渠道绩效评估的概念

渠道绩效评估是指企业通过系统化的手段或措施，对其渠道系统的效率和效果进行客观的考核和评价的活动过程。

渠道绩效评估可分为宏观层面的评估和微观层面的评估。宏观层面的渠道绩效评估是指对渠道系统表现出来的对社会的贡献的评估，是站在整个社会的高度来考察的；微观层面的渠道绩效评估则是指对渠道系统或渠道成员对企业所创造的价值或服务增值的评估，是从企业自身的角度来考察的。

9.1.2 渠道绩效评估的步骤

1. 明确企业总销售目标

渠道绩效评估的第一步就是明确企业的总体经营目标。只有当总体经营目标确定以后，企业才能明确渠道行为的准则，并将总体经营目标分解成一系列具体的、可量化的销售目标。在把企业的总体目标分解成一组具体、明确的销售目标时要注意以下几个问题：

（1）分解出的具体销售目标应该是可量化的。

为保证企业实现其战略性的经营目标，应该把每一个经营目标都分解成一些具体的、可量化的销售指标。例如，将经营目标“提高销售环节中的经营利润”直接分解成“销售额提高8%”和“销售成本降低5%”，这样销售指标就更具体明确，便于评价考核了。一段时间过后，渠道的努力是否实现了预期的目标是一目了然的。

（2）对企业的经营目标进行分类是必要的。

企业的经营目标大致可以分为四类：增加收入、提高利润、提高客户忠诚度、加强与合作伙伴的关系。尽管企业的具体目标千差万别，但大多数企业的目标都适用于这种分类法。采用这种简单的方法对企业的经营目标进行分类，可以为企业设定合理的销售指标提供思路与指导。

1）与增加收入的经营目标相对应的销售目标包括获取新客户、扩大客户群的范围、加强对新市场的开发，以及加大对已有市场的渗透力度。

2）与提高利润的经营目标相对应的销售目标包括保留老客户、降低交易成本、将销售重点放在大多数能带来利润的客户身上，以及更有效地运用销售资源。

3）与提高客户忠诚度的经营目标相对应的销售目标包括改善客户服务质量、提供更强大的售后服务支持、向重点客户提供更有价值的销售资源以及更灵活的渠道配置。

4）与加强和合作伙伴的关系经营目标相对应的销售目标包括更好地与渠道成员沟通、共同努力降低渠道体系成本、建立合理的补贴和帮助机制、共同分析市场并制定联合战略。

当然，上述四类目标之间并不是相互排斥的。把企业经营目标分解成上述四类，能保证企业所规定的销售任务和销售目标更明确、更合理。

（3）控制目标的数量。

太少的、过于抽象的目标是不可行的，而太过庞杂、数量太多的目标同样不利于绩效考核。企业应当最终确定 5 个左右的主要目标，在这 5 个左右的目标基础之上，针对每个目标分别再细分出 5 个具体目标。25 个细分目标数量适中，便于企业具体操作。

2. 设定渠道绩效评估指标

渠道绩效评估指标为评估渠道成功与否、衡量渠道运行状况提供了一个基准，是渠道绩效评估的核心。合理的渠道绩效评估指标基本上会基于两个前提：一个是销售目标，另一个是销售过程中的渠道贡献。也就是说，企业设定的渠道绩效评估指标必须以能够帮助企业实现其销售目标为前提，同时必须能反映销售过程中每个渠道各自扮演的角色。例如，一些企业会建立品牌形象店，它的渠道职能主要是展示新品和提供支持服务，那么为其设定高销售额的指标显然不太合适。企业为每个渠道设定的期望值必须能够反映该渠道在销售环节中承担的职能。

3. 制定渠道绩效评估制度

渠道的绩效评估使企业管理人员能够随时追踪渠道的绩效状况，确保实际情况与对应的绩效指标相符，并揭示出存在的绩效问题。渠道绩效评估制度有两个基本用途：其一，它可被用作管理渠道绩效的强有力的连续监测工具。连续的绩效评估是动态渠道管理的基础，它能够使市场预期值与实际值实现“实时”对照及调整。其二，渠道绩效评估制度为企业提供了一个认清渠道现有水平与实现销售目标所需要的未来绩效水平之间的差距的机会，据此可以明确为达到未来绩效水平，每个渠道现在必须采取什么行动。

4. 认清绩效差距并进行渠道行为规划

在确定一个渠道为实现目标所具备的绩效水平时，渠道行为规划是决定必须采取哪些具体行动的强有力的管理手段。渠道行为规划通过将企业的销售目标和渠道绩效指标解析成具体的渠道行为来发挥渠道优势。渠道行为规划要与渠道实现目标、达到绩效指标的要求相一致。

9.2　渠道整体绩效评估①

企业对渠道整体绩效的评价，可以从渠道管理组织、渠道运行状况、渠道服务质量和渠道经济效益四个方面进行。前三项主要是定性分析，最后一项是从财务角度进行的定量分析。

---

① 胡介埙．分销渠道管理．5 版．大连：东北财经大学出版社，2021.

9.2.1 渠道管理组织评估

渠道管理组织评估包括以下两个方面的内容。

1. 渠道系统管理组织评估

渠道系统管理组织评估，包括两个方面的内容：一个是要考察渠道系统中销售经理的素质和能力，比如在企业的某渠道系统中，从事销售工作三年以上且达到一定学历水平以上的销售经理占销售经理总数的比例有多大，该比例越大，表明销售管理组织的素质和能力就越强。另一个是要考察企业分支机构对零售终端的控制能力，比如企业分支机构是否有自控零售终端；如果有，自控零售终端的销售额占企业分支机构所在地销售额的比例有多大；比例大，表明该分支机构在做市场，而不是在做销售。

2. 客户管理评估

对于客户的管理，需要考察企业是否建有数据库；如果有，包括的字段有哪些，这些字段是否合适，各条字段的填写是否完整清楚等。通常情况下，最终客户数据库应该包含以下字段：客户姓名或名称、地址、邮编、联系电话、E-mail、产品型号、购买价格、购买日期、记录建立时间、记录建立人、是否回访、回访时间、回访人等。如果可能，还有必要记录回访时了解到的一些信息，可以设置客户使用意见、使用频率、其他建议等字段。

9.2.2 渠道运行状况评估

渠道运行状况是指渠道成员之间的功能配合、衔接关系协调以及积极性发挥等方面的综合表现。渠道运行状况评估包括以下四个方面的内容。

1. 渠道通畅性评估

渠道通畅性是指产品流经渠道各环节时的通畅程度。渠道系统要通畅，必须做到以下四点：

（1）渠道系统的运行主体要到位，保证每种渠道功能都有相应的渠道主体来承担。

（2）渠道功能配置要合理到位，保证渠道各种功能的配置完整而且合理。

（3）渠道各环节的衔接要协调，保证渠道成员间能相互协调，默契配合。

（4）渠道成员间要有长期合作关系，保证渠道的长期性和稳定性。

一般可以通过以下两个指标来评估渠道的通畅性：

（1）产品周转速度。产品周转速度是指产品在流通领域停留的时间。产品周转的时间越长，产品周转速度越慢，渠道可能越不通畅；相反，产品周转的时间越短，产品在流通领域停留的时间越短，渠道越通畅。

（2）货款回收速度。货款回收速度是从资金的角度来反映渠道是否通畅，可以用货款回收率来衡量。货款回收率越高，渠道越通畅；反之，越不通畅。其计算公式为：

$$\text{货款回收速度}=\frac{\text{已收货款}}{\text{应收货款}}\times 100\%$$

2. 渠道覆盖面评估

渠道覆盖面是指渠道所覆盖的最大销售区域。渠道覆盖面越大，就意味着有越多的人能接触到某种产品，购买该产品的客户数量也就越多。渠道覆盖面与下列因素有关：

（1）渠道成员的数量。一般来说，渠道成员数量越多，市场覆盖面越大；反之，则越小。

（2）渠道成员的市场分布状况。渠道成员的市场分布越广，渠道覆盖面越大，产品销售区域越广。

（3）零售终端的商圈大小。对于某种产品的分销渠道而言，其市场覆盖面也就是该渠道中所有零售终端的商圈不重复部分的总和。

评估渠道覆盖面，主要采用以下两个指标：

（1）市场覆盖面。渠道的市场覆盖面可以直接根据分销渠道零售终端的商圈大小来计算。其公式为：

$$\text{市场覆盖面}=\text{各个分销渠道零售终端商圈覆盖面之和}-\text{重叠的商圈覆盖面之和}$$

（2）市场覆盖率。市场覆盖率是指某条渠道在一定区域内的市场覆盖面与该区域总面积的比率。市场覆盖率越高，说明渠道的网络分布越广，密度越高，空白点越少。其计算公式如下：

$$\text{市场覆盖率}=\frac{\text{某产品渠道在某区域的市场覆盖面}}{\text{某产品在该区域的全部面积}}\times 100\%$$

3. 渠道流通能力及利用率评估

平均单位时间内经由某渠道销售的产品数量或金额可以反映渠道流通能力。对渠道流通能力的评估既是对渠道本质功能的评估，也是考察分销渠道是否有能力完成预期销售目标的主要环节。

在“制造商—批发商—零售商—消费者”的渠道链中，整个渠道系统的流通能力是由流通能力最弱的某个环节的流量来决定的，这个最弱的环节就是制约整个渠道流通发展的关键环节。分析并确定渠道中的瓶颈环节，可以明确渠道建设中的薄弱环节，从而可以通过弥补薄弱环节的不足来提高渠道的流通能力。

渠道流通能力利用率可以用渠道的实际流通量与渠道的流通能力之比来表示。渠道流通能力利用率通常用平均发货批量、平均发货间隔期、日均零售数量和平均产品流通时间等指标来考核。

4. 渠道冲突评估

无论怎样设计和管理渠道，要完全消除渠道冲突是很困难的。过多的渠道冲突会导致渠道效率和效益低下，但一定程度的渠道冲突可以产生积极的影响，增强渠道成员的发展动力。评估渠道冲突的主要目的并不是完全消除冲突，而是对渠道冲突加强管理。

评估渠道冲突主要是要识别以下几点：渠道冲突是恶性冲突还是良性冲突；现有渠道利润减少是渠道冲突的结果还是渠道成员本身的问题；某类渠道的衰败是否会威胁到企业整体的利润水平。

9.2.3　渠道服务质量评估

对服务质量的评估可以从信息沟通质量、实体分配服务质量、促销效率和客户抱怨及处理等方面进行。

1. 信息沟通质量

对信息沟通质量的评估主要是考察下游渠道成员向上游渠道成员所反馈的市场信息与产品信息是否有效。衡量信息沟通质量的指标包括沟通频率、沟通内容、沟通时间和沟通方式等。

2. 实体分配服务质量

实体分配服务质量是指渠道成员满足客户需求的及时程度。及时满足客户需求不仅要求企业快速完成谈判、签订合同，而且要求快速交货，以便客户在需要时能立即使用产品。

3. 促销效率

通过在促销活动的前后，比较渠道中产品流通数量的实际变化与预期效果可以看出促销效果。对渠道促销效率的评估可以采用多种不同的指标。例如，对零售商促销效率的评估可以根据促销活动期间零售商的销量、商店货架空间的分布和零售商对合作广告的投入等指标来进行。

4. 客户抱怨及处理

客户抱怨是由客户对产品或服务不满意引起的。客户抱怨实际上也是企业改进工作、提高客户满意度的机会。企业在收到客户抱怨以后不仅应当全面了解客户抱怨的前因后果，而且要及时采取积极的应对措施。企业对于客户抱怨的处理是非常重要的。处理效率低下容易激化矛盾，处理及时往往能够使客户满意。

9.2.4 渠道经济效益评估

从评估方法上看，对渠道经济效益的评估主要采用以下两种方法。

1. 历史比较法

历史比较法是指将渠道系统或渠道成员的当期产品销量与上期产品销量进行比较，得出上升还是下降的比值，然后将其与整体市场的升降百分比进行比较的方法。若比值高于整体市场平均水平，说明渠道系统或渠道成员较好；低于整体市场平均水平，说明渠道系统或渠道成员较差。

2. 区域比较法

区域比较法是指将各渠道成员的绩效与该区域销售潜量分析所得到的值进行比较，可以得出各渠道成员绩效占该区域销售潜量的比值，并按比值对所有渠道成员进行排序的方法。

从评估内容上看，渠道经济效益评估是从渠道投入与产出两方面进行比较。对渠道经济效益的具体评估内容通常包括以下五个方面：

（1）销售分析。

销售分析是渠道运行效果分析的主要内容。它主要用于测量和评估分销计划及销售目标的实现情况，通过将计划目标与实际销售水平进行比较来评估。销售分析主要包括销售额差异分析和区域/产品分析两个方面。

1）销售额差异分析，是指从影响销售额的众多因素中确定不同因素影响销售额变化的程度。如果简单地考虑销售额＝销量×单价，认为销售额受销量和单价两个因素的影响，当实际销售额与目标销售额产生差异时，我们就可以确定这两个因素对于销售额差异产生影响的程度。

【示例】

假如某企业年计划销售产品5 000台，每台单价为600元，年度销售额为300万元，但是到年末实际销售4 500台，每台单价为580元，仅实现销售额261万元，我们就可以通过销售差异分析来探究销量和单价分别对于销售额差异的影响程度。由于销售额的总差异是39（300—261）万元，因此，销量和单价对销售额差异的影响程度分别为：

销量下降对销售额差异的影响程度＝600×(5 000－4 500)÷390 000×100%
＝76.9%

单价下降对销售额差异的影响程度＝(600－580)×4 500÷390 000×100%
＝23.1%

根据计算可知，销售额差异的76.9%是由销量的下降造成的，而销售额差异的23.1%是由单价下降造成的。

2）区域/产品分析，是指按产品类别和不同的销售区域分别分析销售目标的完成情况，找出影响销售目标完成的因素及其影响程度的大小。

（2）市场占有率分析。

一般来说，如果企业销售额增加了，既可能是因为整个经济环境和市场的发展，客户的需求大大增长了；也可能是因为其市场营销工作较竞争对手有改善，取得了较大的竞争优势。计算和评价市场占有率可以剔除一般的环境影响，通过企业之间的横向比较来考察企业市场营销和渠道管理的改善情况。如果企业的市场占有率升高，就表明它较竞争对手情况良好；如果下降，就表明相对于竞争对手，其绩效较差。

根据研究目的的不同，可将市场占有率的计算指标分为以下三种：

1）全部市场占有率，是指企业的销售额占全行业销售额的百分比。应用全部市场占有率指标时需要明确，究竟是以销量还是以销售额来计算，还要考虑行业范围，即产品和市场区域等因素。

2）可达市场占有率，是指企业销售额占所服务市场总销售额的百分比。可达市场，是指企业计划进入的重要目标市场。提高可达市场占有率对于企业来说具有非常重要的意义。

3）相对市场占有率，是指企业销售额与主要竞争对手的销售额之比。根据比较对象的不同，相对市场占有率又可以分为两个不同的指标：一是相较于三个最大竞争对手的相对市场占有率；二是相较于市场领导竞争对手的相对市场占有率。前者以企业销售额占三个最大竞争对手的销售额总和的百分比来表示，后者以企业销售额占市场领导竞争对手的销售额的百分比来表示。

在计算得到企业市场占有率的变动情况后，还需要进一步分析市场占有率变动的原因。市场占有率的变动可以从产品大类、客户类型、地区市场以及其他方面来考察。

（3）渠道费用分析。

渠道系统的费用会直接影响企业的经济效益，所以渠道费用分析是渠道经济效益评估的重要内容。渠道的总费用一般是指产品的零售价与制造成本之差。渠道总费用的大小以及其中各项费用之间的比例关系，直接影响不同渠道成员的利润，企业需要认真分析与评价。

对渠道费用进行分析评价应当注意两点：一是费用比例与功能地位的匹配性；二是费用增长与销售增长的匹配性。

渠道费用的构成应当与分销功能相匹配，各种分销功能的有效运行都需要一定的费用做保证，重要的、难度大的分销功能应当配备较多的渠道费用，只有这样，才能保证对渠道费用的合理使用。

渠道费用与产品销售额也应当保持合理的比例关系。当市场竞争趋于激烈时，经常会出现渠道费用大幅度增长而销售额却增长缓慢的情形。此时，渠道费用增长的效果被竞争因素抵消了。这就说明企业有必要采取有力措施，扭转这种局面。理想的情形应当是渠道费用的增长幅度低于销售额的增长幅度。

（4）营利能力分析。

营利能力分析主要通过一些重要的财务指标来进行。

1）销售利润率。大多数情况下，渠道成员和企业都将销售利润率作为评价一个渠道系统获利能力的主要指标之一。对于渠道成员来说，销售利润率在一定程度上影响它们的积极性，进而影响渠道系统的稳定性。对于企业来说，销售利润率影响企业的持续发展能力。销售利润率，是指渠道系统当期利润与当期销售收入的比率，用公式表示为：

$$销售利润率=\frac{当期利润}{当期销售收入}\times 100\%$$

2）总资产收益率，用于衡量企业运用全部资产获利的能力。为了使同行业之间具有可比性，总利润通常采用税后息前利润，而企业全部资产则采用年初与年末的平均总资产。其计算公式如下：

$$总资产收益率=\frac{利润总额+利息支出}{平均总资产}\times 100\%$$

（5）资产管理效率分析。

要分析评价渠道是否处于有效的运行状态之中，除分析营利能力外，还需要评价渠道资产（如资金、货物等）管理效率的高低。评价指标有以下两个：

1）资金周转率，反映渠道中现有资金被循环使用的次数。资金周转率与企业的获利能力密切相关。在销售利润率一定的情况下，总资产收益率与资金周转率成正比，即资金周转率越高，总资产收益率也越高。资金周转率的计算公式为：

$$资金周转率=\frac{产品销售收入净额}{资产平均占用额}\times 100\%$$

2）存货周转率，用于衡量企业在一定时期内存货资产的周转次数，反映了存货的流动性。该指标具体是指产品销售成本与存货平均余额之比。存货平均余额取年初和年末余额的平均数。一般来说，存货周转率越高，说明存货水平越低，周转越快，资金使用率越高。其计算公式是：

$$存货周转率=\frac{产品销售成本}{存货平均余额}\times 100\%$$

9.3　渠道的调整与完善

9.3.1　渠道调整的时机

对于渠道的调整来说，时机非常重要，过早过晚都不好。过早，问题没有充分暴露，企业内各部门和渠道内各成员对问题的严重性缺乏认识，渠道管理人员很难推动渠道的调整工作；过晚，错过了时机，即使各方面都努力推动渠道改革，改革本身也很顺利，造成的损失也已经无法挽回。

一般来说，当出现下面几种情况时，企业就应该考虑调整自己的渠道：

（1）消费者对渠道服务产出的不满有上升趋势。现代社会消费者对分销系统的要求越来越高，不合格的分销渠道将招致消费者越来越多的不满。而让消费者满意是对分销渠道的最低要求。

（2）存在许多可供利用的分销渠道。新的分销渠道会给企业带来全新的消费者期望，并要求企业重新确定分销成本或服务标准。由于我国消费者众多、消费水平参差不齐，企业运用单一的渠道策略很难达到理想的营销效果，因此多渠道策略应运而生，它是提升业绩和降低费用的良好手段。一般而言，不同的分销渠道服务于不同的细分市场，这就意味着如果企业放弃一种分销渠道，就有可能错过整个细分市场，从而造成市场覆盖中的空白，因此，企业需要不断地探索新渠道的可行性。

（3）企业规模越做越大，企业原有渠道的辐射力越来越不足，或者企业对渠道控制力的要求提高。企业在经营初期一般实力比较弱，为了使自己的产品能够顺利进入市场，就不得不依赖中间商，当中间商投机行为严重时，企业的经营风险是很大的。随着企业规模的不断扩大，一方面原有中间商可能在辐射力上已经达不到企业的要求，另一方面企业也要规避渠道中的经营风险，加大对渠道的控制力，这时就需要企业对渠道体系进行调整。

（4）企业的营销战略改变对渠道提出了新的要求。渠道是企业的一个重要的可控因素，它要服从于企业营销战略的要求。当企业的营销战略改变时，往往会对渠道提出新的要求。

（5）渠道费用持续上升。随着市场竞争的加剧，企业需要发掘每一寸利润空间，而市场开拓会带来销售费用的上升，如何通过渠道创新降低分销费用也就成为企业关注的问题之一。

同步案例

盒马鲜生 OAO 双店模式颠覆传统零售

2016 年，阿里巴巴正式布局新零售线下业务，第一家盒马鲜生面世。仅仅在一年半后，盒马鲜生的个别店铺就实现了盈利。值得一提的是，按照正常的零售行业标准，传统超市坪效（营业收入/建筑面积）一般为 10 000 元/m^2 左右，而盒马鲜生足足提高到了 50 000 元/m^2，随后盒马鲜生在各大一线城市高速扩张，最快的店面 6 个月即可盈利。盒马鲜生的出现打破了生鲜市场的局面，其被称作是生鲜电商的“救命稻草”。

1. OAO（Online and Offline，线上和线下）模式，信息完全打通，实现消费体验最佳

盒马鲜生采用的是实体店与网店一体化的双店模式，将线上消费者引导至线下实体店参观、体验；同时可将实体店消费者吸引至线上消费，除了支持线上、线下单独购买，还可实现线上、线下智能拼单，共同配送，真正实现资源互通、信息互联、双店获益。支付方式的限制推动消费者下载盒马App并成为其会员，方便打造全渠道的消费体验，同时支付宝支付很好地形成消费闭环，收集线下大数据，并可形成广告及营销价值。

2. 到家服务看似增加成本，实则深度获取消费群

盒马的免费配送到家服务，短期来看成本相较于传统卖场偏高，但最终是为了实现对核心商圈消费群的主动覆盖。

3. 零售与餐饮的跨界融合，满足随时随地“吃”的需求

堂食区是盒马鲜生增强消费体验与线下黏性的关键一步。消费者可以将刚刚在盒马鲜生挑选好的新鲜海产交给餐饮区的后厨帮忙加工，只需要支付少量加工费就可以立刻在堂食区享受美食，堂食区的设计做到了海鲜的快餐化；同时展示了生鲜食品的品相，增强了其他消费者购买的欲望；而消费者在等待的同时，还有可能继续逛超市，产生二次消费。除饮食外，消费者在堂食区还可以享受到比如机器人做菜表演等娱乐活动，产生强烈的归属感。

4. 以店做仓提升效率，颠覆传统电商

常规电商用仓做配送，盒马鲜生选择用店做仓，店仓一体化。门店货架即为线上虚拟货架，让消费者对购物环境、产品品类和品质、服务质量有更真切的感受，增强消费者的信任感。

经销商调整策略

9.3.2 渠道调整的基本方式

1. 调整整体渠道结构

调整整体渠道结构是指企业对渠道整体结构形态进行调整，或者对渠道结构要素的若干方面进行较大的调整。例如，某企业将原来的经销商渠道改为参股的经销商合资企业模式，这种调整就使该企业整体渠道结构发生了较大变化。再如，在渠道扁平化战略的驱动下，企业取消了原来渠道结构中的经销商，直接向零售商供货，这是对原有渠道结构中渠道长度的调整。对整体渠道结构的调整往往会导致渠道系统的震荡，因而难度较大。

2. 调整与渠道中间商的合作方式

企业为了加大对渠道的控制，将原来的经销模式改为代理模式；或者在原来采用区域市场独家经销（或代理）的市场内发展更多的经销商或代理商，即在某一市场内增加批发环节渠道的宽度，以此来制约原来独家经销（或代理）的中间商。

3. 调整渠道政策

对中间商的渠道政策调整，包括价格、铺货、市场促销、信用额度、奖罚等政策的调整。企业在中间商管理中通常都会进行分级分类管理，不同级别的中间商所享受的渠道政

策不一样。企业会按照制定的中间商标准进行评价和衡量，决定中间商的升级或降级。另外，企业每年度都要进行渠道政策调整，当政策出现重大变动时，要做好调整前的铺垫，使渠道结构与渠道政策相符。例如，很多企业就经常调整渠道信用政策：在产品不太畅销或者要加大产品促销力度时，对中间商采用“先给货，后付款”的政策；而在一些中间商发生信用问题时，为了减少信用风险，则采用“一手交钱，一手交货”的政策。

4. 调整与渠道成员的关系

调整与渠道成员的关系是指在现有的渠道结构框架内，企业调整与一些渠道成员的合作关系。这种调整既可能出于奖励的目的，也可能出于企业对渠道的控制等其他方面的考虑。例如，企业可能给予业绩特别突出的中间商更多的进货折扣，对畅销产品采取优先供货政策等就是出于奖励业绩突出中间商的目的。

5. 调整区域性市场的渠道结构

企业可以在保持整体渠道结构不变的前提下，对其在某个区域市场上的渠道结构进行调整，如在某个市场上增加一条渠道，或者增加渠道的宽度以更好地服务该目标市场。

6. 对原有渠道系统进行彻底整合调整

自身条件、市场条件、商品条件的变化，导致原有的渠道体系可能会制约企业的发展，这时就必须对整个渠道体系进行调整，这是一种对企业现有渠道体系进行彻底调整的方式，企业不仅可能需要突破原有的渠道体系，还需要建构新的渠道体系，这会引起渠道流程、渠道成员分工及利益关系的调整，实施的难度极大。只有在企业战略彻底变革，或者企业现有渠道系统受到严重外部威胁时才应该考虑实施。

9.4　移动互联时代的渠道创新

渠道创新是渠道管理工作的一个重要组成部分。当前市场变化非常剧烈，许多传统行业正在被颠覆，传统渠道也不得不面临重新洗牌的命运。为了适应不断变化的市场大环境，渠道创新已经成为渠道管理人员的重要任务。

从某种意义上来说，未来企业渠道的生命力与竞争力就取决于渠道管理人员的创新能力。渠道创新是新理念、新体制、新技术、新方法的集成。通过对现有渠道资源的深度整合与重新布置，传统渠道将获得更高的销售能力和运营效率，从而在复杂多变的市场竞争中获得更多的生存发展空间。

9.4.1　移动互联时代的全渠道零售[①]

全渠道零售是指企业能够随时随地满足消费者的个性化需求，将实体渠道、电商及移动电商进行高度整合，为消费者提供丰富多元的场景体验及优质、完善的购物服务。

① 王先庆，彭雷清，曹富生．全渠道零售．北京：中国经济出版社，2018.

从全渠道的概念来看，全渠道是在新零售的时代背景下，以消费者为中心和重视消费者购物体验的理念的体现，同时融合了 O2O 的特点。这些年零售商也在不断地进行一些探索和尝试，例如：

（1）技术实现。零售商打通线上与线下人、货、场各系统的环节。

（2）互联网营销。零售商不断扩增线上渠道，借助多渠道消化库存。

（3）场景创新。零售商可以利用全局库存，实现全渠道退货或换货。

（4）内容营销。零售商结合品牌定位或热门话题，将内容通过一定方式推送给“粉丝”。

（5）消费者分析。零售商根据行业标签、购买力属性、品牌热度等形成用户画像，帮助企业了解消费者需求。

【示例】

A 女士在上班途中看到有人穿着一条非常漂亮的连衣裙，立即使用谷歌眼镜对连衣裙进行扫描，查询这款连衣裙的详细信息，包括品牌、价格、型号等。之后，A 女士利用手机，找到距离自己最近的销售这条连衣裙的商店，获取该商店该产品的库存信息与配送信息。然后，A 女士使用 App 模拟试穿，并将试穿效果图分享给好友，获得了好友的好评。最后，A 女士选择通过手机下单购买，并在社交媒体上发布产品评论。

L 女士走进一家商店，通过刷会员卡、脸部识别等方式，商店获得了 L 女士以往的购物信息，这些信息自动传送到店员 X 的平板电脑上，同时，平板电脑发出迎接消费者的提醒。在 L 女士选购的过程中，店员 X 根据获得的 L 女士以往的购物信息、购物篮中未结算的产品信息为其推荐符合其需求的产品，并发出现在购物可享受优惠的提示。L 女士通过试穿选择好产品之后不想排队结账，选择用手机结算。最后，L 女士在这家商店采用线上支付的方式购买了产品，这次购买信息也自动存储到了该商店的数据库中。

上述两个场景展现的都是全渠道购物。其中，前一个示例展现的是消费者使用移动终端设备购物的场景，后一个示例展现的是线下实体商店利用数据库开展精准营销，消费者通过移动终端付款的购物场景。这两个场景的共同点就是利用数据库将线上渠道、线下渠道整合在一起，让消费者享受到无缝化的购物体验。

现如今，随着科学技术在日常生活中的全面渗透，无论是全渠道营销，还是无缝化购物体验，都有了实现的可能。

数字赋能与渠道创新

科技创新塑造发展新优势

党的二十大报告指出，必须坚持科技是第一生产力、人才是第一资源、创新是第一动力，深入实施科教兴国战略、人才强国战略、创新驱动发展战略，开辟发展新领域新赛道，不断塑造发展新动能新优势。

大疆：科技领先，创新驱动

当下，放眼全世界，一提起无人机品牌，大疆的提及率最高。凭借着良好的产品性能和市场宣传，大疆在海内外市场的人气一直处于快速上升的态势。

大疆是创新型产品驱动企业，从推出第一款畅销产品后，大疆每年都有新产品问世，且都实现了技术上的显著跨越。大疆通过长期的研发投入，已成为民用无人机市场的技术领导者。它依托自身掌握的核心技术构建了强大的竞争壁垒。

大疆充分利用种子用户和KOL进行推广，形成口碑效应。最初，大疆面向无人机发烧友，如航模论坛用户和关注航拍技术的影视人员等，提供产品的免费试用，建立了最初的口碑，获取了有价值的用户反馈，并以此不断改进产品性能，逐渐完善用户体验。在第一款畅销产品成功推出后，大疆开始接触好莱坞和硅谷，使得一批影视明星和科技名流成为首批粉丝，并通过他们的影响力打开局面。

在触达大众市场方面，大疆善用社交媒体平台，借助各类航拍照片和视频比赛，鼓励用户把作品上传到社交媒体上分享。大疆还参与全球各类赛事，开创了无人机用于大型现场直播的先河。

在全球化渠道上，大疆采取以官网为基础，多家国内外电商平台并进的方式。大疆把自己定位为一个面向全球的企业，构建了一支高水平的国际化管理团队。在组织架构上，大疆根据每个地区的核心能力设立相应的海外机构，实现了企业核心职能的全球化布局。

大疆以创新、时尚设计、速度和极致性价比为核心特征。虽然定位高端，但大疆的产品对所有价格区间进行了全覆盖。大疆成功的另一个核心因素是无人机的受众是年轻人。他们喜爱简单易用、性价比高、时尚美观、高科技、令人兴奋和快速推陈出新的产品，而这恰恰是大疆的优势所在。

9.4.2　全渠道零售的创新策略

1. 多维度拓宽连接消费者的渠道

在新零售时代，消费者为企业提供的信息越来越多样化。以往企业在判定消费者的消费模式时，通常运用较为典型的维度，如年龄、性别、收入及社交网络等，现在可以添加更多的动态数据分析，进行多维度的洞察，从而提供一个全面的消费者行为视角。

渠道创新思维

2. 实现线上线下渠道的无缝对接

在电商快速崛起的背景下，实体零售确实受到了强烈的冲击，但这并不意味着电商与实体零售是对立关系，未来，电商不会取代实体零售，实体零售也不会导致电商走向灭亡。随着零售业逐渐走向成熟，将线上的电商与线下的实体零售相结合的新实体零售模式受到了诸多消费者和企业的一致认可。

平板电脑、智能手机、可穿戴设备等智能移动终端的推广普及，使得企业与消费者能够真正实现无缝对接，从而为全渠道零售模式的发展打下坚实的基础。在新实体零售模式下，企业可以随时随地满足消费者的购物需求。

虽然电商市场规模仍处于增长阶段，但从体量与规模来看，它与实体零售仍存在着较大的差距，零售企业要做的不是简单地增加店铺数量，而是要与消费者建立起更为稳固的连接关系，实时获取消费者的购物需求，并能够结合移动互联网、物联网、大数据、云计算等新一代信息技术为消费者创造相应的购物场景。

全渠道零售

零售企业只有不断进行创新拓展，在线上与线下的购物场景中为消费者提供最为优质的服务体验，才能有效应对不断变化的市场环境以及竞争对手的同质化竞争。

3. 利用大数据重构企业经营决策

在大数据时代，传统零售业发生了诸多变革，其中最根本、最重要的变革就是对统计思想与统计方法的变革。只有对数据采集、数据整理、数据分析、数据诠释整个流程进行变革，未来，传统零售业才能更好地与市场需求相适应。

具体来说，在数据采集方面，零售企业要合理使用行业最新技术来扩大数据采集面，从各个渠道采集数据，保证数据来源多样化。在数据整理方面，要对采集到的数据细分为两类：一类是企业层面的宏观数据，另一类是消费者层面的微观数据，并使用不同的方式对数据进行处理；在数据分析方面，要摒弃传统的假设验证分析法，采用以大数据算法为基础的相关性数据挖掘法。在数据诠释方面，要将可视化技术、人机交互技术、数据起源技术引入数据诠释过程，对传统的统计数据诠释进行改革。

同时，零售企业在使用大数据时还要注意一个问题，就是大数据并不是完美无缺的，要合理地规避大数据带来的负面影响，合理地设定数据与隐私之间的界限，对已掌握的数据做出科学的取舍。

同步案例

大数据是如何采集和分析消费者数据的？

老李在北京出差，他去超市买了一把剃须刀，是用微信支付的。回到酒店，当他打开电脑百度页面，竟然在广告栏出现了剃须刀相关产品的推荐。怎么会这样呢？其实，当他用微信支付购买剃须刀的时候，微信支付就会收集到相关信息，如手机信息、购买地点、消费金额、商品种类等。因为腾讯和京东有个“京腾计划”，腾讯收集到的这些信息就共享给了京东，而百度又是京东的广告资源，所以当用户登录之后，百度就能把相应的广告推荐给用户。

但是百度又怎么知道我的电脑是“我的”电脑呢？

第一，如果微信账号和百度账号都是使用相同的手机号码，百度就能判定我的电脑属于购买剃须刀的这个人。

第二，电脑和手机使用了同一个 Wi-Fi，百度自然就知道我的电脑和我的手机是同一个主人。

通过账号或者 Wi-Fi，百度、京东、腾讯就能认定电脑、手机是同一个用户的设备。当这个设备开始访问百度的时候，广告就出现了。

如果大家感兴趣，也可以做个试验，在淘宝或是京东点击一个商品，一天浏览很多次，但不购买，或者直接下单购买。然后再打开今日头条、网易等这些信息流广告媒体，你可能就会发现同类商品的推荐，因为所有的数据都通过设备编号打通了。

大家在平时的网购中应该还会有类似的体验，在某一个电商平台上，最近一段时间你一直浏览运动鞋，或者将自己关注的运动鞋添加到了购物车，但是没有付款，就在某一天的某个时间，你突然收到了某个品牌运动鞋降价的消息，因为它知道你“需要”一双运动鞋。通过大数据，平台可以对消费者进行画像，从而比你自己更了解你的需求。

不管我们有没有注意到，大数据已经应用于我们生活的方方面面，大数据在各行各业的应用都在为企业创造巨大的价值。在大数据时代，数据就是金钱。

4. 社交网络助力精准传播

在移动互联网时代，无论是消费还是购物都呈现出了碎片化、情绪化、场景化的特点，消费者零散分布，企业借助传统的大传播方式根本达不到传播效果。面对消费者碎片化的特点，分散化、精准化的社交媒体提供了应对方法。

行业观察：新媒体营销职业素养

未来，碎片化的社交媒体将成为最主要的品牌传播媒介之一。借助众多社交媒体，企业将持续创造内容、描述产品，有针对性地开展品牌传播。

进阶提示

行业观察：虚拟社区

虚拟社区又称为在线社区（Online Community）或电子社区（Electronic Community），作为社区在虚拟世界的对应物，虚拟社区为有着相同爱好、经历或专业相近、业务相关的网络用户提供了一个聚会的场所，方便他们相互交流和分享经验。虚拟社区具有以下几个特点：

数字化交流：成员之间的交流主要依赖于数字技术，如互联网论坛、社交媒体群组、在线游戏等平台。

共同兴趣：成员通常因共同的兴趣、目标、需求或话题而聚集在一起，如音乐爱好者社区、摄影交流社区、育儿经验分享社区等。

跨越地域：成员来自世界各地，不受地理空间的限制，从而能够汇聚不同文化、背景和经验的人。

信息共享：成员在社区中分享知识、经验、观点和资源，促进相互学习和成长。

社交互动：成员在虚拟社区中建立社交关系，进行交流、讨论、合作甚至争论。

自我表达：成员可以自由地表达自己的想法、情感和创造力。

信息与网络技术的发展，促使大量的虚拟社群平台（如 QQ 群、微信群、朋友圈、微博、小红书等）形成，社群营销应运而生，其核心是基于社群信任基础上的口碑裂变，成本低、效率高。任何消费者都可以借助网络平台分享消费经验，成为网络社群的成员。网络达人（超级用户、行业专家、主播等）成为社群成员（粉丝）消费的主要参照群体，推动了直播电商、自媒体电商等营销新业态的快速发展。

课堂实训

张裕公司渠道绩效评估与创新方案

● 实训目标

通过本次实训，学生可以理解渠道绩效评估的核心概念、流程及评估指标体系；掌握渠道整体绩效评估方法，通过分析张裕公司线上线下渠道运营数据，发现渠道运营问题；针对评估结果提出切实可行的张裕公司渠道调整与完善策略；探索移动互联网时代下适合张裕公司的渠道创新模式，提升创新实践能力。

● 背景资料

近年来，随着葡萄酒市场竞争日益激烈，张裕公司作为国内知名葡萄酒企业，虽拥有完善的线上线下销售渠道网络，但业绩增长逐渐放缓。线上渠道方面，张裕公司在天猫、京东等电商平台的销售额增速、用户活跃度和复购率均不理想；线下渠道方面，部分区域经销商因利润分配问题消极销售，导致产品铺货率下降，且餐饮合作渠道推广力度不足，未能有效触达消费者。与此同时，以直播带货、社群营销为代表的移动互联网营销模式兴起，对传统渠道造成冲击。为提升市场竞争力，张裕公司亟须对现有渠道进行绩效评估，找出问题并进行调整完善，探索移动互联网时代下的渠道创新模式，以实现业绩突破与品牌升级。

● 实训步骤

1. 收集张裕公司线上（官网商城、天猫旗舰店、京东旗舰店等电商平台）和线下（经销商、专卖店、商超专柜、餐饮合作渠道）销售渠道的运营数据，从销售业绩、市场覆盖面等维度进行渠道整体绩效评估，分析存在的问题。

2. 根据评估发现的问题，如部分区域经销商管理松散、线上线下价格体系混乱、餐饮渠道推广不足等，制定渠道调整与完善策略。

3. 探索移动互联网时代下张裕公司的渠道创新模式，如直播带货（与知名主播合作推广葡萄酒）、社群营销（建立葡萄酒爱好者社群）、短视频营销（制作葡萄酒品鉴教学视频），并分析可行性。

4. 撰写张裕公司渠道绩效评估与创新方案报告。

● 实训成果展示

续表

● 任务执行评价

任务执行评价标准

评价指标	评价标准	分值	得分
资料收集与分析	数据资料收集丰富、准确，绩效评估分析深入，问题定位准确	30	
策略与创新	渠道调整与完善策略合理、可操作，创新模式具有创新性和行业适配性	40	
报告撰写	报告格式规范，结构合理，语言表达流畅，专业术语运用准确	20	
汇报答辩	汇报内容完整，表达清晰，答辩思路清晰，能准确回应提问	10	
总分		100	

指导教师：

日期：　　年　　月　　日

● 实训总结

● 指导意见

课后提升

白象在流量浪潮中的坚守与创新

白象食品股份有限公司（简称白象）是国内生产方便面的大型企业之一。

2023年，整个快消品市场可以说是千帆竞渡、百舸争流。作为快消品市场中的中坚力量，方便速食产业迅猛发展，方便面行业销量不断增长。消费人群不断分层，市场需求多元化，如何用一碗好面提升全体消费者的幸福感，成为行业内亟须解决的问题。

1. 机会留给有准备的企业

在产品研发端，白象不断进行新品的研发创新，为消费者提供更多产品选择。白象开发出了多个系列，高档产品结构占比提升。白象通过产品更新和消费者分层定位，极大提升了品牌活跃度与市场覆盖率。

某方便面的食品安全问题曝光后，因为扎实的产品和卫生安全根基，白象迅速做出了回应。机会是留给有准备的企业的，白象积累了几十年的产品、品牌形象在此刻迎来爆发。白象开始被消费者热捧，甚至在直播间把白象方便面买到断货。大家惊喜地发现，这个小时候经常出现的方便面品牌，原来一直没有离开过。消费者在各个社交媒体上，交流曾经与白象的回忆，并喊话白象："这泼天的富贵，你可得接住了！"

而白象也开始意识到社会事件带来的巨大流量，并主动提升自己的社交声量。白象积极签约备受网友好评的女足、女篮、女排国家队。还通过联名包装产品等方式深度绑定了女足、女篮、女排国家队，国家队的正能量形象和高国民度与白象品牌不谋而合。

不仅在体育事业上，随着这些年白象所做的公益慈善事业被发现，消费者对于白象品牌的好感度逐步提升，纷纷下单白象产品。这种情绪种草，不仅提升了销量，也为白象在社交媒体中带来了良好的口碑，树立起了负责任的企业形象。

2. "老"白象的线上焕新

白象线上渠道策略就是在淘天卖招牌，在抖音推新品。白象旗下的方便面品类和口味其实非常多，这里面最广为人知也最经典的是骨汤系列。这个系列的前身是白象推出的"1元大骨面"，主打大骨熬汤、营养健康。之后，白象针对这款爆品不断延伸和升级。骨汤系列的产品，除了汤好喝的卖点，单价都非常低。

3. 募集合作伙伴，勠力同心共谋发展

一个品牌的崛起，既需要品牌文化的积淀，也需要符合市场需求的产品，更需要能够让品牌放手一搏的天地。近年来，面对新形势、新格局，白象开始积极寻求转变。其中白象产品的销售渠道也经历了全面升级，白象已经在北京、上海、广州等城市实现迅速拓展。同时，白象的国际贸易市场版图也在不断扩大。

未来，如何开拓更广阔的市场，是白象一直在筹谋解决的问题。"厂商一体，共享未来"是白象与经销商合作的展望。白象将通过自身多种优势赋能经销商，为经销商提供生产、物流及售后服务支持，同时建立市场秩序维护机制，保证经销商的利益。为了成为经销商最可靠的合作伙伴，白象陆续展开了如下行动：

第一，赋能经销商，合作不止于利益。对于经销商来说，白象提供无微不至的扶持和

帮助。白象总部及各大区能够协助经销商进行人员招聘，解决经销商“招聘难”的问题。

第二，提供针对性支持，助力经销商经营。白象对经销商业务代表进行系统化培训，提升铺货率并解决经销商反馈的难题；定期制定灵活的产品促销政策，帮助经销商提升门店产品售出率，加速产品周转；管理宝等系统方便经销商进行业务管理，并定期组织经销商座谈会，答疑解惑，畅谈未来。

第三，内外合力，解除经销商后顾之忧。就企业内部而言，白象强大的生产能力，可以保障货源充足；而高效的物流货运能力，又可以保证到货及时；白象还有着完善的售后服务体系，解决最后的售后问题，为经销商提供一站式服务。

第四，建立市场秩序维护机制，为经销商营造稳定的外部环境。白象在每个区域和渠道只设一家经销商，严格管控窜货等行为；同时对经销商提供良好的价格保护，以保障经销商的利益。

问题讨论：

1. 在方便面行业，白象全网销量可观意味着什么？

____

____

2. 这个方便面老牌子，为什么现在火了？

____

____

3. 在“野性消费”之后，白象如何维持热度和销量？

____

____

同步测试

一、单选题

1. 以产品销售收入净额除以资产平均占用额的财务指标是(　　)。

A. 销售利润率　　B. 总资产收益率　　C. 净资产收益率　　D. 资金周转率

2. 企业销售额与主要竞争对手的销售额之比是(　　)。

A. 全部市场占有率　　B. 相对市场占有率

C. 绝对市场占有率　　D. 可达市场占有率

3. 将渠道系统或渠道成员的当期产品销量与上期产品销量进行比较，得出上升还是下降的比值，然后将其与整体市场销量的升降百分比进行比较，这种评价方法是(　　)。

A. 区域比较法　　B. 销售分析法

C. 历史比较法　　D. 区域/产品分析法

4. 产品流经渠道各环节时的通畅程度指的是(　　)。

A. 渠道覆盖面　　B. 渠道通畅性

C. 渠道的流通能力　　D. 渠道利用率

二、多选题

1. 渠道管理组织评估内容包括(　　)。

A. 渠道系统管理组织评估　　B. 渠道通畅性评估

C. 营利能力分析　　D. 客户管理评估

2. 渠道覆盖面与(　　)等因素有关。

A. 渠道成员的数量　　B. 渠道成员的市场分布状况

C. 零售终端的商圈大小　　D. 渠道的流通能力

3. 要分析评价渠道是否处于有效的运行状态之中，除营利能力分析外，还需要评价渠道资产管理的效率高低，评价指标有(　　)。

A. 资金周转率　　B. 销售利润率

C. 市场占有率　　D. 存货周转率

4. 根据研究目的的不同，市场占有率的计算指标分为(　　)。

A. 全部市场占有率　　B. 相对市场占有率

C. 绝对市场占有率　　D. 可达市场占有率

三、判断题

1. 渠道成员之间的功能配合、衔接关系协调以及积极性发挥等方面的综合表现属于渠道管理组织评估的内容。(　　)

2. 产品周转速度是指产品在流通领域停留的时间。(　　)

3. 各个分销渠道零售终端商圈覆盖面之和减去重叠的商圈覆盖面之和就是市场覆盖率。(　　)

4. 平均单位时间内经由该渠道销售的产品数量或金额体现的是渠道的通畅性。(　　)

5. 反映渠道中现有资金被循环使用的次数的指标是资金周转率。(　　)

参考文献

[1] 王水清．营销渠道开发与管理．2版．北京：北京大学出版社，2017.

[2] 陈涛．营销渠道管理．北京：机械工业出版社，2013.

[3] 梅明平．经销商激励．北京：电子工业出版社，2018.

[4] 朱岩，李树玲．营销渠道管理．北京：机械工业出版社，2017.

[5] 王方．渠道管理．2版．北京：高等教育出版社，2019.

[6] 武永梅．销售就是做渠道．苏州：古吴轩出版社，2017.

[7] 胡介埙．分销渠道管理．5版．大连：东北财经大学出版社，2021.

[8] 王先庆，等．全渠道零售．北京：中国经济出版社，2018.

[9] 何亮，陈锐，李剑虹．市场营销案例分析及实践实训．成都：西南财经大学出版社，2019.

[10] 肖建玲．渠道开发与管理．2版．北京：中国人民大学出版社，2017.

[11] 吴文辉．推在渠道．北京：人民邮电出版社，2014.

[12] 魏庆．经销商管理动作分解培训：升级版．北京：北京联合出版公司，2011.

[13] 王先庆．渠道控制权．北京：中国人民大学出版社，2014.

[14] 乔虹，吴俊．共赢：一本书读懂渠道管理．北京：东方出版社，2022.

[15] 周华军．全链路营销：高效全营销渠道管理．北京：化学工业出版社，2022.

[16] 庄贵军．营销渠道管理．4版．北京：北京大学出版社，2023.

[17] 郑锐洪．营销渠道管理．4版．北京：机械工业出版社，2024.

[18] 刘昭，董阳，王启彪．渠道建设密码：消费品渠道数字化的发展与实践．北京：清华大学出版社，2024.

[19] 华红兵．移动营销管理．3版．北京：清华大学出版社，2020.

图书在版编目（CIP）数据

渠道管理/周冰主编．-- 2 版．-- 北京：中国人民大学出版社，2025. 8. --（新编 21 世纪高等职业教育精品教材）. -- ISBN 978-7-300-33446-2

Ⅰ. F274

中国国家版本馆 CIP 数据核字第 2024Y2Q343 号

"十四五"职业教育国家规划教材
山东省"十四五"职业教育规划教材
新编 21 世纪高等职业教育精品教材·市场营销系列
渠道管理（第二版）
主　编　周　冰
副主编　李　璐　李树坤　唐立波
Qudao Guanli

出版发行	中国人民大学出版社		
社　　址	北京中关村大街 31 号	**邮政编码**	100080
电　　话	010－62511242（总编室）		010－62511770（质管部）
	010－82501766（邮购部）		010－62514148（门市部）
	010－62511173（发行公司）		010－62515275（盗版举报）
网　　址	http://www.crup.com.cn		
经　　销	新华书店		
印　　刷	北京溢漾印刷有限公司	**版　　次**	2021 年 11 月第 1 版
规　　格	787 mm×1092 mm　1/16		2025 年 8 月第 2 版
印　　张	14.75	**印　　次**	2025 年 8 月第 1 次印刷
字　　数	342 000	**定　　价**	46.00 元